観賞園芸学

金浜耕基 編

Bun-eido 文永堂出版

表紙デザイン：中山康子（株式会社ワイクリエイティブ）
表 紙 の 写 真：フラワーアレンジメント　木村美佐子（文永堂出版株式会社）
裏表紙の写真：大隈重信邸の社交用温室（『伯爵大隈家写真帖』，明治 45 年頃発行）

まえがき

大学などで園芸作物の生産に関する科目について体系的に学ぶ場合，通常は園芸学概論や園芸学入門のような科目を学んだあとに，園芸作物別に，蔬菜園芸学または野菜園芸学，果樹園芸学または果実園芸学，花卉園芸学または観賞園芸学を，ほぼこのような順序で学ぶことが多いのではないかと思われる．そこで本書は，学生がこのような順序で履修するという前提で編集したものである．園芸に関係のある科目には，これらの他にも，園芸生理学，園芸繁殖学，施設園芸学，園芸文化論などの研究手法別の科目もあるが，これらについて本書では各論の中で必要に応じて紹介することにした．

本書の内容は大学などで２～４単位の授業に適するボリュームとしたことから，観賞園芸学に含まれるべきすべての項目を網羅するのではなくて，市場統計に表れた産出額の大きい品目や，産出額は小さくても急速に人気が高まっている品目や,最近注目されつつある花壇園芸の教育理念を中心にまとめたものである．このような理由から，非常に種類の多い観賞植物の全体について含めることができなかったので，より広く深く観賞園芸学について学ぶ場合には，図鑑や他の良書も参照していただきたい．また，本書は，『園芸学』と『野菜園芸学』（文永堂出版）の姉妹編として著したので，これらの２書と重複しないように編集したことと，類似の事項は内容を高度化して著したので，必要に応じて参照していただきたい．

このような考え方に基づいて，本書は次のような章・節に分けて著してある．すなわち，第１章の総論では，まず初めに，園芸と観賞園芸という意味について説明するとともに，経済的に重要度の高い品目としてどのような種類があるかについて統計資料に基づいて解説した．第２章では，市場統計において重要度の最も高い４種類の切り花類（四大切り花類）について，学生として知っておくべき基本的事項について解説した．第３章では，四大切り花類に次いで重要度の高い数種類と，人気が急速に高まっている数種類の切り花類について，基本的事項について解説した．また，第 4 章では，花木類・鉢物類・苗物類について，主要な数品目を取りあげて解説した．さらにまた，第 5 章では，花壇園芸の教育学的，人間形成論的意義について解説した．

観賞植物の種類は，果樹や野菜と比べると非常に多いことから，さまざまな特徴のある 1 つ 1 つの観賞植物について多くの事柄を学ばなければならないように思われるかもしれないが，形態と系統分類および基本的な生理的メカニズムについての知識を身に付けると，効率的に学習することができる．そのような理由から，本書を学ぶ前に『園芸学』と『野菜園芸学』（文永堂出版）を，是非とも学んでいただきたい．

ところで，農学の 1 科目として観賞園芸学を学ぶ場合，生産の面からだけではなく，流通，販売する場合の視点や，購入，利用する場合の視点からも学ぶことが大切である．現在の消費動向を見極めて生産方針を立て，さらには流行を先導しながら生産するという姿勢は，観賞植物を含めて，園芸生産に取り組む場合の基本姿勢である．そのような意味から，本書の書名は『観賞植物学』ではなく『観賞園芸学』と表した．

このように幅の広い『観賞園芸学』の分担執筆者は，各分担項目について多くの実績を重ねている一流の方々である．いずれの分担執筆者も，最新の情報で高度な内容を簡潔に分かりやすくまとめて頂いた．恐らく意に添わない編集もあったかもしれないが，快く応じて下さったことに，心より厚く御礼申しあげる．

本書の出版を予定した平成 25 年（2013）は，明治維新（1868）から 145 年，大正 12 年（1923）に創設された園芸学会の創立 90 周年という記念の年に当たる．園芸振興のための園芸学という観点から見ると，このような節目の年に当たる今日，日本の園芸生産も園芸学も大きな転換点を迎えていると思われるので，現在のような園芸の繁栄を持続し，将来の発展方向を正しく見据えることがますます重要な時代に至っているといえる．そのためには，これまでの歴史を振り返り，その時代背景を知ることが重要であると考えられたので，本書の最後（第 5 章第 4 節）では，近代園芸学の導入と発展の歴史について紹介した．今日の園芸生産および園芸学が，華麗な人脈とたゆまない努力によってもたらされたということをわかっていただけるものと思う．

ところで，文永堂出版（株）の鈴木康弘氏から本書の企画についてご相談を受けたときには，必ずしも観賞園芸学の専門家とはいえない者が引き受けてよいものだろうかと躊躇したが，『野菜園芸学』と『園芸学』で書き著しえなかったことを含めることができるならと思って，お引き受けした次第である．それは，ゲーテの植物変態論と森鷗外のクラインガルテンをそれとなく織り込んだ『野菜園芸学』，森鷗外と近代園芸学の祖ともいえる福羽逸人の宮廷園芸でまとめた『園芸学』に加えて，福羽逸人と交流して近代園芸学の導入と普及に貢献した大隈重信を初めとする華麗な人脈の存在を紹介するとともに，このような歴史的経緯の根底に流れる花壇園芸の教育理念をまとめたいと思っていた願望が果たされるのではないかと思われたからである．そのような意味から，園芸学の中では興味の持たれることが少ないと思われる事項を含めたにもかかわらず，快く承諾して下さった鈴木康弘氏を初めとする文永堂出版（株）の方々に，衷心より厚く御礼申しあげる．

平成 25 年 1 月　　　　編集者　金 浜 耕 基

執　筆　者

編　集　者

金 浜 耕 基　東北大学大学院農学研究科

執筆者（執筆順）

金 浜 耕 基　前 掲
菊 地 郁　宮城大学食産業学部
腰 岡 政 二　日本大学生物資源科学部
上 田 善 弘　岐阜県立国際園芸アカデミー
小 池 安比古　東京農業大学農学部
深 井 誠 一　香川大学農学部
山 根 健 治　宇都宮大学農学部
佐 藤 武 義　山形県農業総合研究センター園芸試験場
金 山 喜 則　東北大学大学院農学研究科
西 山 学　東北大学大学院農学研究科
篠 田 浩 一　（独）農業・食品産業技術総合研究機構
北海道農業研究センター
小笠原 宣 好　山形大学農学部
居 城 幸 夫　宇都宮大学農学部附属農場
田 淵 俊 人　玉川大学農学部生物資源学科
豊 田 正 博　兵庫県立淡路景観園芸学校
兵庫県立大学大学院緑環境景観マネジメント研究科
加 藤 一 幾　岩手大学農学部

目　　次

第1章

総　論

1．園芸および観賞植物という文字の意味

今日において，園芸または園芸学で取り扱う領域は，生産園芸領域と社会園芸領域の２つに大別される．生産園芸領域では，果樹または果実，野菜または蔬菜，花卉または観賞植物，緑化植物または庭園植物などのように，対象作物別に分けられる．生産園芸領域では，露地生産，施設生産，有機栽培，庭園造築のように，生産手法別に分けられたり，生理生態学，形態学，遺伝子工学のような研究手法別に分けられたりすることもある．一方，社会園芸領域では，園芸教育，園芸療法，園芸福祉のような，人間形成に関わる手法別に分けられる．今日では，園芸または園芸学に含まれる上記の領域の分け方について異論を述べる人は少ないと思われるが，このような共通理解が得られるまでには長い年月がかかったものと考えられる．しかし，その経緯について解説されることはあまりない．そこで，日本の近代園芸学が始まった明治維新期からの経緯について調べてみると，明治，大正，昭和の時代に近代園芸学の導入と普及に貢献した日本園芸会という組織の機関誌（『日本園芸会雑誌』と『日本園芸雑誌』）にいくつか所感が述べられている．その中から，主なものを年代順にあげると次のようになる．

日本園芸会の副会長・田中芳男の所感（明治 23 年）
新宿御苑の福羽逸人の所感（明治 24 年）
商業史の専門家・横井時冬の所感（明治 25 年）
日本園芸会の副会長・田中芳男の所感（明治 32 年）
関東学院初代院長・渡瀬寅次郎の所感（明治 32 年）
日本園芸会第２代会長・大隈重信の所感（明治 42 年，明治 43 年）
宮崎高等農林学校教授などを歴任した宮澤文吾の所感（大正２年）

日本園芸会第3代会長・鍋島直映の所感（大正15年，昭和2年）
日本園芸会副会長・菊池秋雄の所感（昭和19年）

1）園芸という文字の意味

前記の所感の中で園芸という文字について最も適切に説明している論文の1つは，「園芸の字義に関する誤解に就いて」（菊池秋雄，昭和19年）という論文である．この論文は，田中芳男の所感（明治23年）と福羽逸人の所感（明治24年）を参考にしたものと思われ，たいへんよく整理された論文である．その要旨をまとめると次のように表される：「園芸という辞は農学及び農業の分科を指示する所の学術語である．今この辞の由来を求めてみると，筆者の調査せる範囲では，わが国においては，明治に入ってから使用された辞である．1866年から1869年の間に著述されたるロブスケード氏W. Lobscheidの英華字典English and Chinese Dictionaryの第2巻（1867）に次の如き訳語がある．

Horticulture　園芸，種園之芸　　　　Gardening　掌園

1867年はわが国の慶応3年になり，その翌年は明治元年になる．これ以前には中国の農業農術及び本草学の文献にも園芸という述語を使用しておらぬし，わが国の徳川時代の文献にも，園芸という辞を使用しているのを見たことがない．ロブスケード氏の訳語は漢字として表れたる「園芸」の最初のものであると思う．

Horticultureの語源は2つのラテン語から由来している．すなわち，Hortusとculturaから成立したものである．前者は垣根や壁等の，周りを取り囲んでいる物を意味し，後者は栽培管理を意味している．Gardenの語源はアングロサクソン語のGyrdan（ギルダン）に由来している．ギルダンもホルタスと同様の意味であって，ロブスケード氏はGardenを園と訳し，Gardenerを掌園者と訳し，Gardeningを掌園と訳したのは，栽培管理の業務に主体をおいたためであると思う．

次に，漢字の園と芸とを調べてみると，『説文解字第六編』に果樹を栽培するところは園，蔬菜を栽培するところは圃であるとしている．芸について字源を求めて見るに，『周禮の天宮』（中国の3千年程前の周王朝時代の文献．皇帝や貴族の滋養強壮食などを解説した文献），『宮正』の條下に，農業農術の方面では，芸字を栽培管理の意味に限定している．その他，農業農術及び本草学の文献に表

れている所の種，植，樹，芸，種芸，種樹，樹芸等の辞は何れも，大同小異で栽培管理の意味に使用され，芸術，美術の意味でない事は確かである．ロブスケード氏はHorticultureを園芸と訳したのは，東西の語源学上から見て，最適の訳語であるということが分ると思う」とまとめている．

続けて，わが国の農学の体系は，明治に入って欧米式の農学を基礎にして，畜産学，作物学，園芸学，養蚕学など，農業生産学の部門が，わが国の農業状態に適合する様に作られたものであると説明している．また，園芸学の分科として，果樹栽培，蔬菜栽培，花卉栽培，造園の4つに整理されたことは，世界的農学の立場から見て当然であること，この4つの部門はヨーロッパにおいても，日本及び中国においても，古来，宮廷園芸に依って相互の関係を維持したことは，歴史的に立証されている．しかしながら，東西共に一般社会においては，果樹及び蔬菜は農村において行われる農業生産の一部門と捉え，花卉及び庭園は都会を中心として盛んになったので園芸の全部と考える様になったが，その原因は，園と芸の通俗的字義に捉われた結果に他ならないと解説している．実際，明治時代に園芸と題して出版された図書の中には，庭園と花卉類に限定されているものがあるという．このように誤った認識は昭和19年の現在といえども，一般社会に，また知識階級の間にすら，相当根強く行き渡っているので，この際徹底的に認識を新たにすべきであると述べている．

菊池秋雄（明治16年～昭和26年）とは，弘前市出身で，明治41年に東京帝国大学農科大学を卒業して，昭和4年に農学博士の学位を取得するとともに，大正15年～昭和18年に京都帝国大学教授となった人である．日本園芸会の副会長，園芸学会の会長などを歴任した人でもある．

2）観賞植物という文字の意味

本書と同じような専門分野において，大学生を主な対象者として出版された図書では花卉園芸学あるいは観賞園芸学という名称が付けられることが多かったといえる．また，花卉と観賞植物という言葉の意味について解説されたり議論されたりすることもあって，今日では，その理解がほぼ一致していると思われるが，その間にはいくつかの議論がなされていたようである．それについて最も適切に説明している論文の1つは，「花卉なる文字の意義に就きて」（宮澤文吾著，『日本園芸雑誌』，大正２年）という論文で，その要旨をまとめると次のように表される：「花は即ち植物の“はな”を表せる文字にして，これを形容詞に用いたる場合には美なる観念を与うるものなることは何人も異議なき所なり．而して卉は『康熙字典』には百草の総名即ち“くさ”を指せる文字なり．『漢和大辞典』にも之れと同様の説を掲げ，また，卉は草木の総名にも云う字なり．卉は衆草の総名なりとの解釈より見れば，花卉とは所謂草花にして，この中には樹木を含ましむること能わず．更に，卉なる文字は草木の総名に使用すとの解釈より見れば，花卉なる文字は美花を有する草木を総称すべきこととなる．『辞林』には，花卉なる文字を解して“花の咲く木と花の咲く草と”と云えり．而して予もまた斯くの如く花卉とは草木何れにでも美花を開く人類の観賞に値する植物のすべてを包含せしめたる字句なりと信ずるなり」と解説している．さらに，次のように続けている：「外国の例について見るに，美花を有せざる植物をも含める場合に Ornamental plants なる文字の存在し，故にわが国においても，花卉は本来の意に従うて使用し，Ornamental plants に対して他に適当なる字句を選定するを便宜なりと考えうるなり．而してその適当なる文字とは，既に数年以来ようやく広く使用せらるるに至りし観賞植物と称する文字はこれなり」．

宮澤文吾とは，神奈川県農事試験場長や，宮崎高等農林学校（現在の宮崎大学農学部）教授などを歴任した人である．また,『観賞植物図説』(1960),『花木園芸』(1978) など，その当時に観賞園芸学に関する多数の図書の著者として知られている．本書でも，前記のような理解に基づいて，美しい花を着ける草本性・木本性植物(すなわち花卉)だけでなく,花を意識しなくても観賞に値する植物全体(すなわち観賞植物) について解説することを目的としている．さらに，本書では植物学のみならず，その生産，流通，利用を通して豊かな生活と園芸産業の発展に貢献できる人材の育成を目的としていることから，観賞植物学ではなく観賞園芸学と称している．ただし，本書においても，書籍などの固有名詞として用いられていたり，農林水産省の統計用語として用いられている例を掲載する場合は，オリジナル性を尊重して,「花き」あるいは「花卉」と表している．

2．観賞植物の生産状況

農業生産の現状…わが国の農業総産出額は，昭和 59 年まで毎年増加し続けて，昭和 59 年に最大の 11 兆 7,171 億円に達したが，昭和 60 年以降は徐々に減少して，平成 22 年には 8 兆 1,214 億円と，20 年前の 11 兆 4,927 億円，10 年前の 9 兆 1,295 億円から大きく落ち込んでいる．米と豆類と工芸作物の産出額も同じように昭和 59 年を最大としていたし，麦類は昭和 60 年を最大としていたことから，これらの産出額が，昭和 59 年まで農業総産出額を大きく伸ばしていた要因の 1 つであったものと見られる．一方，昭和 60 年代以降は農業総産出額が減少し始まって，今日に至っている（図 1-1）．その中で，園芸作物の産出額が最大であった年を見ると，芋類と野菜と果実は平成 3 年まで増加し，花卉は平成 10 年まで増加し続けていたので，農業総産出額が減少に転じた以降もしばらくの間は多くの園芸作物の産出額は増加していたことがわかる．別の視点からいえば，多くの園芸作物は，農業総産出額の減少をしばらくの間抑えていた品目であるといえる．農業総産出額の減少がどのような要因によるものかは他の専門書で詳しく解析されていると思われるので，参考にされるよう期待したい．

さらに，食糧自給率は平成 22 年においてカロリーベースで 39％と著しく低いうえに，247 万 ha の水田のうちの約 100 万 ha で生産調整（いわゆる減反）されていることと，40 万 ha の耕作放棄地が存在するという非常に深刻な状態

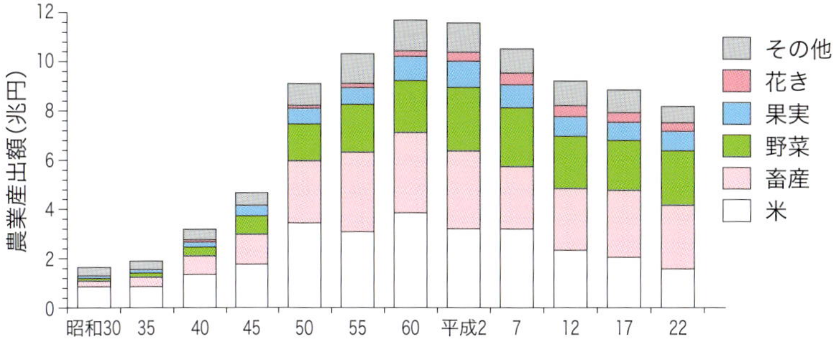

図1-1　農業産出額の推移
（農林水産省：『平成 22 年生産農業所得統計』など）

にもある．日本の耕地面積456万haのうちの約140万ha（30.7％）が有効に利用されていないという矛盾に満ちた状態にあることになる．

このような状況の中で，平成22年の農業総産出額の内訳を見ると，米が1兆5,517億円（19.1％），畜産が2兆5,525億円（31.4％）であるが，園芸（野菜2兆2,485億円＋果実7,497億円＋花卉3,512億円）は3兆3,494億円（41.2％）と最も多い．20年前の園芸産出額は農業総産出額の35.0％，10年前の園芸産出額は36.9％であったことと比べると，園芸産出額はやや少なくなったものの，農業総産出額に占める割合は著しく大きくなったことがわかる．

観賞植物の種類…園芸学会によって編集された『園芸学用語集・作物名編』（2005）によると，花卉類として掲載されている植物は約960種類で，果樹や野菜と比べると，非常に多い．わが国の生花市場で取り扱われている観賞植物の種類数も著しく多く，例えば（社）日本花き卸売市場協会などが発行している『花き品種別流通動向分析調査』によると，平成21年（2009）においては，おおよそ，切り花として488種類，鉢物として388種類，苗物として294種類と，さらに多い．

このようにたくさんの種類がある観賞植物について，限られた時間数の講義ですべての種類について学習することは不可能であることから，いずれかの種類を優先して取りあげなければならない．既刊の良書においては，例えば，総論に続けて，一•二年草，宿根草，切り花類，鉢花類，観葉植物，花壇用苗物類，球根類，花木類，ラン類，温室植物，サボテン・多肉植物というように種類別にまとめているテキストや，種類・分類，環境・生育，形態，繁殖，生育・開花調節，栽培管理，鮮度保持というように課題別に解説しているテキストもあって，たいへんよく工夫されたまとめ方がされている．本書で同じようなまとめ方をしようとしても，これらの良書に及ぶことはできないので，本書は，例えば生花店を訪れたときに，店頭で販売されている主な種類についてだけでもわかる程度の知識を身に付けられるように編集することとした．とりあえず，この程度の知識があれば，仮にそれ以上の知識が必要になっても，自力でスムーズに学習できるものと期待される．

観賞植物生産の現状…生花店の店頭に並ぶ観賞植物は，主として生花市場を経由して入荷していると考えられるので，商品としての重要度は市場統計を反映していると考えられる．農林水産省の市場統計においては，作付面積，出荷量の他，市場での卸売価額（卸売金額の合計），卸売価格（観賞植物 1 本，1 鉢，または 1 球当たりの値段）などを指標としてまとめられている．いずれも重要な指標であるが，生産者の収入に特に強く反映される指標は卸売価額であると思われる．この指標での統計は平成 20 年度で終了してしまったが，たいへん有用な統計であることから，本書では，まず初めに，平成 20 年度までにおいて卸売価額の大きさがどのようであったかを解析することとした．そして，平成 21 年以降も継続してまとめられている作付面積や出荷量との関係を示して，平成 21 年以降の重要度を推定できるようにした．

農林水産省の『平成 20 年産花き生産出荷統計』においては花卉の種類をまず初めに，切り花類，球根類，鉢物類，花壇用苗物類に大別している．その中で卸売価額の最も大きい種類は切り花類の 3,112 億円で，次いで多いのは鉢物類の 908 億円で，花壇用苗もの類は 239 億円と少なく，球根類の卸売価額は非常に少ない（表 1-1）．したがって，本書ではまず初めに切り花類について解説することとし，鉢物類と花壇用苗物類については代表例をあげるに留め，球根類については必要に応じて解説することとした．

切り花類の主な種類…わが国の卸売市場で取り扱われた切り花類の卸売価額で最も多い品目は，輸入品を含めて，キクの 935.2 億円で，次いで多いのはバラ 277.3 億円とユリ 268.8 億円とカーネーション 216.2 億円である（表 1-2）．この 4 種類が 200 億円を超える切り花であることから，本書ではこの 4 種類を便宜的に四大切り花類と呼んでいる．四大切り花類に次いで卸売価額が多い品目は順に，洋ラン類，トルコギキョウ，スターチス，ガーベラ，アルストロメリア，シュッコンカスミソウである．切り花類の卸売価額の順位について，10 年前（平成 10 年）

表 1-1　観賞植物の種類別生産・出荷状況

種　類	作付（収穫）面積（ha）	出荷量	卸売数量	卸売価額（億円）	卸売価格（円）
切り花類	16,500	45.5 億本	57.0 億本	3,112	55
球根類	538	1.7 億球	－	－	－
鉢物類	1,872	2.7 億鉢	2.8 億鉢	908	326
花壇用苗物類	1,607	7.8 億鉢	4.4 億鉢	239	54

（農林水産省：『平成 20 年産花き生産出荷統計』）

の順位と20年前（昭和63年）の順位とを比べてみると，四大切り花類の品目は順位が少し変動しているものの，品目名は変わっていない．すなわち，キクは継続して1位で，バラは2～3位でほぼ一定であるが，ユリはやや上昇し，カーネーションはやや低下傾向にある．一方，卸売価額の順位が5～10位の品目を見ると，20年前の6種類（チューリップ，ストック，フリージア，グラジオラスなど）は，ほとんど10年前に姿を消して，新たに，洋ラン類，トルコギキョウ，シュッコンカスミソウ，スターチス，ガーベラ，アルストロメリアなどの，新規切り花類が登場し，今日まで続いている．さらに，卸売価額の順位は未だ低いものの，10年前までほとんど取り扱われていなかったが，平成20年には15番まで急激に上昇したデルフィニウムのような人気急上昇の品目もある．このような

表1-2　切り花類の卸売価額，卸売数量，卸売価格（全国）

品目	卸売価額（百万円）			卸売数量（百万本）	卸売価格（円/本）
	昭和63年度	平成10年	平成20年	平成20年	平成20年
キク	① 10,940	① 131,759	① 93,516	① 1,945	48
バラ	② 5,661	③ 34,037	② 27,725	③ 379	73
ユリ	④ 2,294	② 36,424	③ 26,881	⑤ 187	144
カーネーション	③ 4,778	④ 27,497	④ 21,617	② 499	43
洋ラン類	—	⑤ 19,188	⑤ 14,894	⑥ 163	91
トルコギキョウ	—	⑥ 12,760	⑥ 13,217	⑨ 121	109
スターチス	—	⑧ 8,776	⑦ 6,353	⑦ 140	45
ガーベラ	—	⑩ 6,898	⑧ 5,689	④ 192	30
アルストロメリア	—	5,371	⑨ 5,418	76	71
シュッコンカスミソウ	—	⑦ 9,589	⑩ 5,266	69	76
リンドウ	—	5,119	4,159	⑩ 105	40
ストック	⑥ 707	4,497	4,129	74	56
スイートピー	—	4,646	3,397	⑧ 124	27
チューリップ	⑤ 923	⑨ 7,826	3,219	58	56
デルフィニウム	—	—	3,203	41	78
グラジオラス	⑧ 601	2,723	1,969	38	52
フリージア	⑦ 705	3,433	1,313	34	39
切り花類計	43,733	421,646	311,174	5,704	55

ピンク文字：10年前，20年前より卸売価額の順位が上がっている花．青文字：10年前，20年前より卸売価額の順位が下がっている花．黒文字：卸売価額の順位がほぼ安定している花．

（農林水産省：平成2，11，22年度版『ポケット園芸統計』）

人気の高低の激しさが切り花生産を活性化させている要因であるともいえる．

平成 20 年の切り花類の卸売数量の順位は，大まかに見れば卸売価額の順位とほぼ同じ程度と見ることができる．しかし，切り花 1 本当たりの金額（すなわち卸売価格）が種類によって大きく異なるために，例えば，キク，カーネーション，スターチス，ガーベラのように 30 ～ 48 円と安価な切り花類もあれば，トルコギキョウやユリのように 109 ～ 144 円と高価な切り花類もあるので，卸売価額の順位と大きく異なることがある．

次に，平成 20 年に全国で生産された切り花類の中で市場に出荷された量（出荷量）の順位（表 1-3）を卸売数量（表 1-2）の順位と比較すると，ほぼ同じでるが，洋ラン類のように出荷量の順位が著しく低くなっている品目もある．その理由は，洋ラン類の切り花（デンファレ，オンシジウム，シンビジウム）において，輸入品の占める割合が著しく高いためである（表 1-4）．輸入品の中で卸売価額が最も大きいのはスプレーギクの 48.3 億円で，次いでカーネーションが 40.8

表 1-3　切り花類の作付面積および出荷量の推移（昭和 63 年以降，全国）

品目	昭和 63 年（1988）		平成 10 年（1998）		平成 20 年（2008）		平成 22 年（2010）	
	作付面積（ha）	出荷量（百万本）	作付面積（ha）	出荷量（百万本）	作付面積（ha）	出荷量（百万本）	作付面積（ha）	出荷量（百万本）
キク	① 5,100	① 1,668	① 6,190	① 2,002	① 5,532	① 1,792	① 5,331	① 1,660
バラ	④ 391	③ 356	④ 606	③ 476	③ 474	③ 347	④ 432	③ 316
ユリ	⑤ 366	④ 107	② 836	④ 208	② 862	⑤ 171	② 855	⑤ 158
カーネーション	② 571	② 664	⑤ 519	② 527	⑤ 412	② 388	⑤ 390	② 343
洋ラン類			232	30	⑧ 178	⑩ 22	⑧ 167	⑩ 21
トルコギキョウ			⑥ 467	⑦ 131	④ 466	⑦ 111	③ 454	⑦ 107
スターチス			⑧ 315	⑥ 134	⑦ 212	⑥ 120	⑦ 204	⑥ 112
ガーベラ			106	⑤ 152	⑨ 99	④ 174	⑨ 94	④ 167
アルストロメリア					⑩ 95	⑧ 68	⑩ 89	⑨ 60
シュッコンカスミソウ			⑦ 439	⑩ 93	⑥ 267	⑨ 61	⑥ 255	⑧ 61
リンドウ	③ 523	⑤ 94	③ 680	⑧ 109				
ストック	⑦ 300	⑥ 84	⑨ 282	71				
チューリップ	51	⑨ 38	115	⑨ 100				
グラジオラス	⑥ 310	⑧ 55	⑩ 260	39				
フリージア	⑨ 98	⑦ 77	101	71				
スイセン	⑧ 156		172	27				
キンセンカ	⑩ 95	⑩ 33	80	28				

ピンク文字：10 年前，20 年前より作付面積の順位が上がっている花．青文字：10 年前，20 年前より作付面積の順位が下がっている花．黒文字：作付面積の順位がほぼ安定している花．

（農林水産省：平成 2，11，22 年度版『ポケット園芸統計』，『平成 22 年産花き生産出荷統計』）

表 1-4　輸入された切り花類の卸売数量，卸売価額，市場占有率（平成 20 年，全国）

輸入品目	卸売数量（百万本）	卸売価額（百万円）	卸売価額の市場占有率(%)
スプレーギク	91	4,829	25.1
カーネーション	108	4,083	18.9
デンファレ	74	3,088	72.1
バ　ラ	51	2,644	9.5
オンシジウム	17	1,320	53.4
輪ギク	25	1,066	1.9
シンビジウム	1.5	998	31.1
ユ　リ	7.8	735	2.7
小ギク	0.3	6.6	0.0
切り葉	120	3,280	30.0
切り枝	36	2,681	12.3

（農林水産省：『平成 22 年産花き生産出荷統計』）

億円で多く，以下，デンファレが 30.9 億円，バラが 26.4 億円，オンシジウムが 13.2 億円，輪ギクが 10.7 億円と続く．主な輸入切り花類の中で市場占有率として見ると，デンファレが 72.1％と最も高く，次いでオンシジウムが 53.4％，シンビジウムが 31.1％と高く，洋ラン類の市場占有率が高いという傾向にある．

切り花類の今日における市場動向は前記の通りであるから，本誌においては，卸売価額が安定して大きい四大切り花類（キク, バラ, ユリ, カーネーション）と，それに続いて卸売価額の大きい 4 種類（洋ラン類，トルコギキョウ，アルストロメリア，シュッコンカスミソウ）に加えて，増加が著しいデルフィニウムを加えた主要切り花類の中からいくつかを選んで, 第２～３章で紹介することとした．スターチスとガーベラについては，紙面の都合上，掲載することができなかったので，他の良書を参照して頂ければ幸いである．

ところで，農林水産省の統計表で用いられている主な切り花類の名称には，平仮名であったり，漢字交じりであったり，カタカナであったりと，一様でないので使い分けが難しい．それと比べると，植物学的な呼び名はすべてカタカナで表されるので，標記が簡単である．そこで本書では，切り花類の名称をカタカナで表すこととし，必要に応じて漢字交じりで表すこととした．

切り花類の主な生産地…卸売価額の大きい平成 20 年産の観賞植物について，主な生産地と出荷量を都道府県別に示すと，表 1-5 のように表される．例えば，輪ギクでは愛知県が格段に多く，次いで福岡県と沖縄県が多い．一方，小ギクは沖縄県が格段に多く，次いで奈良県と茨城県が多い．スプレーギクは愛知県が最も多く，次いで鹿児島県と栃木県が多い．輪ギクとスプレーギクは同一地域で周年生産される傾向が強く，小ギクは冬季でも露地生産の可能な沖縄県で多いという傾向がある．次に，バラは，土壌センチュウの被害を受けやすいうえに数年間にわたって周年栽培されるということと，1年中温暖で冷涼な温度と強い日差しを好むということから，ロックウール栽培が普及し，冬季でも日照が多くて温暖な愛知県と静岡県が多いという特徴があるが，冬季に降雪量が多く日照の少ない山形県でも盛んであるという特徴がある．ユリは購入した球根で秋冬季を中心に切り花生産を行う埼玉県と高知県で多いということの他に，球根生産の盛んな新潟県と鹿児島県でも比較的多いという特徴がある．カーネーションは冷涼で強い日差しを好むことから，夏に冷涼な長野県などと，冬に温暖で日射量の多い愛知県などで生産が多い．洋ラン類は種類によって生態的特性が大きく異なるので一概にはいえないが，温暖地の徳島県と福岡県で多い．トルコギキョウは，冷涼な

表 1-5　主要切り花類の主な生産地と出荷量（万本）

順位	輪ギク		小ギク		スプレーギク		バラ	
1	愛知	40,840	沖縄	22,830	愛知	9,050	愛知	5,230
2	福岡	10,060	奈良	3,260	鹿児島	7,060	静岡	3,170
3	沖縄	7,700	茨城	3,000	栃木	2,640	福岡	2,190
4	長崎	5,080	岩手	2,760	和歌山	1,510	山形	1,970
5	鹿児島	4,740	福島	2,060	静岡	957	愛媛	1,650
	全国	98,530		52,270		28,410		34,740
順位	ユリ		カーネーション		洋ラン類		トルコギキョウ	
1	埼玉	2,610	長野	7,110	徳島	353	長野	1,440
2	高知	2,090	愛知	6,560	福岡	352	熊本	1,050
3	新潟	1,800	兵庫	4,430	沖縄	273	福岡	954
4	鹿児島	1,260	北海道	3,800	千葉	176	北海道	681
5	千葉	894	千葉	3,020	静岡	145	静岡	641
	全国	17,080		38,780		2,200		11,140
順位	スターチス		ガーベラ		アルストロメリア		シュッコンカスミソウ	
1	和歌山	4,760	静岡	6,030	長野	1,990	熊本	2,260
2	北海道	3,480	福岡	3,180	愛知	1,120	和歌山	1,400
3	長野	1,110	愛知	1,730	北海道	875	福島	648
4	千葉	485	千葉	1,550	山形	803	北海道	392
5	－	－	和歌山	1,230	大分	460	高知	282
	全国	12,000		17,440		6,790		6,070

（農林水産省：『平成20年産花き生産出荷統計』）

気温を好むことから，夏に冷涼な長野県などと冬に温暖な熊本県などで多い．スターチスは，冬に温暖な和歌山県などと，夏に冷涼な北海道で多い．シュッコンカスミソウも，スターチスと同じような特徴がある．ガーベラは，バラと同じようにロックウールで数年間にわたって周年栽培されることと，強い日差しを好むので，冬に温暖多日照な静岡県などで多い．アルストロメリアは，冷涼な気温と強い日差しを好み，数年間にわたって周年栽培されることから，夏に冷涼な長野県などと冬に温暖な愛知県などで多い．

切り花類の輸入…切り花類の輸入は平成 18 年まで毎年増加傾向で，平成 18 年の輸入金額は 263.4 億円に達したが，その後は平成 21 年まで 260 ～ 280 億円程度で推移している．平成 20 年の葉物・枝物の輸入金額は 59 億円，球根類の輸入金額は 101 億円，樹木類の輸入金額は 94 億円である．

切り花類の平成 20 年における輸入数量の合計は 19.2 億本で，主な輸入品目と主な輸入相手国は表 1-6 の通りである．すなわち，輸入数量が最も多いのは葉

表 1-6　主な切り花類の輸入数量と輸入相手国

輸入品目	輸入数量（百万本）	輸入相手国 第1位（百万本）	輸入相手国 第2位（百万本）
カーネーション	222.2	コロンビア（134.9）	中国（73.9）
キ　ク	211.8	マレーシア（125.7）	中国（40.4）
洋ラン類	147.7	タイ（115.6）	台湾（21.6）
バ　ラ	76.2	インド（30.4）	韓国（10.1）
シダ類	73.0	インドネシア（13.1）	コスタリカ（19.3）
ドラセナ類	31.7	マレーシア（27.1）	インドネシア（1.8）
ベアグラス	20.5	アメリカ（20.5）	−
ユ　リ	10.9	韓国（10.1）	中国（0.3）
アンスリウム	10.6	台湾（9.0）	マレーシア（0.1）
リュウカデンドロン	6.5	オーストラリア（3.4）	ニュージーランド（0.6）
ワックスフラワー	5.7	オーストラリア（5.2）	−
ルスカス	3.9	インドネシア（0.1）	−
グラジオラス	2.7	台湾（2.3）	韓国（0.4）
カラー	2.7	ニュージーランド（2.2）	台湾（0.2）
カンガルーポー	2.5	オーストラリア（0.7）	ニュージーランド（0.1）
サカキ類	996.9	中国（996.8）	−
その他	90.0	アメリカ（41.1）	オーストラリア（11.1）
合　計	1,916.2	中国（1,122.1）	マレーシア（159.7）

（財務省：平成 20 年『貿易統計』）

物・枝物のサカキ類であるが，花卉ではカーネーションが最も多く，その主な輸入相手国はコロンビアと中国である．両国とも，赤道に近い高原地帯で，1 年中温暖で日射量が多い地域で生産されているという特徴がある．次いで多いのはキクで，その主な輸入相手国はマレーシアと中国で，この場合もカーネーションと同じ背景で生産されているという特徴がある．3 番目に輸入数量が多いのは洋ラン類で，熱帯および亜熱帯のタイと台湾からの輸入が多い．特に，タイから輸入される洋ラン類は大衆性の高いデンファレと呼ばれる洋ラン類である．4 番目に多い花卉はバラで，熱帯に近く標高の高い地域で生産されるインドと，わが国のバラ栽培と同じロックウール栽培で大規模化して輸出戦略物資として生産している韓国が多い．以上の 4 種類が主な輸入花卉で，わが国で生産と消費の多い人気切り花類である．5～7 番目は葉物で，8 番以降は種々の切り花類であるが，リュウカデンドロン，ワックスフラワー，カンガルーポーなどのオーストラリア産の切り花類が目立つ．この貿易統計からだけでも，わが国に切り花類が世界中から輸入されていることがわかる．このことは，わが国の切り花生産者は世界の国々と激しい市場競争にさらされていることを表している．この競争こそが，わが国の切り花生産を活性化している原動力の 1 つであるともいえる．

3．観賞植物の分類

観賞植物の人為分類については，主なものを「第 1 章 2. 観賞植物の生産状況」で示した通りである．その他にも，種々の人為分類が用いられることがあって，その 1 例を図鑑などで見ることができるので参照されたい．

植物の自然分類については，古い時代の方法から最新の手法までいくつかあって，最近まではエングラーの新分類体系（1964）が多く用いられていたが，今日では APG 分類（Angiosperm phylogeny group）と呼ばれる，DNA 解析に基づく系統分類法が採用されることが多くなっている（☞『園芸学』第 2 章）．したがって，進化や系統分類を専門に研究するうえでは APG 分類を利用することが多くなっているものの，花の形態を重視する観賞植物について学習するうえでは，伝統的に用いられてきたエングラーの新分類体系が有用である．

本書で取りあげた切り花類と花木類などの主な種類について，エングラーの新

表 1-7　主な観賞植物の自然分類

種子植物　SPERMATOPHYTA
　被子植物門　ANGIOSPERMAE
　　双子葉植物綱　DICOTYLEDONEAE

古生花被亜綱　ARCHICHLAMYDEAE（離弁花亜綱）

　ナデシコ科　Caryophyllaceae（APG 分類の分類コード番号；2.3.44.6）

カーネーション	*Dianthus caryophyllus* L.
セキチク	*D. chinensis* L.
オノエマンテマ	*Gypsophila cerastioides* D. Don
カスミソウ	*G. elegans* M. Bieb.
ヌカイトナデシコ	*G. muralis* L.
シュッコンカスミソウ	*G. paniculata* L.

　キンポウゲ科　Ranunculaceae（2.3.19.6）

ヒエンソウ（ラークスパー）	*Consolida ambigua*（L.）P. W. Ball et Heyw.（旧学名 *Delphinium ajacis* L.）
ルリヒエンソウ	*C. regalis* S.F.Gray
ベラドンナ	*Delphinium* × *belladonna* hort. ex Bergmans
カーディナーレ	*D. cardinale* Hook.
エラツム	*D. elatum* L.
オオヒエンソウ	*D. grandiflorum* L.（旧学名 *D.chinense* Fisch. ex D.C.）
ヌディコーレ	*D. nudicaule* Torr. et A. Gray
キバナヒエンソウ	*D. semibarbatum* Bienert ex Boiss.（= *D. zalil* Aitch. et Hemsl.）

　ツバキ科　Theaceae（2.3.46.11）

キンカチャ	*Camellia chrysantha*（H. H. Hu）Tuyama
ヤブツバキ	*C. japonica* L.
ユキツバキ	*C. japonica* subsp. *rusticana* Kitam.
トウツバキ	*C. reticulata* Lindl.
サルウインツバキ	*C. saluenensis* Stapf ex Bean
サザンカ	*C. sasanqua* Thunb.

　アブラナ科　Cruciferae（APG 分類では Brassicaceae，2.3.39.5）

ストック	*Matthiola incana*（L.）R. Br.

　ユキノシタ科　Saxifragaceae（APG 分類では Hydrangeaceae, 2.3.25.8）

アジサイ	*Hydrangea macrophylla*（Thunb.）Ser. f. *macrophylla*
ガクアジサイ（ハマアジサイ）	*H. macrophylla*（Thunb.）Ser. f. *normalis* Wils.
エゾアジサイ	*H. macrophylla*（Thunb.）Ser. subsp. *yezoensis*（Thunb.）Makino var. *megacarpa*（Ohwi）Kitam.
ヤマアジサイ（サワアジサイ）	*H. macrophylla*（Thunb.）Ser. subsp. *serrata*（Thunb.）Makino

　バラ科　Rosaceae（2.3.32.1）

ロサ・カニナ	*Rosa canina* L.
コウシンバラ	*R. chinensis* Jacq.
ロサ・ギガンティア	*R. gigantea* Collet ex Crép.
テリハノイバラ	*R. luciae* Rochebr. et Franch ex Crép.

（次ページへ続く）

ノイバラ	*R. multiflora* Thunb. ex Murray
ハマナス	*R. rugosa* Thunb.
トウダイグサ科　Euphorbiaceae（2.3.37.3）	
ポインセチア	*Euphorbia pulcherrima* Willd.
スミレ科　Violaceae（2.3.37.12）	
コルヌータ	*Viola cornuta* L.
ニオイスミレ	*V. odorata* L.
トリカラー	*V. tricolor* L.
パンジー	*V.* × *wittrockiana* Grams
後生花被亜綱　METACHLAMYDEAE（合弁花亜綱）	
ツツジ科　Ericaceae（2.3.46.19）	
マルバサツキ	*Rhododendron eriocarpum*（Hayata）Nakai
サツキ	*R. indicum*（L.）Sweet
レンゲツツジ	*R. japonicum*（A. Gray）J. V. Suringar
ミヤマキリシマ	*R. kiusianum* Makino
キリシマ	*R.* ×*obtusum* Planch.
サタツツジ	*R. sataense* Nakai
サクラソウ科　Primulaceae（2.3.46.9）	
シクラメン	*Cyclamen persicum* Mill. （APG 分類ではヤブコウジ科 , 2.3.46.10）
プリムラ・マラコイデス	*Primula malacoides* Franch.
プリムラ・オブコニカ	*P. obconica* Hance
プリムラ・ポリアンサ	*P.* ×*polyantha* Mill.
サクラソウ	*P. sieboldii* E. Morr.
イソマツ科　Plumbaginaceae（2.3.44.2）	
スターチス・カスピア	*Limonium bellidifolium*（Gouan）Dumort.
スターチス・ボンジェリー	*L. bonduellei*（Lestib.）O. Kuntze
スターチス・ラティフォリウム	*L. latifolium*（Sm）O. Kuntze
スターチス・ペレジイ	*L. perezii*（Stapf）Hubb.
スターチス・シヌアータ	*L. sinuatum* Mill.
Hb. スターチス	*L. bellidifolium*，*L. latifolium* などの雑種
リンドウ科　Gentianaceae（2.3.49.2）	
トルコギキョウ	*Eustoma grandiflorum*（Raf.）Shinn. （旧学名 *E. russellianum* G. Don）
ササリンドウ	*Gentiana scabra* Bunge. var. *buergeri*（Miq.）Maxim. subvar. *orientalis* Toyokuni f. *orientalis*
エゾリンドウ	*G. triflora* Pall. var. *japonica*（Kusn.）H. Hara
シソ科　Labiatae（APG 分類では Lamiaceae，2.3.52.8）	
サルビア	*Salvia splendens* Sell ex Roem. et Schult.
ナス科　Solanaceae（2.3.51.2）	
ペチュニア	*Petunia* × *hybrida* hort. Vilm-Andr.
キク科　Compositae（APG 分類では Asteraceae，2.3.54.4）	
ハイシマカンギク	*Chrysanthemum indicum* L. var. *procumbens* Nakai
キ　ク	*C.* ×*morifolium* Ramat.
チョウセンノギク	*C. zawadskii* Herbich var. *latilobum*（Maxim.）Kitam.
ガーベラ	*Gerbera jamesonii* Bol. ex Adlam.

（次ページへ続く）

単子葉植物綱　MONOCOTYLEDONEAE	
ユリ科　Liliaceae（2.3.13.6）	
ヤマユリ	*Lilium auratum* Lindl.
エゾスカシユリ	*L. dauricum* Ker-Gawl.
スカシユリ（園芸）	*L.* ×*elegans* Thunb.
オニユリ	*L. lancifolium* Thunb.
テッポウユリ	*L. longiflorum* Thunb.
スカシユリ（イワトユリ）	*L. maculatum* Thunb.
カノコユリ	*L. speciosum* Thunb.
チューリップ	*Tulipa clusiana* DC.
	T. gesneriana L.
アルストロメリア	*Alstroemeria aurea* Graham
（APG分類ではユリズイセン科	（＝ *A. aurantiaca* D. Don ex Sweet）
Alstroemeriaceae，2.3.13.4）	*A. caryophyllaea* Jacq.
	A. ligtu L.
	A. pelegrina L.
	A. pulchella L.
	A. pulchra Sims
ラン科　Orchidaceae（2.3.14.1）	
カトレヤ	*Cattleya* spp.
シンビジウム	*Cymbidium* spp.
デンドロビウム	*Dendrobium* spp.
オンシジウム	*Oncidium* spp.
パフィオペディルム	*Paphiopedilum* spp.
ファレノプシス	*Phalaenopsis* spp.
バンダ	*Vanda* spp.

本分類表は，エングラーの新分類（1964）に基づいて配列してあることと，目（もく）の名称を削除してある．また，科の名称の右に示した括弧内は，APG 分類表で用いられている名称と分類コードを示す．

分類体系にならって一覧表に表すと表 1-7 のように表される．表 1-7 では同じ属の植物について多数の種名を掲載してあるが，本書で取りあげる観賞植物の多くが種間雑種であることから，今日の栽培品種がどのような原種に由来するかを学ぶうえで近縁の原種名を学ぶことは大いに重要である．

4．観賞植物の形態的特徴

観賞植物の形態では花の形態が最も重要である．1 つの花とは 1 本の枝に相当する単位をいうことから，花の形態はゲーテの植物変態論を理解しておくと学習しやすい．植物変態論を説明したゲーテの図は知られていないが，著者の理解を『野菜園芸学』（文永堂出版）の図 1-2 ～図 1-4 に模式的に表してある．そのよ

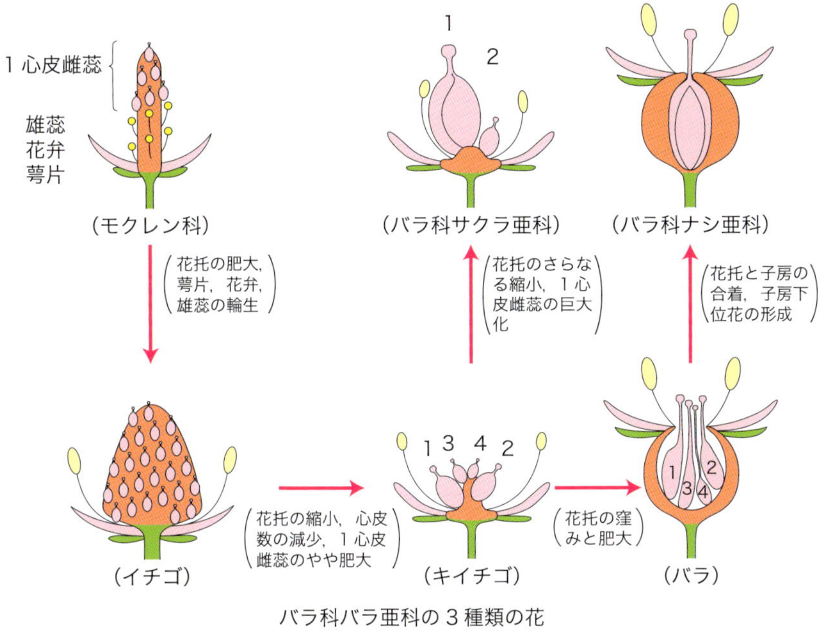

図1-2　バラ科の 3 つの亜科の花の構造

うに理解することによって，非常にたくさんの種類がある観賞植物の花の形態が単純な形に集約される．さらには，個々の花の形成過程や類似性について理解する場合にも有用であるとともに，生理障害花の発生メカニズムについて解析するときにも役立つ．そのような例の 1 つとして，バラ科のバラ亜科とサクラ亜科とナシ亜科の花の形態的類似性を示すと，本書の図 1-2 のように示される．

花序型の相互関係についても，形態的類似性を重視して相互の関連性を考えると，非常にたくさんの種類がある観賞植物の花序の形態について，単純な形からの変態として連続的に理解することができる．花序型の詳しい相互関係について Lawrence の『Taxonomy of Vascular Plants』(1951）の図を参考にして簡潔に表すと，図 1-3 のように示される．

5．切り花類の鮮度保持

果実，野菜，切り花類などの園芸作物は生育途中の段階で収穫されるものが多

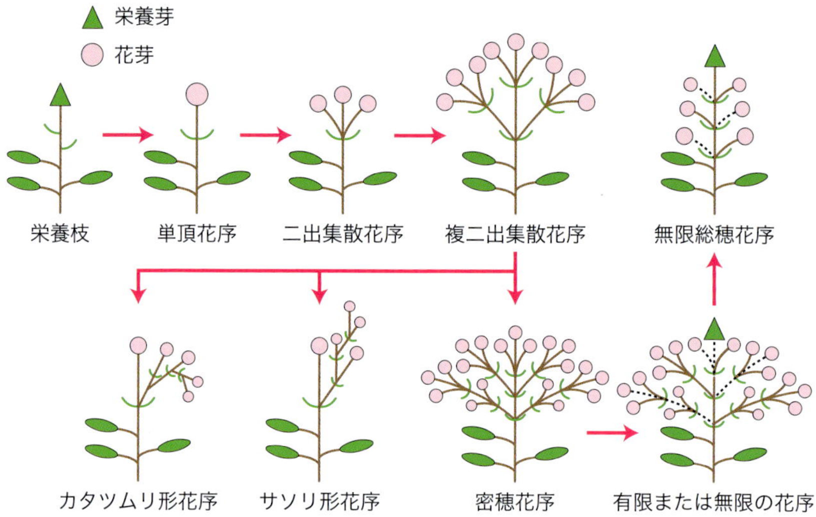

図1-3　花序型の相互関係
（Lawrence, G. H.：『Taxonomy of Vascular Plants』，1951 より作図）

いことから，収穫後の鮮度保持が非常に重要である．多くの園芸作物において，鮮度保持の基本は冷蔵による呼吸抑制であることから，例えば果実では CA（controlled atmosphere）貯蔵として，野菜では MA（modified atmosphere）貯蔵として，薬品処理をしない方法が採用されている．多くの切り花類においても鮮度保持の基本は冷蔵による呼吸抑制であるが，食品でないことから，冷蔵に加えて何種類かの化合物が用いられることがある．その代表例は，エチレン作用阻害剤の STS（チオ硫酸銀錯体）や 1-MCP（1- メチルシクロプロペン）と，エチレン合成阻害剤のエチオニンや AOA（アミノオキシ酢酸）である．これらの他にも，殺菌剤や糖類やミネラル類が前処理剤や後処理剤として生け水に添加されることもある．具体的方法については第２～３章の品目ごとに記載してあることと，『園芸学』（文永堂出版）の第８章で詳しく解説してあるので参照していただきたい．切り花の鮮度は前記の方法を用いても低下するので，さらなる対策として，タンパク合成阻害剤による花の細胞崩壊の抑制や，遺伝子組換えによる日持ち性の改良によって，鮮度がさらに長く保てるような技術の開発が行われている．

第2章

四大切り花類

1．キ　　ク

1）種類と分類

(1) 命名と伝来

命名…キクは漢字で菊と表すが，古くは鞠とも記され，蹴鞠（けまり）に由来する言葉である．学名は *Chrysanthemum* × *morifolium* Ramatuelle と命名されている．*Chrysanthemum* は金色の花を意味し，ギリシャ語の chrysos（金）と santhemon（花）からなる．もともとは，地中海沿岸原産のシュンギクが，Carl von Linné（リンネ）によって *Chrysanthemum coronarium* L. と命名されたことに由来する．キクは 1789 年に Pierre Louis Blancard によってマカオからフランスに導入され，*C.* × *morifolium* Ramatuelle と命名された．1978 年に京都大学の北村四郎教授は，キク属が世界に広く分布し，約 200 種にも及ぶことから，花の形態，花冠の色や形，痩果の形から再分類して，*Dendranthema* × *grandiflorum* Kitamura と命名して以来，長らくこの学名が用いられていた．しかし，欧米では鉢ものギクをポットマム（Potmum，Pot chrysanthemum）と称し慣れ親しんでいたことから，1999 年の国際植物会議において，キクの学名は再び *Chrysanthemum* × *morifolium* Ramatuelle に戻された．

伝来…キクの原産地は中国といわれ，奈良時代後半の 8 世紀に遣唐使によってわが国に伝来したとされている．平安時代には高貴な花とされ，菊花には延命長寿の効果があるとして利用されていた．現在でも，生薬菊花として日本薬局方に掲載されている．同様にこの時代に中国から伝来した重陽の節句の行事（旧暦 9 月 9 日に催され，菊の節句ともいわれる）では，菊酒を飲み，菊合わせを行うことで邪気をはらい長寿を祈願したとされる．平安時代に編纂された古今和歌集の中で，藤原敏行は「久方の 雲の上にて見る菊は 天つ星とぞ あやまたれける」と詠っていることから，すでに観賞用として栽培されていたことが想像できる．

江戸時代には育種改良が飛躍的に進み，鉢で栽培して観賞する菊（観賞菊）として独特な形態を有する品種群が各地で作出された．その一例に，肥後菊，嵯峨菊，伊勢菊，美濃菊，江戸菊などがある．江戸時代にわが国からオランダやイギリスへ輸出されたキクは，1974 年にスプレーギクとしてわが国に再導入された．

（2）形態と分類

形態…茎はやや木質で硬く直立し，柄のある葉が互生する．葉は倒卵形で羽状に浅裂し，不整の切込みと鋸歯がある．葉の裏面や茎にはT字型の毛じ（trichome）が着生する．通常，花と呼ばれる部分は頭状花序（capitulum）で，無限花序（indeterminate inflorescence）の 1 つである．花序は茎頂に形成され，栄養成長期に葉を分化していた茎頂分裂組織は花成刺激を受けてドーム状に膨大して花序原基を形成する（図 2-1 のドーム形成期）．次いで，総苞形成期，小花形成期を経て，やがてたくさんの小花を頭状花序の周縁部から形成して，頭状花序が完成す

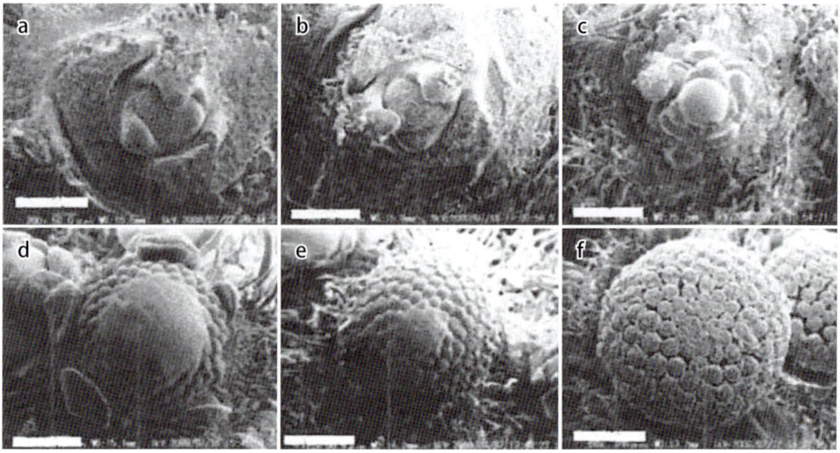

図 2-1　走査型電子顕微鏡によるキクの花序形成の過程
a：栄養成長期，b：ドーム形成期，c：総苞形成期，d：小花形成期，e：花弁形成初期，f：花弁形成後期．a～f の図の bar 長はそれぞれ 150，175，300，185，270，500 μm.
（写真提供：久松完氏）

る．キクの頭状花序では周縁部に白，黄色系または赤色系に着色した舌状花（ray floret）があり，中心部に黄色の管状花（tubular floret）がある（図 2-2）．管状花は筒状花とも呼ばれ，5 枚の花弁が癒合した筒状の花冠からなる両性花である．舌状花も 5 枚の花弁が癒合した花冠で，基部は筒状であるが，舌状部分（花冠裂片）の形状により，装飾性の高い平弁，匙弁，管弁となる．舌状花は雄蕊が退化した雌花である．管状花（筒状花）も舌状花も子房下位で稔性がある．

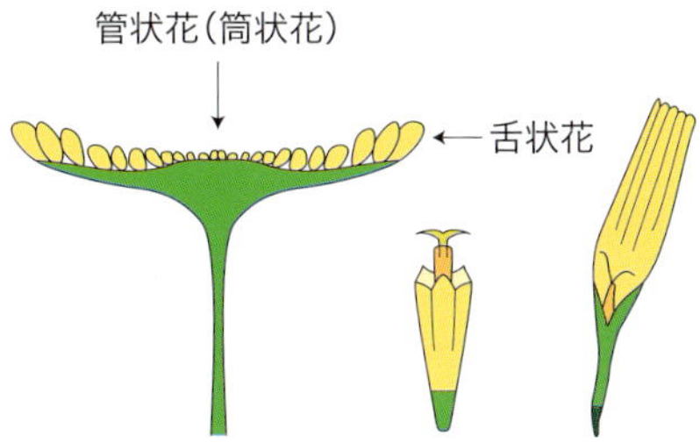

図2-2　キク花の形態
左：頭状花序，中：管状花（筒状花），右：舌状花．

わが国に自生するキク属植物の系統分化…イエギクとも呼ばれる栽培ギクが含まれるキク属植物は，中国，日本などの東アジアのみに自生している．わが国に自生するキク属の系統図を図 2-3 に示す．これらは，舌状花が白色あるいは黄色のものと，舌状花がなく管状花のみで構成されるものに大別される．染色体数は 9（x = 9）を基本とし，2n = 2x，4x，6x，8x，10x のものが存在する．

栽培ギクは六倍体の染色体数 2n = 54 を持ち，白色，黄色，あるいは赤色系の舌状花を有する．しかし，葉緑体 DNA の PCR-RFLP 分析ではイエギクの栽培品種と一致する自生種（野生種）がなく，母系祖先が不明であることから，*Chrysanthemum*×*morifolium* の起源は未だ明らかでない．

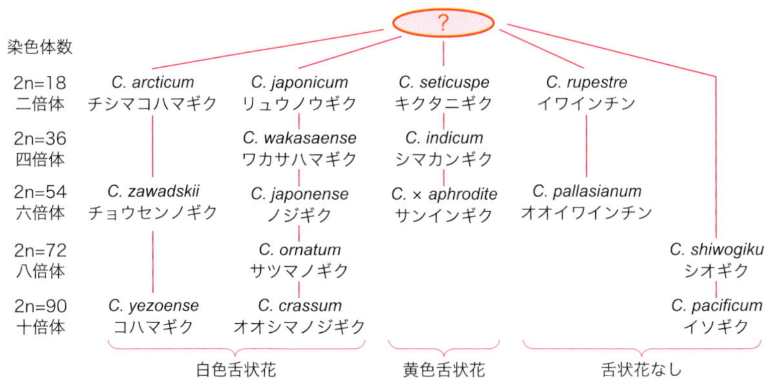

図2-3　わが国に自生するキク属の系統図
（Kishimoto，S.，柴田道夫らを参考に作成）

図 2-4　キクの利用形態による分類
左：輪ギク，中：スプレーギク，右：小ギク．

栽培ギクの人為分類…栽培ギクの人為分類には，生態型（夏ギク，夏秋ギク，秋ギク，寒ギク），仕立て方（スタンダードタイプ（輪ギク），スプレータイプ），花形（図 2-5），用途（切り花用，鉢物用，花壇用），花の形（一重咲き，八重咲き，丁字咲き，ポンポン咲き）などがある．丁子咲きの呼称は，フトモモ科の丁子 *Syzygium aromaticum* に形状が似ていることによる．花の大きさによる分類では，花序の直径が 10cm 以上のものを大輪，5cm 以上 10cm 未満のものを中輪，5cm 未満のものを小輪と分けている．

流通上の利用形態によって，切り花では輪ギク，スプレーギク，小ギクに分類される（図 2-4）．輪ギクとは，腋芽を摘除して頂芽の 1 輪のみを咲かせるものをいう．スプレーギクとは，腋芽を摘除せずに，房咲き状に多数の頭状花除を咲かせるものをいう．小ギクよりも節間の伸張性が高い．小ギクとは，スプレーギク同様に房咲きに仕立てたものをいうが，小輪タイプのものが多い．

（3）観賞菊の主な種類と仕立て方

観賞菊の種類…鉢で栽培して観賞する観賞菊は，大菊，中菊，小菊に分類される．大菊とは花序の直径が 18cm 以上のものをいい，図 2-5 に示すように多数の舌状花が花序の中心に向かってこんもりと盛りあがる「厚物」，周縁の舌状花が長く走るように垂れ下がる「厚走り」，舌状花が細長い管状になり直線的に放射状に伸びる「管物」，花序の上部（中央部）を手の掌で掴んだように見える「掴み」（「奥州菊」が発祥元とされる)，菊の御紋のように平たい舌状花が一重に並ぶ「一文字」などがある．中菊とは花序の直径が 9cm 以上 18cm 未満のものをいい，江戸時

図 2-5　観賞菊の主要な花形
（今澄氏 原図）

代に各地方で発達した古典菊が多い．代表的なものとして，「美濃菊」（名古屋，岐阜地方で発達），「江戸菊」（江戸で発達．種類によってさまざまに変化するので，狂い菊，芸菊とも呼ばれる），「嵯峨菊」（京都で発達），嵯峨菊から変化した「伊勢菊」（松阪，伊勢地方で発達），一重咲きの「肥後菊」（熊本地方で発達），掴みとも呼ばれる「奥州菊」（青森地方で発達）などがある．小菊とは花序の直径が9cm 未満のものをいい，「薊菊（あざみ）」，「魚子菊（ななこ）」，「貝咲き菊」がある．

観賞菊の仕立て方…観賞菊の仕立て方の代表的なものに，三段仕立てがある．8～9号鉢を用いて，主茎を摘心して３本の側枝を伸ばし，最も高い枝を「天」と称して真中後方に配置する仕立て方である．特に，矮化剤を用いて「天」の草丈を 60cm 以下に調整して７号鉢で仕立てる方法をダルマ作りという．同様に，５号鉢を用いて矮化剤により草丈を 40cm 以下に調整し，鉢の直径より葉の幅を大きくした一輪咲きの仕立て方を福助作りという．他にも，秋挿し苗を用いて摘心を繰り返すことで，側枝を半球状に規則正しく並べて咲かせる千輪咲き仕立て，小ギクを用いて摘心を繰り返すことで側枝の発生を促し，かまぼこ状や菊人形用の形状をつくる懸崖づくりなどがある．

(4) 切り花用品種の主な種類

輪ギク…鉢で栽培する観賞菊としての古典的用途の人気も高いが，切り花としての用途は葬儀用，仏事用が主体である．そのため，花色の 70％以上を白色が占め，次いで黄色系で，他の色は少ない．主な品種としては，白色の‘神馬’，‘精興の誠’，‘岩の白扇’で，輪ギク全体の切り花本数の約半数を占める．黄色系では‘太陽の響’，‘精興の秋’，‘精興光玉’など，赤色系では‘花秋芳’，‘美吉野’などの品種がある．

スプレーギク…葬儀用，仏事用のみならず，フラワーアレンジメントや花束用など，業務用，贈答用，家庭用としても用途が広い．花形や花色は豊富で変化に富むが，白色系，桃色系，黄色系がほぼ同様な生産量となっている．主な品種としては，白色系の‘セイプリンス’，‘セイエルザ’，桃色系の‘舞風車’，‘エルザ’，黄色系の‘レミダス’，‘モナリザイエロー’などがある．

小ギク…葬儀用，仏事用が主体であるが，スプレーギクと形態が似ていることから，フラワーアレンジメントの素材としての利用も試みられている．自然開花期の作型で栽培されることが多く，地域の体系に応じて栽培されるので品種数は多い．花色はおおよそ黄色系が 40％，白色系 30％，赤色系 20％である．主な品種としては，黄色系の‘秋芳’，‘金秀’，白色系の‘つばさ’，赤色系の‘沖の乙女’などがある．

(5) 新規形質を持った切り花用品種の作出

a．輪　ギ　ク

切り花用輪ギクは観賞菊とは異なり，主に冠婚葬祭などの業務用に栽培される．花色は白を基調とし，栽培のしやすさや生産性のよさを指標に改良が加えられてきた．2000 年頃まで，秋ギクでは‘秀芳の力’，夏秋ギクでは‘精雲’などの品種が広く栽培されていたが，その後，長期の継代栽培による系統分化や品質劣化の問題，あるいは摘蕾作業に労力を要するなどの理由から，秋ギクでは‘神馬’，‘精興の誠’，夏秋ギクでは‘岩の白扇’，‘精の一世’などの品種に変わってきている．近年では，摘蕾作業の省力化のための無側枝性品種の作出や，需要拡大を目指した花色変異品種の作出が進められている．

無側枝性品種の作出…無側枝性とは遺伝的に腋芽が発生しにくい性質をいい，摘蕾労力を軽減できることから，輪ギクの形質として重要視されている．秋ギクの‘神馬’は，花色が純白で，節間伸長性や水揚げがよいことから，腋芽の発生数が多いという欠点があるにもかかわらず主力品種の 1 つとなっている．近年，‘神馬’の培養葉片に炭素の重イオンビームを照射することで変異を誘発し，腋芽の発生数が 1/2 ～ 1/4 に抑えられた‘新神’が作出されて普及している．

花色変異品種の作出…市場における輪ギクの花色は白が半数以上を占め，次いで，黄，赤の順となる．他の花色もあるものの，バラ，カーネーションに比べると花色の変異は小さい．キクの舌状花に含まれる色素として，アントシアニン系色素である赤紫色のシアニジン誘導体と，カロテノイド系色素である黄色のルテイン誘導体の存在が明らかにされている．これらの色素は補色関係にあることから，キクでは鮮明な花色が生じ難い．通常，アントシアニンで発色している多くの花卉では，有色品種から色調の異なる品種や白色品種への変異が見られるが，白色品種から有色品種への変異は見られない．これは，通常機能しているアントシアニン生合成酵素遺伝子の変異によって，一部の色素あるいはすべての色素の発現がなくなる現象である．一方，キクの花冠では白色から黄色への変異が見られるのに対し，黄色から白色への変異は存在しない．この黄色色素はルテイン誘導体に基づくものであるが，白色品種においてカロテノイド生合成酵素遺伝子が突如機能して黄色を発現するとは考えられないことから，白色から黄色への変異は謎であった．しかし近年，白色品種においても未熟花蕾ではカロテノイド生合成酵素遺伝子が機能して黄色色素が生合成されること，それに加えて，花蕾の発達に伴いカロテノイド分解酵素遺伝子が特異的に働くことで，生合成された黄色色素が分解されて白色品種が作り出されることがOhmiyaら（2009）によって解明された．このように，色素の生合成に関わる遺伝子群が明らかになってきたことから，遺伝子組換えを利用した新規花色品種の作出がキクにおいて試みられている．一方，ガンマ線や重イオンビームなどの放射線照射と組織培養を組み合わせることによって効率的に変異体を作出する技術も開発され，新規花色を有する品種が作出されている．

b．スプレーギク

欧米で省力生産および周年生産を目的に作出された品種群がスプレーギクと呼ばれ，1974年にわが国に導入された．それらのスプレーギクを基に，わが国でも公的機関により‘スプリングソング’や‘ホワイトブーケ’などの品種が作出された．しかし，これらは秋ギク型の品種であったため，わが国における夏季の

図2-6　キクの交雑と花序の大きさとの関係

A：十倍体のイソギク，B：八倍体品種‘22-B’（イソギクと六倍体品種‘Agrow’との交雑種），C：七倍体品種‘ムーンライト’（‘22-B’と‘Snow Queen’との交雑種），D：六倍体品種‘Snow Queen’．（写真提供：柴田道夫氏）

高温では大幅な開花遅延が生じ，周年生産には適さなかった．そこで，このような秋ギク品種をわが国在来の夏秋ギク品種と交雑することで，夏の高温でも開花遅延しにくい品種‘サマークイン’が作出された．その後，民間でも同様の交雑組合せによる品種の作出が進み，夏秋ギクと秋ギクを組み合わせたスプレーギクの周年生産がわが国において可能となった．

一方，新規形質を持った品種の作出を目的に種間交雑育種が公的機関で試みられた．野生種である十倍体のイソギク *C. pacificum* と六倍体のスプレーギク品種を交雑すると八倍体の F_1 世代が得られる．これを再び六倍体のスプレーギク品種と交雑することにより，七倍体の‘ムーンライト’や‘つくば1号’が作出された．これらの品種は，イソギクの小輪多花性の性質とスプレーギクの茎伸張性とを合わせ持ち，しかも雑種強勢により多収性を有している．図2-6には野生ギクとの交配過程における花形および葉形の変異を示したが，そこには倍数性の違いが如実に現れている．

c．小　ギ　ク

小ギクは開花調節を行わず，露地で生産する作型が多い．そのため，各地域での栽培条件や気候に適応した開花性，生産性などの形質を有した品種が作出されている．代表的な品種として，‘秋芳’，‘金秀’，‘つばさ’，‘沖の乙女’などがある．

2）生理生態的特性

(1) 生態的特性

1920年代にアメリカのGarnerとAllardは，タバコ *Nicotiana tabacum* とダイズ *Glycine max* の栽培試験から，植物が有する光周性（photoperiodism）を発見した．この発見により，植物は短日植物，長日植物，中性植物に分類されるようになった．1930年代にはアメリカにおいて，短日植物であるキクの周年栽培技術が日長調節により開発されて商業的生産が始まった．当時，わが国におけるキクの切り花生産は生態型の異なる品種を用いて，暖地での冬季栽培，冷涼地での夏季栽培，温暖地での春季および秋季栽培という地域分担による周年生産が行われていた．しかし，長期出荷のためには，各地域とも，開花期の異なる多くの品種を維持しなければならなかった．やがて，日長調節に基づいた電照栽培（長日処理栽培）やシェード栽培（短日処理栽培）が導入されて同一品種の連続出荷が可能となったが，夏季のシェード栽培では高温障害の発生が問題になった．そのため，シェード栽培をしなくてもよい7月咲きギク，8月咲きギク，9月咲きギクというような品種の改良が進んだ．

その頃，アメリカのスプレーギクでは，花芽分化と花芽発達に挿し穂のみならず親株の温度管理が影響を及ぼすことが明らかにされ，花芽分化と花芽発達が温度の影響を受けない thermozero 品種群，低温により抑制される thermopositive 品種群および高温により抑制される thermonegative 品種群に分類された．さらに，生育環境の温度低下に伴い花芽分化の限界日長は短くなるが，花芽発達の限界日長は長くなることが明らかにされた（Cathey，1954，1955，1957）．

一方，わが国の輪ギク品種は，日長と温度に対する開花反応から，次の6つの品種群に分類された（岡田，1957）．

夏ギク品種群…花芽分化には10℃前後の温度と中性の日長，花芽発達には中性の日長を必要とするもの．

8月咲きギク品種群…花芽分化には15℃以上の温度と中性の日長，花芽発達には中性の日長を必要とするもの．

9月咲きギク品種群…花芽分化には15℃以上の温度と中性の日長，花芽発達には短日を必要とするもの．

岡山平和型ギク品種群…花芽分化には15℃以上の温度と短日，花芽発達には中性の日長を必要とするもの．

秋ギク品種群…花芽分化には15℃以上の温度と短日，花芽発達は短日を必要とするもの．

寒ギク品種群…花芽分化と花芽発達には短日が必要であるが，高温で花成が抑制されるもの．

この生態的分類は長い間,キクの開花調節と育種の基礎として利用されてきた．しかし，この間に日長反応に対する考え方が進み，単に日長の長短で区別するのではなく，ある日長より長い日長では開花しないような限界日長を有する植物が質的短日植物，限界日長がなく長い日長であっても日長が短くなるにつれて開花が促進される植物が量的短日植物と定義されるようになった．これにより,従来,花芽分化や花芽発達において中性と分類されたものの多くが，長い限界日長を有する質的短日植物あるいは限界日長のない量的短日植物に分類されることになっ

表 2-1　キクの日長反応による品種群の分類

		自然開花期	限界日長	適限界日長	開花反応期間
夏ギク	早　生	4 月中旬～ 5 月上旬	ない	ない	
	中　生	5 月中旬～ 5 月下旬	ない	ない	
	晩　生	6 月上旬～ 6 月下旬	ない	ない	
夏秋ギク	早　生	7 月	17 ～ 24 時間	13 ～ 14 時間	7 ～ 8 週間
	中　生	8 月	17 時間	13 ～ 14 時間	7 ～ 8 週間
	晩　生	9 月	16 時間	12 ～ 13 時間	7 ～ 9 週間
秋ギク	早　生	10 月上旬～ 10 月中旬	14 ～ 15 時間	12 時間	8 ～ 10 週間
	中　生	10 月下旬～ 11 月上旬	13 時間	12 時間	9 ～ 10 週間
	晩　生	11 月中旬～ 11 月下旬	12 時間		11 ～ 12 週間
寒ギク	早　生	12 月以降	< 11 時間		13 ～ 15 週間

花芽分化は花成誘導 2 週間後から始まる．　（川田穰一・船越桂市，1988）

た．これに従い，キクの品種群が表 2-1 のように分類され，従来 7 月咲きギク，8 月咲きギク，9 月咲きギクと呼ばれていた品種群が同じような生態的特性を有していたことから，これらを合わせて夏秋ギクと称することになった．

（2）キクの生育相

キクの花芽分化や花芽発達には温度が直接的に影響するのではなく，花芽分化に至るまでの期間にある種の温度条件が必要であり，品種群により必要とする温度条件に違いがあると考えられてきた．ロシアの Lysenko が提唱した「植物の全発育過程はいくつかの異なった発育相によって成立しており，異なった発育相を通過するためには異なった外的条件を必要とする」という「発育段階説」に従い，冬至芽由来のキクが開花および結実に至るには 4 つの相，すなわち，ロゼット相，幼若相，感光相，成熟相が存在し，各相の通過にはそれぞれ低温，高温，短日が必要であるとした．

冬至芽（winter sucker）とは吸枝とも呼ばれ，秋に地下茎から発生する腋芽であり，挿し穂を取るための親株となるものである．ロゼット（rosette）とは，茎がほとんど伸長せず，根に直接葉が着いているように見える状態をいい，ロゼット相とは，ロゼット打破に必要な低温遭遇期間を満たすまでの生育相をいう．キクでは，夏の高温遭遇がロゼットの誘導条件となる．幼若性とは，花成誘導条件が与えられても生理的に花成誘導のできない状態をいい，幼若性を持つ期間を幼若相という．幼若性は，本来，実生植物の生育相を指した用語であったが，その後，木本植物の挿し木，宿根植物の冬至芽や挿し芽，球根植物にも適用されるようになった．感光相とは，光周期に対して花芽形成能力を有する状態，あるいは期間をいう．日長反応による分類とともに，この生育相と温度の概念は，その後のキクの開花調節技術の体系化に大きく貢献している．

（3）節間伸長と花芽形成

多くのロゼット性宿根花卉では，ロゼット化することで節間伸長とともに花芽形成も抑制される．長日植物では，ロゼット相を経過し春の温暖に遭遇することで節間伸長に伴って花芽形成が開始する．これらはあたかも，節間伸長と花芽形成が同調しているように見える．しかし，短日植物であるキクでは春の温暖で節間伸長しても花芽形成はしない．このことは，節間伸長と花芽形成がそれぞれ独立して制御されていることを示している．

（4）花芽形成能力と温度履歴

キクの花芽形成に対する温度履歴の影響は複雑で，花芽形成が高温履歴と低温履歴により抑制されたり促進されたりする．すなわち，キクは夏季の高温に遭遇すると，その後の頂芽，腋芽および冬至芽の花芽形成能力が低下するが，花芽形成能力は低温に遭遇すると回復する．図 2-7 に示すように，適切な低温期間はロゼット性に関連する花芽形成抑制能を抑えることで花芽形成を促進するが，低温期間が長くなると幼若性に関連する花芽形成抑制能が上昇することで，節間伸長が進んでも花芽形成節位が増加し開花は遅れる．しかし，高温に遭遇すると花芽形成抑制能が抑えられ花芽形成能力は回復する．キクの節間伸長は，形態的にはロゼット相から幼若相へ移行していくことで誘起されるが，花芽形成能力においてはロゼット

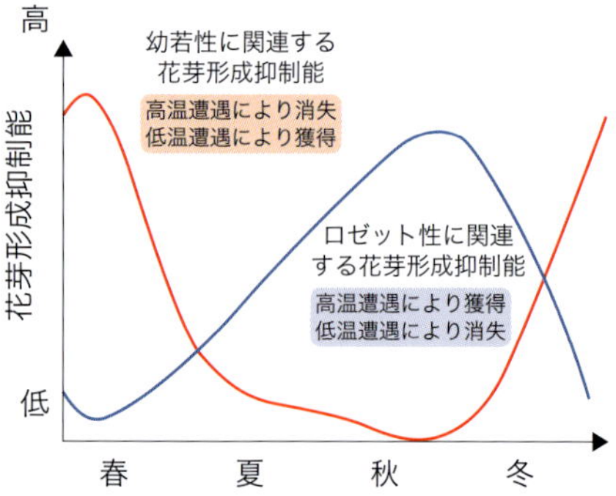

図2-7　花芽形成に及ぼす生育相と温度との関連
（久松　完氏 原図）

性に関連した能力と幼若性に関連した能力の両方により制御される．

（5）花芽形成の分子機構

近年の分子生物学の進展により，花芽形成における分子機構が明らかになってきた．特に，日長反応による花芽形成機構については，長日植物であるシロイヌナズナ *Arabidopsis thaliana* では *FT*（*FLOWERING LOCUS T*）遺伝子が生産するタンパク質が，一方，短日植物であるイネ *Oryza sativa* では *FT* 遺伝子の相同遺伝子である *Hd3a*（*Heading date 3a*）遺伝子が生産するタンパク質が花芽誘導物質であることが明らかにされている．

近年，二倍体ギクであるキクタニギクから *FT* 様遺伝子 *CsFTL1*（*Chrysanthemum seticuspe FT LIKE 1*），*CsFTL2* および *CsFTL3* が単離された．この３つの遺伝子はほぼ同じ塩基配列を有し，主に葉で発現するにもかかわらず，*CsFTL3* の発現は短日で促進されるのに対し，*CsFTL1* および *CSFTL2* の発現は長日で促進されていた．六倍体キクで *CsFTL3* を過剰発現させると，非誘導条件でも早期開花が認められた．さらに，この形質転換体を台木として接ぎ木すると，非誘導条件で穂木に花芽形成が認められた．面白いことに *CsFTL3* の発現は，限界日長の異なる品種に対応して変化した．以上から，*CsFTL3* の遺伝子産物がキクの光周性開花の調節物質であることが明らかにされた（Oda ら，2012）．

さらに，ロゼット性を持ち花芽形成に低温要求性を有する品種では，低温処理とジベレリン処理により短日での開花が促進されることが知られている．一方，シロイヌナズナにおいては，ジベレリンが花芽形成誘導遺伝子である *LEAFY* の発現を促進し，早期開花を促すことが知られている．キクにおいても *LEAFY* と同様な遺伝子 *CmFL*（*Chrysanthemum morifolium FLORICAULA/LEAFY*）が単離され，その遺伝子を過剰発現させたシロイヌナズナでは非誘導条件において早期開花が確認されている．また，ロゼット性を持ち花芽形成に低温要求性を有する品種では，*CmFL* の発現にジベレリン要求性を示した．以上から，キクの開花におけるジベレリン要求性は，主に低温要求性に起因することが明らかにされた（Sumitomo ら，2009）．

(6) 花芽分化と花芽発達のための限界日長

キクの花芽分化と花芽発達のための限界日長は，それぞれ品種により大きく異なるものの，基本的には花芽分化のための限界日長は花芽発達のための限界日長よりも長いとされる．夏ギクや夏秋ギクの多くの品種においては花芽発達のための限界日長がないか，あるいは十分に長いので，花芽分化後の花芽発達が日長により損なわれることは少ないが，‘精興の誠’や‘神馬’などの秋ギク品種においては，花芽発達のための限界日長が夏ギクや夏秋ギクより短いために，花芽分化後の日長が花芽発達のための限界日長よりも長い場合には，開花が抑制されたり柳芽を生じたりする．

3）生産と流通

(1) 切り花用品種の苗生産

親株管理と挿し穂の採取…親株管理に当たっては，優良系統苗の維持が重要である．育苗は優良系統苗の切り下株を元親株とし，冬季の低温を経過した吸枝を親株として育てる．育苗中に2～3回摘心して，その後に伸長してきた側枝を挿し穂として採取（採穂）する．育苗中には電照を継続し，早期発蕾を防止する．親株が老化すると良質な採穂ができないので，継続的に親株を更新する．品種に応じた温度管理と病害虫の定期的な予防を行い，健全な挿し穂を育てる．一方，周年生産が進むほど栽培管理に関わる労働時間が増加するため，近年では，挿し穂生産と切り花生産とを切り離した生産体系が進みつつある．

苗の貯蔵…植付け時期あるいは開花時期の調節を目的として，挿し穂や発根苗を一時的あるいは長期間貯蔵する．植付け時期の調節を目的とする場合は，均一苗を生産体系に合わせて多量に調達する必要があるので，挿し穂は採穂後に1晩冷暗所に置き，その後ポリ袋などに詰めて冷蔵する．目的の時期に挿し穂をパーライトに挿して発根させ，発根苗を掘りあげる前に乾燥したのち，ポリ袋などに詰めて冷蔵する．冷蔵温度は2～3℃が適温で，冷蔵温度が高いと貯蔵できる期間が短くなり，黄化や腐れが発生する．一方，‘秀芳の力’のように低温遭遇によりロゼット性や幼若性に影響を受ける品種では，ロゼット防止や草丈伸長促進，開花促進を図るために2～3℃の冷蔵温度で発根苗を貯蔵する．

苗生産の分業化…年間を通しての長期出荷においては出荷量と品質の安定化が重要であり，そのためには生育の安定した苗の確保が重要である．栽培農家では，切り花生産に加えて挿し穂生産と母株の安定的な維持管理に多大な労力が必要なことから，苗生産の分業化が省力化に有効である．苗生産の分業化により，形態的，生理的に均一な苗の生産が可能になる．キクの節間伸長にはロゼット性が，花芽形成にはロゼット性および幼若性が関わるが，挿し穂母株の栽培温度管理と挿し穂の貯蔵や育苗温度処理により均一に生育した苗の確保が可能となる．さらに，ウイルス病，ウイロイド病，半身萎凋病などの苗で伝染する病害の防除には，茎頂培養により無病苗の確保が可能となる．このような需要に伴い，近年，海外からの挿し穂の輸入量が増加している．

(2) 栽培方法と作型

シェード栽培…質的短日植物の夏秋ギクや秋ギクでは，限界日長より長い日長の季節には花芽形成しない．したがって，限界日長よりも日長が長い季節には，遮光資材を用いて自然光を遮断して短日条件をつくり，花芽形成を促進して開花時期を早める．このような方法を，シェード栽培（shade culture）あるいは短日処理栽培という．遮光資材には，遮光率が100％に近いフィルムを使用する．

電照栽培…限界日長よりも日長が短い時期に，夜間に電灯照明（電照）して長日条件を設け，花芽形成を抑えて開花時期を遅らせる方法を，電照栽培（light culture）あるいは長日処理栽培という．長日処理の方法には，日の出前の数時間あるいは日没後の数時間を電照する明期延長，暗期のすべてを電照する終夜照明，暗期の途中に数時間を電照する暗期中断（光中断）がある．また，暗期中断の変法として，30分以下の周期で数分間の電照を繰り返す間欠照明がある．光源には白熱電球が用いられてきたが，地球温暖化防止の観点から，エネルギー効率のよい赤色の蛍光灯や発光ダイオード（light emitting diode，LED）の利用が進んでいる．秋ギクの開花のための適限界日長は12時間程度であることから，それよりも日長が短いと花芽分化するが，12時間より短い短日が続くと花芽発達が遅れることがある．その場合には，早朝の電照により日長時間を12時間に補正することで開花を順調に進めることができる．

夏秋ギクや秋ギクの輪ギク栽培では，花芽形成に最適な日長が続くと頭状花序の生殖成長が進み，舌状花数が減少して管状花数が増加した露心花や，上位葉が小型化する「うらごけ」が発生して，品質が低下することがある．その対策として，電照打切り後 10 ～ 14 日に再び 5 日間ほどの電照を行うことで，舌状花数が増加し，上位葉が大きくなる．この処理を再電照という．再電照の時期や期間は品種により異なるが，総苞形成期から小花形成前期が適期であるとされる．しかし，再電照の期間分だけ開花が遅れる．一方，小ギクの電照栽培では，1 本の切り花に着く多数の頭状花序に求められる形が輪ギクと異なるため，電照打切り後の再電照までの日数や再電照期間が輪ギクとは異なることがある．

周年栽培…近年の輪ギク生産では，秋ギクの‘神馬’，‘精興の誠’や，夏秋ギクの‘岩の白扇’，‘精の一世’などの品種の組合せで，図 2-8 に示すように同一地域において電照栽培による周年栽培体系が確立されるようになった．一方，この周年栽培体系において，適限界日長の長い夏秋ギク品種を導入することによって，日長時間が長くて暑い季節に短日処理（シェード）をしなくても花芽分化と発達をさせることができるようになったので，秋ギクのシェード栽培が減少した．

二度切り栽培…二度切り栽培とは，電照栽培において 11 ～ 2 月に切り花を収穫（採花）した株から生じる側枝を仕立てて，同一株で再び 3 ～ 6 月に採花する栽培法である．1 回目の採花終了後に株を刈り込み，均一な吸枝を発生させる．刈込み後は電照を開始し，側枝の伸長を促進するためにジベレリン処理を行う．目標とする草丈に達したときに電照を打ち切り，花芽形成を促す．1 回の定植で 2 回の採花を行うので，育苗と植替えの手間が省けるが，栽培する圃場の占有期間が長くなる．また，均一な吸枝を得られなければ，2 回目の採花時の草丈が揃わないという問題が生じる．

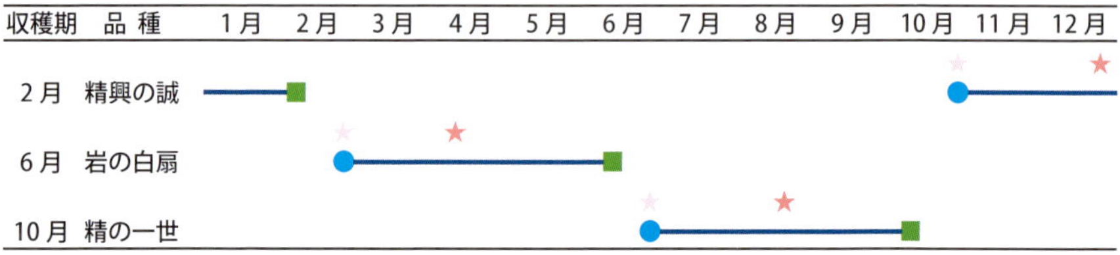

図 2-8　輪ギクの周年栽培体系（愛知県田原市の事例）
●：定植，☆：電照開始，★：電照終了，━：栽培期間，■：収穫．
種々の作業をずらすことによって収穫時期が変えられる．

直挿し栽培…切り花生産を行う圃場や施設内の栽培床に，挿し穂を直接挿して栽培する方法をいう．一般的なキク栽培では，育苗箱やセル成型トレイに挿し穂して発根させ，発根苗を圃場や施設内の栽培床に定植するが，直挿し栽培では挿し穂が定植に当たるため，育苗とその後の管理や定植作業がないので，育苗の省力化が可能である．しかし，本圃の占有期間が育苗期間分だけ長くなる．直挿し後は，ポリフィルムなどでべたがけ被覆して土壌水分を保持し，葉からの蒸散を防ぐ．また，日中はフィルム内が高温になるので，70％程度の遮光をする．10日ほどで発根が出揃ったら，べたがけ被覆と遮光用の資材を除去する．

短茎多収栽培…切り花長を従来栽培より短くすることで，作付け回数の増加や密植を図り，年間の収穫本数を増加する栽培法である．切り花品質を従来の栽培法によるものと同等に維持することで，施設切り花生産のコスト低減や切り花調整ゴミの減量が可能になる．実際の利用の場面において，切り花長は 60cm 程度で十分な場合が多いことから，短茎栽培では通常の規格とされている 90cm よりも 30cm 程度短く栽培することで栽培期間の短縮が可能になる．農林水産省の試算においても，現状の年間 3 回の作付けから年間 4 回以上の作付けへの変更が現行技術で可能であり，結果として多収になることが示されている．秋ギクの‘神馬’と夏秋ギクの‘岩の白扇’の組合せで，無摘心栽培により切り花長 60cm を目標に年間 4 回作付けの生産体系となっている．圃場占有日数は，通常の輪ギク栽培では 100 ～ 120 日程度であるが，3 月収穫で 90 日，6 月収穫で 65 日，9 月収穫で 70 日，12 月収穫で 80 日程度である．栽植密度は $1m^2$ 当たり 40 株，電照終了後は 12 時間日長に管理することで，安定した開花が可能になる．

無摘心栽培…定植後から採花まで摘心を行わずに栽培する方法で，1970 年代後半から各地で試作が始まった．その後，輪ギク用の秋ギク品種‘秀芳の力’の普及に伴い，1980 年代には全国的に広まった．今日では，輪ギク用の秋ギク品種の二度切り栽培に輪ギク用の夏秋ギク品種の無摘心栽培を組み合わせた栽培体系が広く取り入れられている．摘心栽培に比べ，定植苗数は 2 ～ 3 倍を必要とし，育苗と定植に要する労力も増加するが，摘心と整枝に要する労力を省くことができる．また，短日処理開始までの栄養成長期間を短縮できるので圃場占有期間が短くなり，周年の生産効率が高まるので苗の購入に要する費用の増加を補填することができる．無摘心栽培では柳芽が発生しやすいとされるが，展開葉数に合わせた短日処理の開始や，採穂前の親株へのエテホン処理などで防止することができる．スプレーギク栽培においても，年間3～3.5作の周年生産体系に無摘心栽培が一般的に用いられている．

省力栽培…近年，直挿し栽培の他に養液土耕栽培も普及し始めている．養液土耕栽培では灌水と施肥を同時に行い，土の緩衝機能を利用することで塩類集積を抑制できる．この栽培法では，施肥および灌水の省力と施肥量および肥料コストの低減が可能になる．さらに，品種選定による省力化も行われている．輪ギク栽培においては，茎頂に分化した頭状花序を1輪だけ残して開花させることを目的として，腋芽を全部摘み取る「芽かぎ」作業が不可欠である．この芽かぎ作業は労働時間の20～30％を占めることから，無側枝性品種の利用が進められている．無側枝性を有する品種として，夏秋ギクでは‘岩の白扇’，‘精の一世’，秋ギクでは‘新神’，‘精興の誠’などがある．

(3) 主な生理障害

柳芽…茎頂に分化した頭状花序が発達を途中で停止した芽のことをいう．花序の分化と発達の限界日長が異なるとき，すなわち花序発達の限界日長より長い日長で花序が分化した場合に，分化開始した花序がその後に発達を停止して起こる．長日下の老化株や，短日期の高温なども1つの要因としてあげられる．

貫生花…花序の発達が不十分で，花序の中に苞葉が形成される現象をいう．花序発達のための限界日長に近い短日で開花させた場合に発生する．総苞～舌状花形成期頃の高温（25～30℃以上）遭遇によって発生しやすいので，シェード栽培などで発生しやすい．

露心…通常は八重咲きとなる花序を構成する舌状花の割合が品種本来の割合より低く，管状花の割合が高くなって，花序の中央部が露出する現象をいう．総苞～舌状花形成期頃の高温（25～30℃以上）遭遇や，電照打切り後の極端な短日条件によって発生しやすい．このほかに，舌状花率は変わらないが，舌状花の伸長が抑制されて現れる露心もあって，高温または低温で起こる．

(4) 植物成長調整剤の利用

一般の花卉と同様に，キクの切り花生産や鉢物生産においては，生育調節の目的でさまざまな植物成長調整剤が農薬として用いられている．キクに用いられる薬剤のすべてが植物ホルモン作用の抑制あるいは促進を機作としているので，使用に当たっては農薬の登録内容を熟知するとともに，適切な栽培管理のもとで使用しなければ，目的とする効果が得られないばかりか薬害が発生することもある．

使用目的と，使用する薬剤名は次の通りである．

挿し穂の発根促進や発生根数の増加…オーキシン活性を有するインドール酪酸剤あるいは 1- ナフチルアセトアミド剤.

親株栽培における腋芽の着生促進…サイトカイニン活性を有するベンジルアミノプリン剤.

摘心時または定植後の開花抑制と電照栽培における親株摘心時の早期不時発蕾防止…エチレン活性を有するエテホン剤.

草丈の伸長促進や開花促進…天然型のジベレリンである Gibberellin A_3 を主成分とするジベレリン剤.

節間や花首の伸長抑制…ジベレリン生合成阻害剤であるダミノジッド剤，プロヘキサジオンカルシウム塩剤，パクロブトラゾール剤，ウニコナゾール P 剤など.

(5) 主な病害虫

キクの主な病害には，糸状菌（黴）の一種 *Puccinia horiana* によって引き起こされるキク白さび病，トマト黄化えそウイルス（Tomato spotted wilt virus）によって引き起こされるキクえそ病，トスポウイルスである Chrysanthemum stem necrosis virus によって引き起こされ，ミカンキイロアザミウマにより伝播されるキク茎えそ病，キクわい化ウイロイド Chrysanthemum stunt viroid によって引き起こされるキクわい化病などがある．

主な重要害虫には，近年になって日本に侵入したミナミキイロアザミウマ *Thrips palmi* とミカンキイロアザミウマ *Frankliniella occidentalis* がある．

(6) 切り花の生産と流通

国内生産…キク切り花の作付面積は 2010 年度 5,331ha で，切り花全体のほぼ 1/3 を占める（表 2-2）．花卉全体あるいは切り花全体の作付面積はこの 10 年間でやや減少傾向にはあるが，キクの作付面積比率においてはほとんど変化が

表2-2 切り花キク生産の推移

区 分	1980	1990	2000	2010
キクの作付面積（ha）	4,128	5,538	6,260	5,331
キクの生産本数（億本）	15.4	18.7	20.5	16.6
キクの粗生産額（億円）	516	876	865	705
切り花の作付面積（ha）	11,317	16,609	19,700	16,200
キクの占有率（%）	36.5	33.3	31.8	32.9
切り花の粗生産額（億円）	1,129	2,444	2,682	2,158
キクの占有率（%）	45.7	35.8	32.3	32.7
花卉の作付面積（ha）	32,746	45,659	45,543	31,429
キクの占有率（%）	12.6	12.1	13.7	17.0
花卉の生産額（億円）	3,012	5,573	5,857	3,816
キクの占有率（%）	18.1	15.7	14.8	18.5

（農林水産省：『花き生産出荷統計』および『生産農業所得統計』から作成）

ない．出荷量においてもほぼ同様の傾向があり，2010年度のキク切り花生産本数は16億6,000万本で，世界一の生産量である．このうち，輪ギクの占める割合は54%で，次いで小ギクが29%，スプレーギクが17%である．キク粗生産額においても同様で，近年，微減の傾向にはあるが，花卉全体あるいは切り花全体における占有率に変化はない．一方，産地別の産出額割合で見ると，愛知県の30%が最も高く，次いで沖縄県の12%，福岡県，鹿児島県の8%と続く．

海外からの輸入…従来，切り花の輸入は国内生産の少ない時期を補完するものであったが，近年，切り花品質の向上や安定した入荷量に加えて，個別ニーズに対応したきめ細かな供給などにより急速に増加している．2010年度のキク切り花輸入検疫検査数は2億7,300万本で，国内生産量の約16%を占め，スプレーギクでは市場流通量の1/4以上を海外産が占めている．特にマレーシアからの輸入量が増加して，キク輸入量の約60%を占めている．その理由として，主な生産地であるキャメロン高原では，年間を通じて気温の変化が少なく涼温（平均18℃前後）であること，それにより病害虫が少ないこと，自然日長がほぼ12時間でシェード設備が不要であることなどから，良品質のものが低価格で生産できることが背景としてある．

2．バ　　ラ

1）種類と分類

(1) 野生種とその分布

バラは植物学的にはバラ科バラ亜科バラ属（*Rosa*）の植物で，南はエチオピア，北はシベリアまで，北半球の亜熱帯から寒帯にかけて広く分布する（図 2-9）．落葉または常緑の低木で，茎に刺があり，幹は直立するか匍匐し，ときには樹木などにからまって生育する．種の数は分類学者によりさまざまであったが，変種（variety），品種（forma）などが整理，統合されて，約 150 ～ 200 種にまとめられている．日本には約 12 種 3 変種が自生し，ノイバラ（*R. multiflora*）を代表に，テリハノイバラ（*R. luciae*），ハマナス（*R. rugosa*）などがある．バラ属の染色体数は 7 を基本数として，二倍体（2n ＝ 2x ＝ 14）から八倍体（2n ＝ 8x ＝ 56）まである．人間によって改良されてきた，園芸的にいう品種（cultivar）は，二倍体または四倍体の野生種をもとに育成されてきており，現在栽培されている品種の多くは四倍体である．

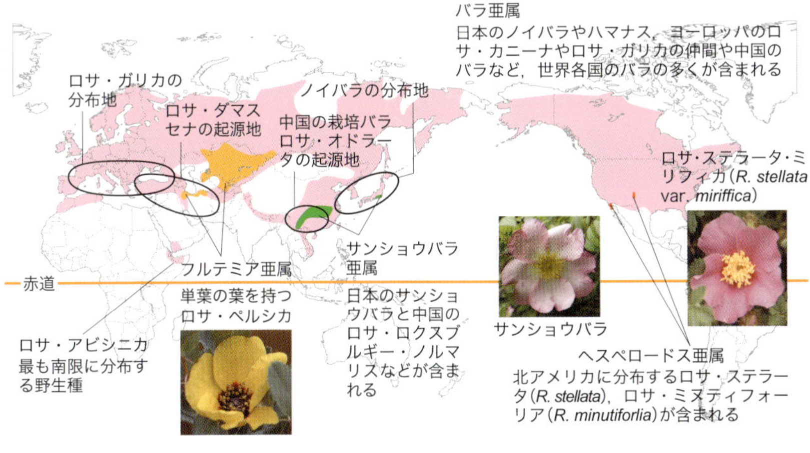

図2-9　バラ属野生種の分布
（上田善弘：『バラ大百科』，日本放送出版協会，2006）

現在の栽培バラの祖先は次の８つの野生種を中心として育成されたと考えられている．

フレンチローズ（*R. gallica* L.）…中〜南部ヨーロッパ，西アジア原産．四倍体．

ムスクローズ（*R. moschata* Herrm.）…中国南部〜西アジア，南ヨーロッパ原産．二倍体．

ドッグローズ（*R. canina* L.）…ヨーロッパ全域〜西アジア原産．五倍体．

ロサ・フォエチダ（*R. foetida* Herrm.）…西アジア原産．純黄種．*R. kokanica*×*R. hemisphaerica* の雑種起源種ともいわれている．四倍体．

ロサ・キネンシス・スポンタネア（*R. chinensis* Jacq. var. *spontanea*（Rehd. et Wils.）Yü et Ku）…コウシンバラ（*R. chinensis* Jacq.）の野生種．中国の長江流域（湖北省〜四川省）原産．二倍体．

ロサ・ギガンティア（*R. gigantea* Collet ex Crép.）…中国雲南省〜ミャンマー，東ヒマラヤ原産．二倍体．

ノイバラ（*R. multiflora* Thunb.）…日本〜朝鮮，中国原産．二倍体．

テリハノイバラ（*R. luciae* Rochebr. et Franch. ex Crép.）…日本〜朝鮮，中国原産．二倍体．

これらの野生種は，フレンチローズを除き，いずれも枝が細長く伸びる叢生バラ（shrub rose）またはつるバラ（climber）である．

（2）栽培バラの成立と品種分化

栽培バラの成立は，香料用，薬用を目的として栽培されたのが始まりで，その起源は古代ペルシャの時代（BC12C 頃）といわれる．ギリシャ時代（BC8C〜30）やローマ時代（BC30〜AD330）には，ローマ，小アジア，エジプトなどで広く栽培され，特にローマ人はバラを重用したといわれる．その当時，栽培されていたバラは，フレンチローズ（図 2-10）とダマスクローズ（*R.*×*damascena*）で，前者はフランスで，後者はブルガリアやイランなどで今日においても香料用に広く栽培されている．これらの古いバラがもとになり，ケンティフォリア系，モス系，アルバ系などの種間雑種がヨーロッパで成立してきた．いずれも香りが強く，丸弁でカップ咲きやクォーター・ロゼット咲きのバラで，中国の栽培バラから四季咲き性の性質を導入する以前のバラの総称である，典型的なオールドローズに見られる花形である（図 2-11，2-19）.

一方，中国でも古くからバラが栽培されており，その野生種として，中国の四川省を中心に分布するロサ・キネンシス・スポンタネア（図 2-12）と，雲南省を中心に分布するお茶の香りの花を持つロサ・ギガンティア（図 2-13）が知られている．これらの野生種は枝が細長く伸びてつる性となり，花は春（5 月）に咲く一季咲きであったが，栽培される過程で，シュートが長く伸長せず，草丈の低い木立ち状（bush type）になる個体が突然変異で出現し，それとともにシュートの先端には常に花を着ける四季咲きの特性を獲得した．この四季咲きのバラをもとに中国でコウシンバラとロサ・ギガンティアの雑種ロサ・オドラータ（*R.*×*odorata*）が育成されて，多数の品種が育成されるようになった．花卉園芸

図 2-10　フレンチローズ（*Rosa gallica*）

図 2-11　ロサ・ケンティフォリア・ムスコーサ（*R.* ×*centifolia* var. *muscosa*）

図 2-12　ロサ・キネンシス・スポンタネア（*R. chinensis* var. *spontanea*）

図 2-13　ロサ・ギガンティア（*R. gigantea*）

図 2-14　‘スレイターズ・クリムゾン・チャイナ’

が盛んであった宋の時代（960～1279）には，洛陽だけで40品種ほどがあったとされる．これらの花は，高芯剣弁という，ヨーロッパのバラの花にはない優れた特性を持っていて，今日の品種育成に大きな影響を与えた．

このような独自の形質を持つ中国のバラが，18～19世紀の大航海時代に，ヨーロッパの商人やプラントハンターによって中国からインドを経由して，ヨーロッパに渡った．これらのバラの主な品種は，‘スレイターズ・クリムゾン・チャイナ’（花が紅色で四季咲きのロサ・キネンシス，図2-14），‘パーソンズ・ピンク・チャイナ’（ピンク色で四季咲きのロサ・オドラータ），‘ヒュームス・ブラッシュ・ティー・センティッド・チャイナ’（淡ピンク色でお茶の香りのするロサ・オドラータ）および‘パークス・イエロー・ティー・センティッド・チャイナ’（黄色でお茶の香りのするロサ・オドラータ）の4品種である．それぞれ，1792年，1793年，1809年，1824年にイギリスに伝えられてから，これらのバラがヨーロッパで育成されてきたバラ（オールドローズ）と交雑され，四季咲き，お茶の香り，高芯剣弁咲きの形質が導入されることになった．

ちょうど，これらの中国の栽培バラがヨーロッパへ渡り始めた頃に，フランスでは，時の皇帝ナポレオンの王妃ジョセフィーヌ（1763～1814）が住まいであるマルメゾン宮殿の庭にその当時のバラを約250種類収集し，園芸家に改良させたといわれている．そして，収集したバラを当時を代表する植物画家，ルドゥテに描かせている．そのため，これらの図はその頃に栽培されていたバラを知る貴重なものとなっている．このジョセフィーヌのバラへの想いは，その後もバラに関わった園芸家に引き継がれ，今日のバラの礎を築くことになった．

（3）古典園芸品種群の成立

栽培バラの主要な祖先種である8つの野生種から，次のような木立性（bush

type）または叢生（shrub type）の古典園芸品種群が育成された．

ダマスク系（ダマスクローズ）…ロサ・ダマスセナをもとに育成された系統である．この系統に含まれる品種はどれも香りの強い花を咲かせる．

アルバ系（アルバローズ）…ダマスクローズと，ドッグローズの近縁種で白花のロサ・コリイフォーリア・フロエベリー（*R. coriifolia* var. *froebelii*）との雑種といわれるロサ・アルバ（*R.×alba*）をもとに育成されてきた系統である．白を基調とする品種を主とし，淡いピンク色のものもある．

ケンティフォーリア系…キャベジ・ローズともいわれるロサ・ケンティフォーリア（*R.×centifolia*）をもとに育成された一連の系統である．16世紀から18世紀の初めにかけて，ゆっくりと分化してきたといわれ，オランダの育種家に負うところが大きい．ロサ・ケンティフォーリアは，フレンチローズ，ロサ・フェニキア（*R. phoenicia*），ムスクローズ，ドッグローズの4種が関わった複雑な雑種であり，ダマスクローズとアルバローズが深い関わりを持つ．その名前の通り，花弁数が多く丸弁のカップ咲きとなり，日本では「百弁バラ」，「セイヨウバラ」と呼ばれることもある．

モス系…ロサ・ケンティフォーリアの枝変わりで，花柄や萼に腺毛が密生し，コケが生えているように見えるので，モス（コケ）系と呼ばれる．

ブルボン系…1800年代初頭に当時のフランス植民地であったインド洋のブルボン島（レユニオン島）で発見された，ダマスクローズとチャイナローズとの自然交雑種と思われる個体をもとに育成されてきた系統である．その後，ティー系へと引き継がれていく．

ポートランド系…起源があいまいな系統で，1700年代の終わりにはフランスで知られており，フレンチローズとダマスクローズの雑種といわれている．一方では，チャイナローズも関係しているともいわれている．のちにハイブリッド・パーペチュアル系へと引き継がれることになる．

ノアゼット系…ムスクローズと‘パーソンズ・ピンク・チャイナ’との交雑種をもとにティーローズが交雑され，アメリカで育成された系統である．

ハイブリッド・チャイナ系…19世紀の初め，四季咲き性のチャイナ系，ノアゼット系，ブルボン系の品種に一季咲きのフレンチローズやダマスクローズなどを交雑した系統である．

ティー系…ブルボン系に由来するものとノアゼット系に由来するものの２系統があり，それぞれの系統に中国からの栽培バラ‘ヒュームス・ブラッシュ・ティー・センティッド・チャイナ’または‘パークス・イエロー・ティー・センティッド・チャイナ’が交雑されたものを最初とし，お茶の香りのする一連の品種群を指す．

ハイブリッド・パーペチュアル系…ハイブリッドティー系統が育成される前の代表的な大輪咲き系統である．ハイブリッド・チャイナ系にポートランド系やブルボン系が交雑され，19 世紀後半には，育成された品種が 1,000 品種以上になっていた．

(4) 現代バラの成立

ハイブリッドティー系…ハイブリッドティー系統（HT）を代表とする現代バラの成立は，フランスのギヨーにより，1867 年，‘ラ・フランス’（図 2-15）の名で発表された品種から始まる．彼は，ヨーロッパで育成された耐寒性，強健性のハイブリッドパーペチュアル系統の品種に四季咲き性で高芯剣弁咲き，芳香性のティー系統の品種を交配して，‘ラ・フランス’を生み出したとされている．これが初めての完全な四季咲き性品種の誕生となり，現代バラ（モダーンローズ）の時代が幕を開けることになる．その後，ハイブリッドティー系統に，フランスの育種家ペルネ・デュシェによって，西アジア由来の野生種，ロサ・フォエチダ

図 2-15　‘ラ・フランス’

図 2-16　ロサ・フォエチダ（*R. foetida*）（左）とその変種ビカラー（var. *bicolor*）（右）

（図 2-16）から黄色い花色が導入されることになった．ロサ・フォエチダの稔性が非常に低く，種子ができにくかったため，1900 年に最初の黄色品種，‘ソレイユ・ドール（黄金の太陽）’が育成されるまでに 10 数年の歳月がかかっている．現在栽培されている黄色系品種は，すべてこの品種までさかのぼり，彼の功績の偉大さを知ることができる．このハイブリッドティー系統が現代バラの主要な系統であり，切り花として流通している大輪一輪咲き品種は多くがこの系統に含まれる．

ポリアンサ系…‘ラ・フランス’の育成者，ギヨーは，日本のノイバラをもとに，1860 年，四季咲き，矮性で，多数の小輪の花を房咲きにつけるポリアンサ系統を育成した．このポリアンサ系統は，デンマークのポールセンにより，ハイブリッドティー系統の品種と交雑され，現代のガーデンローズになくてはならない，四季咲き性で中輪房咲きのフロリバンダ系統へとつながっていく．

つる性バラ…ヨーロッパに導入されたノイバラは，つる性バラの育成にも利用され，‘クリムソンランブラー’に代表されるムルティフロラ・ランブラー系統を生み，のちに日本から導入されたテリハノイバラに由来するウィクラナ・クライマー（テリハノイバラの旧学名，ロサ・ウィクラナに由来）に置き換わっていった．一方，ハイブリッドティーをはじめ，ブッシュローズにはつる性になる突然変異が見られ，木がつる性になる特徴を除いて，母樹と全く同じ性質を持つ．

ミニチュア系…この系統は，現代バラに四季咲き性をもたらしたコウシンバラ

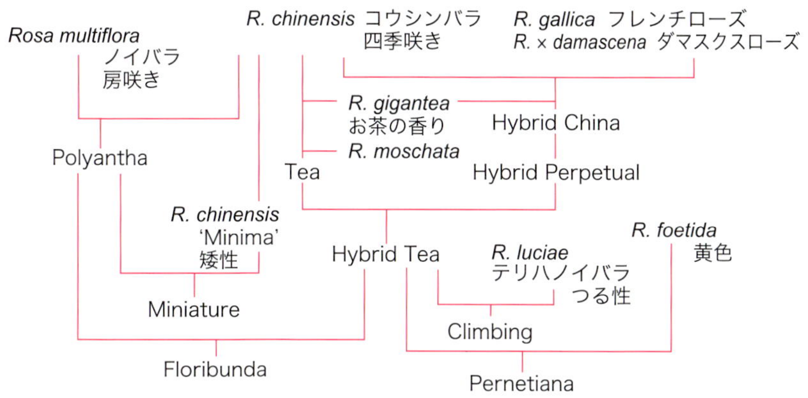

図2-17　栽培バラの系譜

の矮性品種，ロサ・キネンシス・ミニマ（*R. chinensis* ‘Minima’）に由来している．現在流通している鉢植えのミニバラはこの系統に含まれる．

これらの系統の分化は，実際にはより複雑な経過を経ているが，簡略的に示すと図 2-17 のようになる．香料用として始まったバラの栽培は観賞用として大きく発展し，これまでに育成された品種数は数万ともいわれ，2 万数千もの品種が現存しているといわれている．切り花，鉢花，花木として，花卉産業において最も重要な位置を占めている植物の 1 つである．なお，バラでいわれる系統とは品種群に相当し，来歴を同じくして，似たような形態的特徴を持つグループのことを意味する．

(5) 形態的特徴

花と花序…バラ属はオランダイチゴ属（いわゆるイチゴ），ヤマブキ属，キイチゴ属などが含まれるバラ亜科に属し，花床（花托）が肥大する．花床は，オランダイチゴ属では大きく盛り上がり，キイチゴ属では小さく盛り上がるが，バラ属では大きく窪む．いずれの属でも，1 つの花に多数の 1 心皮雌蕊が花床上に離生して螺旋状に配列するので，集合花と呼ばれる．また，子房上位花であるが，果実として肥大する部分は主に花床であるから偽果を形成する．バラ属の花のように花床が大きく窪んでいると，子房は萼片と花弁より下位にあるように見えるが，窪みの入り口が開口しているので子房上位花である．この部分が形態的に閉じると，バラ科ナシ亜科のリンゴのように子房下位花になるという関係にある（図 2-18）．バラ属の萼片と花弁は野生種では基本的には 5 枚で，多くの種では花弁の縁取りが丸いので，八重化するとキャベツのように見えることから cabbage rose と呼ばれるものもあるが，中国原産種（*R. gigantea* や *R. chinensis* var. *spontanea*）のように花弁中央部が尖って反り返る剣弁もある．また，多くの種では八重化しても花の中央にある多

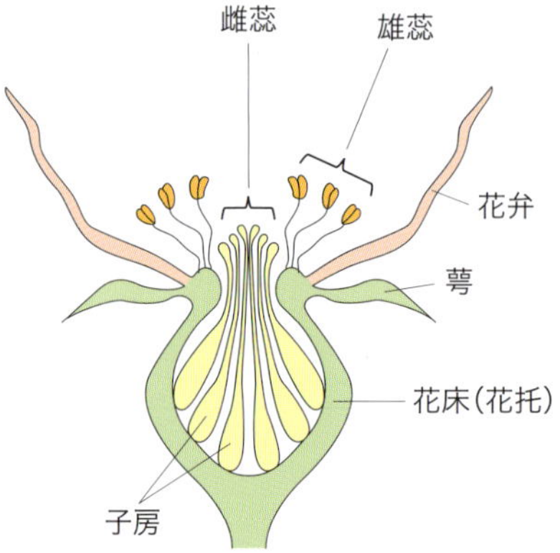

図2-18　バラ亜科バラ属の花の構造

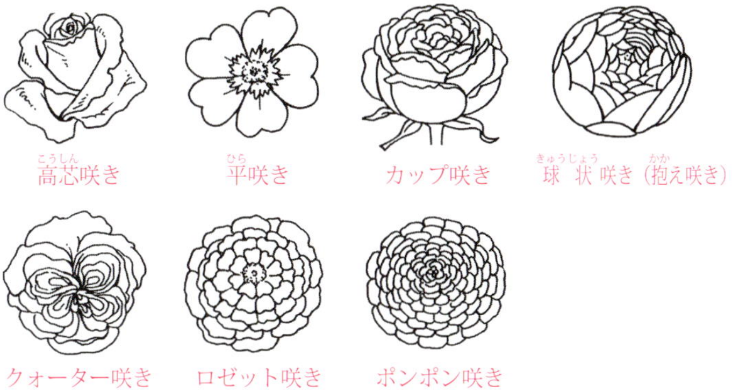

図 2-19　バラの花形
（上田善弘：『ローズ・ガーデン講座 バラの栽培』，あるて出版，2008）

数の雄蕊と雌蕊が見えるが，中国由来の品種のように見えない高芯咲きがある．雄蕊と雌蕊は多数あって，雌蕊の子房部は窪んだ花托内にあり，柱頭が開口部より突出する．

図 2-20　高芯剣弁咲きの品種‘友禅’

花序は枝の各節から伸長する花柄に 1 輪ずつ単生するものから，数輪着生して二出集散花序をつくるか，花序軸が分枝して総状または円錐状になるもの，散房花序や散形花序状になるものもあるが，基本的には小さな二出集散花序が積み重なった有限花序である．

花形は高芯咲き，平咲き，カップ咲き，球状咲き，クォーター咲き，ロゼット咲き，ポンポン咲き，などがある（図 2-19）．現代バラの最も高度に改良され，洗練された花形は花弁の形とも合わせて，高芯剣弁咲きと呼ばれている（図 2-20）．

茎と葉…バラの野生種では一般的に，高木となることがないので，高木性の樹木のような主幹と側枝からなる樹形になることはない．また，茎が肥大して年輪を形成することもない．最初に主枝が長く伸びるが，基部から次の枝も伸びるので，地際から数本の茎が叢生状（shrub type）に繁茂するが，木立ち状（bush type）に生育する種類もある．ただし，バラの中にも例外的に高木状になるもの

図2-21　バラの樹形
(上田善弘:『ローズ・ガーデン講座 バラの栽培』,あるて出版,2008)

があり，日本に自生するサンショウバラ（*R. hirtula*）とその近縁の中国自生種ロサ・ロクスブルギー・ノルマリス（*R. roxburghii* var. *normalis*）には主幹があり，茎が太く肥大する．

茎には通常，刺があり，茎に対して直角に先端が横を向いているものから，鉤状に下に向いているものまである．つる性で枝がよく伸び，他の支持体にからみ着いて生育するようなバラでは，刺は鉤状になっている．また，茎には刺に似た刺毛というものがあり，刺と異なって基部が広がらず，針状になる．ハマナスでは，茎にこの刺毛と刺が混在している．この刺は樹皮が変化したものである．

バラの樹形は，つる性（climber type），木立ち性（bush type），叢生（shrub type）の3種類に分けられる（図2-21）．葉は葉身と葉柄からなる．葉柄の基部には托葉がある．托葉は通常，葉柄に沿って着くが，モッコウバラ（*R. banksiae*），ナニワイバラ（*R. laevigata*）およびヤエヤマノイバラ（*R. bracteata*）は托葉が葉柄に沿うことはなく，途中で落下してしまう．バラの葉は，基本的には複葉であり，数枚の小葉から構成されている．小葉の数は野生種または品種の種類によりさまざまで，3枚しかないナニワイバラから10数枚もあるサンショウバラまである．

図2-22　ロサ・ペルシカ（*R. persica*）のそう果

果実…バラ科ナシ亜科のリンゴやナシと同様，バラでも果実のように見えるものは花床（花托）が発達したものであるから，偽果である．真の果実は偽果の中にある種子のように見えるもので，植物学的には「そう果」と呼ばれる（図2-22）．また，バラの偽果はヒップと呼ばれ，完熟したヒップを乾燥させて，茶に加工したものがローズヒップティーである．

(6) 花　色

バラの花には，スカイブルーの澄んだ青色を除くほとんどの花色が揃っている．赤，朱赤，赤紫，ピンク，白，黄，オレンジ，茶，緑，およびそれらの中間色まで，幅広い花色がある．オールドローズには，赤，ピンク，白系のアントシアニン系色素に基づく花色しかなかったが，そこにロサ・フォエチダ・ペルシアーナ（*R. foetida* var. *persiana*）から鮮明な黄色を発色するカロテノイド系色素が入り，一挙に花色の幅が広がった．

アントシアニン系色素には朱赤のペラルゴニジン系色素から青色のデルフィニジン系色素までがあるが，バラにはペラルゴニジン系色素，シアニジン系色素およびペオニジン系色素はあるもののデルフィニジン系色素がないので，遺伝的に青色系色素を合成する遺伝子を持たないことがわかっていた．そのため，交雑育種ではシアニジン系色素を発色させて淡い青紫色または藤色系の花色を表すのが限界であった．ペラルゴニジン系色素をバラの花で発現できたのは1800年代の終わりの頃である．この色素も本来バラには存在しなかったが，日本のノイバラがヨーロッパに渡ってチャイナ系品種と交雑されて育成されたポリアンサ系統の品種に突然発現した色素である．

図 2-23　遺伝子組み換えにより育成された青いバラ‘アプローズ’
（写真提供：サントリーホールディングス（株）田中良和氏）

そのような中，日本の企業（サン

トリーホールディングス(株)）がオーストラリアの会社（Florigene Pty. Ltd.）と共同で遺伝子組換え技術による青いバラの開発に取り組んだ結果，パンジーから青い色素を合成する遺伝子 *F3'5'H* をバラに組み込んで，2004 年に青いバラの育成に成功し，現在では，一般に販売されるに至っている（図 2-23）.

(7) 香　　り

最初に述べたように，バラの栽培の起源は，香料用，薬用であったと思われる．現在も香料バラとして栽培されている重要な種は，ダマスクローズ（図 2-24）とロサ・ケンティフォーリアである．世界の主要な香料バラの産地，ブルガリアで栽培されているのがダマスクローズで，フランスで栽培されているのはロサ・ケンティフォーリアである．ダマスクローズの起源については諸説あるが，フレンチローズとロサ・フェニキアの雑種であるといわれている．この 2 種の分布が重なる，トルコのエーゲ海に面した西岸で自然交雑により成立したとされている．本種はフレンチローズに比べて樹高が高く，強健であり，多花性である．また，香りの拡散性が強いのが特徴である．これまで，ダマスクローズの香料には，他の香料との融和性がよく，しかも香り全体のレベルをあげるという特徴があるので，今もなお香料用としてなくてはならないバラである．

一方，自生のバラから独自の進化を遂げた中国の栽培バラ（チャイナローズ）はヨーロッパのバラとは全く異なった香気成分を持っている．ロサ・ギガンティアに由来する品種の花にお茶の香りがあることからティー系統と呼ばれ，その香気成分として，1,3-dimethoxy-5-methylbenzene（DMMB）が知られている．この香気成分は，鎮静効果またはストレス緩和効果があることもわかっている．同様な構造を持つ香気成分に 1,3,5-trimethoxybenzene（TMB）があり，これはロサ・ギガンティアに近縁なロサ・キネンシス・スポンタネアに特有な香気成分であり，同

図 2-24　ダマスクローズ（*R.*×*damascena*）

様な鎮静効果が確認されている．このような特異な香気成分を発散するチャイナローズがヨーロッパのバラに導入されることにより，バラの花の香りはより多様になると同時に，甘さだけでない深みのあるものになっていった．バラの香りは，①ダマスク・クラシック，②ダマスク・モダン，③ティー，④フルーティ，⑤ブルー，⑥スパイシーの 6 つのタイプに分類されている．

一方，観賞用バラでは，新たな品種群として，オールドローズの花形と香りを持つイングリッシュローズと称されるバラがイギリスのバラ育種家，David Austin により育成されてきた．このイングリッシュローズの多くの品種が，これまでのバラ品種に見られなかった独特の香りを放つ．ミルラの香りと呼ばれる香りで，その主要成分は 4- メトシキスチレンで，独特のアニスシード様の香りである．最近では，このミルラの香りのあるイングリッシュローズを親としたバラの育種が盛んに行われるようになり，ガーデンローズや切り花にこの香りが付与されている．

2）生理生態的特性

(1) 開 花 習 性

通常，切り花温室や公園で栽培される，いわゆる現代バラは温度がある一定

図2-25　バラの一季咲き性(左)と四季咲き性(右)

●：花，×：葉芽(未開花)．一季咲き：昨年伸長した新梢(シュート)から発生した側枝の先端に開花．開花後に伸長してくる側枝に当年には開花しない．四季咲き：新梢(シュート)から分枝してくる新しい新梢(シュート)の先端には必ず花芽を形成する．

以上あれば常に花芽を形成する，四季咲き性を示す．腋芽が萌芽し，新梢が1～4cmに達すると環境条件（日長，温度）に関係なく，花芽を形成する（図2-25）．そのため，自己誘導植物（self-inductive plants）と呼ばれる．それに対し，野生種，古い系統のバラおよびつるバラの多くは，前年伸長した枝の腋芽が伸長して花芽形成および開花するが，当年枝には花芽を形成しない，一季咲きである．

また，野生種，一季咲き性品種および四季咲き性品種における花芽形成時期を調査すると，すべてのバラが当年に腋芽が伸長するとともに花芽形成して開花するので，他のバラ科のサクラやウメのように前年に花芽を形成して翌年に開花することはない（図2-26）．

近年の遺伝子研究により，栽培バラの四季咲き性の起源については，茎頂分化に関与する遺伝子にトランスポゾンが挿入された変異座がホモになったことによ

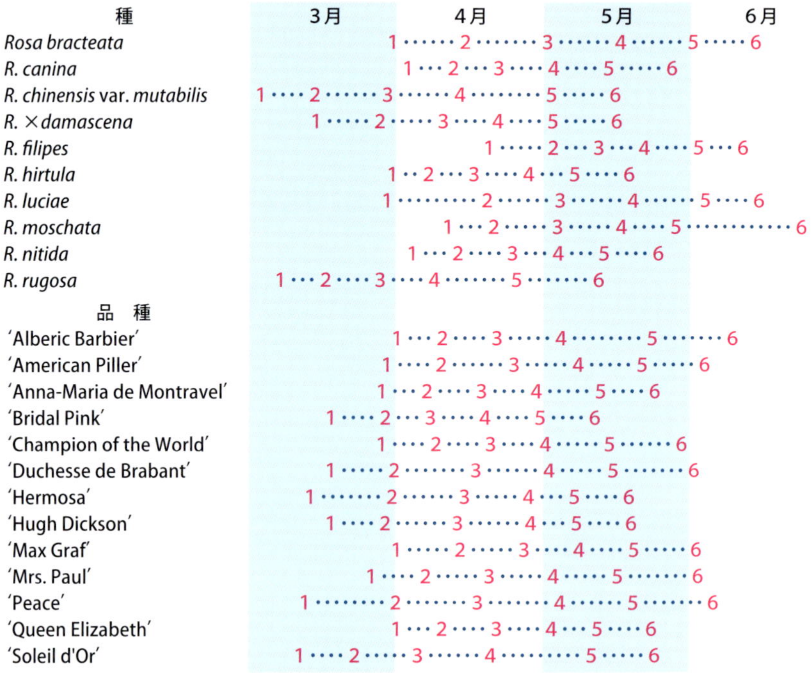

図2-26　バラの種および品種の花芽形成時期

1：花芽形成初期．2：萼片分化期．3：花弁分化期．4：雄蕊分化期．5：心皮分化期．6：胚珠分化期．千葉県松戸市にて調査．（上田善弘・新藤　正：千葉大学園芸学部学術報告，1992から一部改変）

り生じたことが発見されている．*KSN*（*KOUSIN*）と名付けられた遺伝子は茎頂の伸長を促進していて，この遺伝子が機能している限り，花芽形成は抑制されている．ところが，この遺伝子にトランスポゾンが入り，*KSN* 遺伝子の機能が抑えられると，茎頂は花芽を形成し，伸長を止める．花が終わると腋芽が伸長し始めるが,すぐに花芽形成して伸長は停止する．このようにして次々に花芽を形成し，咲き続ける．

(2) 光と温度に対する反応

バラ栽培における光合成のための光条件は品種や炭酸ガス濃度により異なるが，450 ～ 920 μ mol/m^2/s（約 2.5 ～ 5 万 lx）で光飽和点に達する．光合成の適温は 15 ～ 25℃であり，35℃以上では光合成速度が低下する．したがって，冬季の日射量が少ない時期には比較的強い補光によって光合成が促進され，その結果として切り花本数や，切り花重と切り花長が増加する．光源には主に高圧ナトリウムランプが用いられている．

現代バラは四季咲き性が強いので花芽の分化と発達に及ぼす日長の影響は大きくなく，夏季の高温長日期でも，冬季の低温短日期でも，生育適温が維持されれば 1 年中開花し続ける．しかし，多くの野生種は初夏に咲く長日性であったことと関連して，現代バラにおいても夏季に花芽の分化と発達が促進されやすい結果として節数の少ない短い切り花となり，冬季には花芽の分化と発達が遅れて節数の多い長い切り花となりやすい．

3）生産と流通

(1) 繁殖と苗生産

挿し木…バラの土耕栽培では，接ぎ木苗に比べて，挿し木苗の方が採花開始が遅れ，採花本数が少なくなることから，挿し木苗の利用は切り花用のバラ生産では少なかったが，ロックウール栽培ではあまり問題とならないことから，挿し木苗も使用されるようになっている．開花後の充実した枝から穂木を採取し，1 ～ 2 節を着けて挿し木すると，2 週間程度で発根するので，それを苗木として使用することができる．

接ぎ木…バラの接ぎ木には，切り接ぎ，芽接ぎおよび接ぎ挿しが用いられる．

切り接ぎは，1月を適期とし，12月中旬から3月まで行われる．台木の片側，木部がわずかにかかる位置で切り下げ，その切り下げた所まで，表皮を平らに切って形成層を露出させた穂木を台木の形成層と合わせるように挿入する．接ぎ木部分にはビニルテープなどを巻き付け，乾燥を防ぐと同時に固定する．穂木には1芽または2芽が着いたものを用いる．接ぎ木後はハウス内の床などに伏せ込み，活着させる（図2-27）．3月以降に芽が動き始める穂木を切り接ぎする方法を緑枝接ぎといい，接ぎ木後は穂木からの蒸散を抑制するため，ミスト装置下などで管理する．

芽接ぎは，8月中旬から10月下旬までを適期とし，一般的にはT字形に台木の皮部を開いて芽を挿入する盾芽接ぎが行われる（図2-28）．

図2-27　切り接ぎ苗

この他に，1980年代以降，葉を1～2枚着けた穂木を台木に接ぎ，ミストまたは密閉条件下で台木の発根と接ぎ木部の活着を同時に行う繁殖方法が行われるようになり，接ぎ挿し（cutting-grafts）と呼ばれている（図2-29）．この接ぎ木の方法は開発された国（人）により少しずつ異なり，cutting grafts，stenting，miniplantと呼ばれている（図2-30）．

切り接ぎと芽接ぎ用の台木には，日本では自生

図2-28　芽接ぎ

図2-29　接ぎ挿し

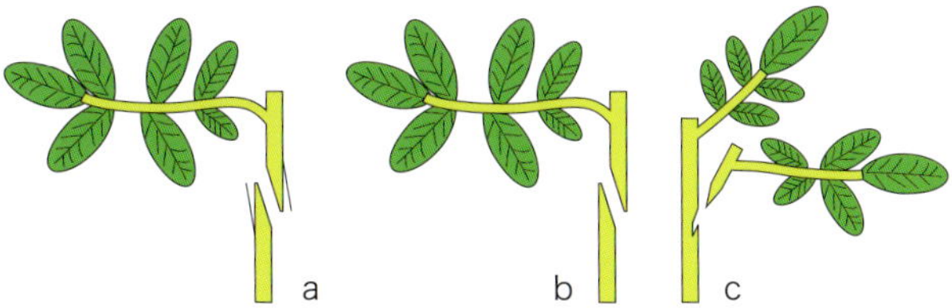

図2-30　接ぎ挿しの方法
a：大川が開発した舌接ぎによる接ぎ挿し（cutting grafts），b：オランダで van de Pol らが開発した接ぎ挿し（stenting），c：イスラエルの Paz らが開発した接ぎ挿し（miniplant）.（大川　清：『バラの生産技術と流通』，養賢堂，1999）

の野生種や，ノイバラの選抜系統が用いられている．それに対し，ヨーロッパでは自生の野生種ドッグローズや，*R. dumetorum* の品種‘ラクサ’（‘Laxa’）などが用いられている．接ぎ挿しの台木には主にロサ・オドラータが用いられている．

（2）栽培方法と作型

バラの切り花栽培では，露地栽培はほとんど行われず，施設栽培では培地に何を使用するかで，大きく，土耕栽培とロックウール栽培に分かれる．ロックウール栽培は 1980 年代にオランダから導入された栽培方法で，苗木を植え付けたロックウールに培養液を点滴または流して栽培される．ロックウールは，玄武岩，珪酸質岩石または鉱滓スラグを高温で溶融，繊維状に加工したもので，もともとは建築用資材として使われていたものを植物栽培用に改良したものである．

日本では，このロックウール栽培と特別な仕立て方法を組み合わせた技術が普及した結果，急激にバラの切り花栽培が増加した．その仕立て方法はアーチング法と呼ばれる．バラの生産者によって開発され，栽培方法として特許まで取得されたものである（図 2-31，2-32）．この方法では，最初に定植された苗の株元から発生する枝を折り曲げ，炭酸同化専用枝として採花せず，この同化専用枝で合成された養分により株元から伸長してくる強い新梢（シュート）を切り花として収穫（採花）する方法である．採花も新梢の基部から切ることができるので，従来の土耕栽培したときより丈の長い切り花が得られる．採花すると次のシュートが萌芽，伸長して開花するので，それを繰り返すことになる．

その後，アーチング法の改良法として，ハイラック法や水平折り曲げ整枝法（レベリング仕立てともいう．台木から発生してくるシュートを同化専用枝とする場

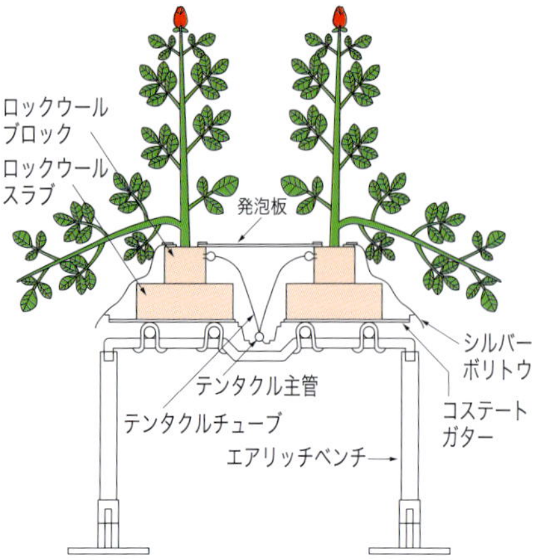

図2-31　アーチング法を用いたロックウール栽培
（図版提供：MKV ドリーム（株）末松　優氏）

図2-32　アーチング法によるバラの切り花生産

合は台芽折り曲げ仕立て法ともいう）が開発されている（図2-33）．ハイラック法とは，地際から1mほどの高さで全部の枝を折り曲げて，同化専用枝とし，折り曲げた位置から発生するシュートを基部から採花する方法である．水平折り曲げ整枝法とは，最初に伸長してくるシュートまたは台木から発生してくるシュートを同化専用枝とし，続いて発生したシュートを水平に折り曲げ，この枝（採花母枝）から萌芽してくるシュートを採花する方法である．

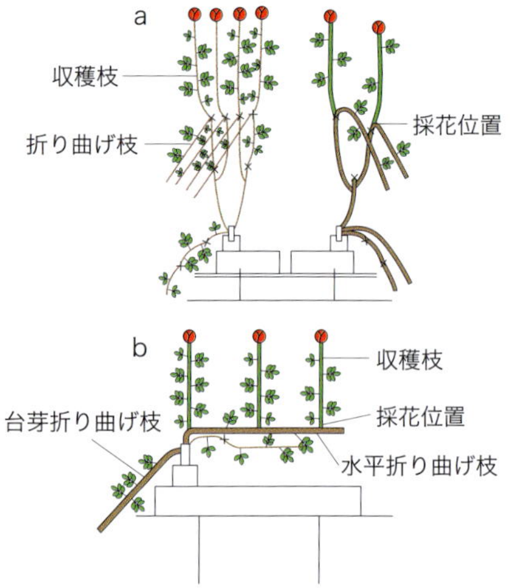

図2-33　アーチング法の改良型
a：ハイラック仕立て法（乾原図），b：台芽折り曲げ仕立て法（乾原図）．（大川　清：『バラの生産技術と流通』，養賢堂，1999の図を修正）

これらの新しい仕立て法に対し，従来から行われている仕立て法は切り上げ法と呼ばれ，ピンチを繰り返して株を仕立て，上部で採花していく．

切り花用のバラの施設栽培では，地域の気候環境や立地条件を考え，以下のような4つの作型が行われている

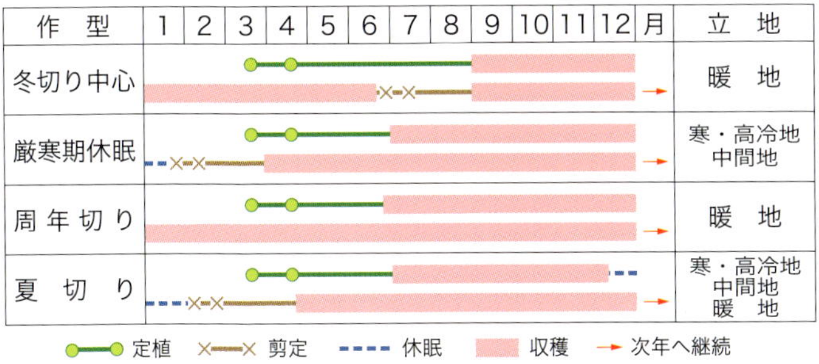

図2-34　バラの切り花生産の作型
（大川　清：『花卉園芸大百科 10 バラ』，開花生理と調節技術の基本，作型の成立，農山漁村文化協会，2002）

（図 2-34）．

冬切り中心栽培…春に植え付け，9 月頃から翌年の 6 月中旬まで採花する．その後，剪定と摘心を行い，秋から再度採花する方法で，冬季温暖で光量の多い太平洋沿岸地域に多い作型である．

厳寒期休眠栽培…気温が低く日射量の少ない 1 ～ 2 月に株を休眠させる作型．低温に遭遇させたあとに剪定，加温を開始して，3 ～ 4 月から採花する方法である．高冷地や日本海沿岸地域に多い作型である．

周年切り栽培…周年休まず採花し続ける方法である．ロックウールを利用したアーチング法での栽培のほとんどがこの作型である．

夏切り栽培…初春から初冬まで無暖房で採花する作型である．環境制御を行っていないので，病害対策が問題となる．

（3）収穫後生理と鮮度保持

切り花として採花されると，根からの養水分の補給が遮断されるので，花としての寿命は低下する．その寿命を引き延ばし，できる限り新鮮な状態で花を観賞するためにさまざまな処理が行われる．

花の寿命と観賞価値を低下させるバラ特有の変化として，ベントネックとブルーイングがある．ベントネックとは，何らかの原因で吸水が抑制され，花首が柔らかくなって，蕾や花が垂れ下がる現象である（図 2-35）．吸水が抑制されるのは，維管束が閉塞して，水分供給が制限されることや，他の部位との間で水分

図 2-35　切り花バラのベントネック
（写真提供：山田邦夫氏）

競合が起こるためである．ブルーイングとは，赤色品種の花色が青味がかったり，紫色がかった色調となる現象のことで，その原因として糖質不足による花弁細胞中の pH 上昇が考えられている．細胞液中に溶解している赤色の色素，アントシアニンがアルカリ性で赤から青に変化するためである．

このようなバラの鮮度および観賞価値を維持するために，水揚げをよくし，養分補給を行わなければならない．水揚げが悪化する原因は蒸散過多と導管閉塞であるので，不要な下葉を取り除き葉数を少なくすることや導管閉塞の主な要因である細菌の増殖を抑えるために抗菌剤を用いる．養分補給としてはショ糖を生け水に加える．通常，採花後，出荷までの間に，切り花を抗菌剤やショ糖などが配合された鮮度保持剤で前処理が行われている．消費者や小売店でも同様に処理される場合は，後処理と呼ばれる．

切り花の収穫ステージ（切り前）は品種の特性や出荷市場までの距離を考慮して決められる．通常は，萼片が茎に対して直角になった時期か，萼片の先が下を向いた時期に収穫される．収穫ステージが早すぎると，ベントネックが発生しやすくなったり，消費者や小売店で品種本来の花姿に開花しないことがある．

通常，切り花バラでは，採花後直ちに 5℃前後の冷蔵庫で水揚げされ，選花調整後，低温で乾式または湿式輸送される．乾式輸送とは，選花調整された切り花の切り口を水に浸けず，ダンボールなどに切り花を入れて輸送する方法である．湿式輸送とは，切り花専用の容器に水と鮮度保持剤を入れて浸けたまま輸送する方法で，たいへん優れた鮮度保持方法である．

3．ユ　　リ

1）種類と分類

(1) 原産と来歴

ユリ（*Lilium*）は，北半球のアジア，ヨーロッパ，北アメリカなどに約 100 種が分布している．このうち，約 15 種がわが国に自生している．

ヨーロッパにおけるユリの栽培の歴史は古く，マドンナリリーが紀元前から栽培されていた．1829 年にドイツ人シーボルトが日本のユリの球根を持ち帰ったのをきっかけに，テッポウユリが 1840 年，ヤマユリが 1861 年，ササユリが 1871 年，オトメユリが 1898 年にヨーロッパに導入されてから，ヨーロッパで日本のユリが絶賛されるようになった．そして，テッポウユリの半促成栽培したものがキリスト教の復活祭（イースター）に用いられ，イースターリリーと呼ばれている．また，欧米では 19 世紀末から 20 世紀初頭にかけて，日本のユリの他に中国のユリも導入されて，品種改良が盛んに行われるようになった．

わが国において，ユリが切り花として観賞されるようになったのは室町時代の初めであり，徳川時代には品種改良が行われるようになった．そして，明治時代に入り，欧米でわが国のユリが注目され，輸出のための球根生産が行われるようになった．営利目的の切り花生産は大正時代から始められた．

(2) 日本の主な固有種

南北に長い日本列島には，固有種が 8 種と，ユーラシア大陸などにも分布する 7 種の，合計 15 種が分布する（図 2-36）．日本の固有種は品種改良しなくても優れた観賞価値を備えており，20 世紀初頭にはテッポウユリやカノコユリなどの自生種

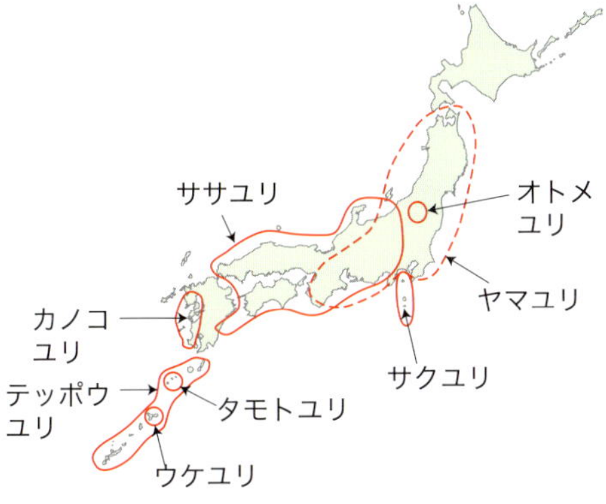

図2-36　日本のユリの分布
（今西英雄，2006 より）

が輸出され，山掘り球根が戦前および戦後の外貨獲得のための重要な輸出産業となっていた．その後，自生種から選抜されたカノコユリの‘うちだかのこ’や，テッポウユリの‘エラブ’＝‘喜美留黒軸’などの優良品種が輸出向け栽培の中心となった．

日本のユリは園芸品種育成の母本として重要で，オリエンタル・ハイブリッドやアジアティック・ハイブリッドの品種群の成立は，日本のユリなしに成し遂げることはできなかった．このように貴重なユリの原種も，採取や自生地の環境悪化によって，絶滅の危機にあるものも多い．特に，鹿児島県口之島のタモトユリはオリエンタル・ハイブリッドの重要な交配親であったが，自生地では絶滅したといわれている．日本の主な固有種は以下の7種と，後出のテッポウユリを含めた8種である．

ヤマユリ（*L. auratum*）…近畿地方～青森県に分布する（図2-37）．直径20cmほどのロート状の大輪花を着け，草丈は120～180cmで，原種のユリの中では最も大きい種類の1つである．白い花被片に赤褐色の斑点があり，花被片の中央に黄色の筋が入るが，筋が紅色の変種がまれに見られる．芳香が強い．なお，ヤマユリ，ササユリなどでは，上胚軸休眠（上子葉休眠，epicotyl dormancy）という現象が見られる．種子は低温遭遇後に地中で発芽し，胚軸（子葉より下部の茎）は形成されるが，上胚軸（子葉より上部の茎）は休眠して地上に発芽せず，一定期間の高温経過後に再度低温に遭遇すると上胚軸が地上に現れる．

図2-37　ヤマユリ

サクユリ（*L. auratum* var. *platyphyllum*）…ヤマユリの変種で，亜種とする説もある．伊豆大島，利島，御蔵島，青ヶ島などの伊豆諸島に分布する．傾斜地の草むらや森林の外縁部に自生し，白い花被片に斑点がない扁平なロート状の大輪の花を着ける．花の直径は25～30cmで，ユリ属の中で最も大輪である．ヤマユリより幅広の葉を着けるが，草丈はヤマユリと同じく120～180cmである．

オトメユリ（*L. rubellum*）…新潟，山形，福島県境の標高 200 ～ 800m の山地に自生する比較的小型のユリであり，ヒメサユリとも呼ばれる．直径 7 ～ 10cm の筒状の花で，花色はピンク～濃ピンクの他，まれに白花種がある．草丈は 30 ～ 80cm．筒状の花の内側の基部に斑点があるものと，ないものがある．開花期は，自生地の標高によるが，5 月下旬から 7 月上旬までである．

ササユリ（*L. japonicum*）…東海・北陸地方から中国・四国地方の海抜 1,700m くらいまでの草原や，森林の外縁部で，日光が適度に届くが直射日光の当たらないところで見られる．山地の気候に適応しているので，山掘りして平坦地で栽培しても，病害などで 1 ～ 2 年で絶えることが多い．淡ピンク～濃ピンクの花色を持ち，直径 8 ～ 13cm の筒状の花を着ける．草丈は自生地の状況によって大きく変化し，50 ～ 120cm ほどである．テッポウユリに似ているが，カノコユリやヤマユリと近縁である．ヒロハササユリ（中国地方）やジンリョウユリ（徳島県）など，変種も多い．

カノコユリ（*L. speciosum*）…中国，台湾にも自生するが，鹿児島県甑（こしき）島での自生密度が最も高い（図 2-38）．九州の海岸線や四国の山地にも見られ，四国の山地に自生するものはタキユリと呼ばれる．花被片が反転し，下向きの花を着ける．花の直径は 7 ～ 15cm で，深紅，紅，濃ピンク，淡ピンク，白の花色を持つ．草丈は自生状況によって 50 ～ 150cm と幅がある．花被片の基部に鹿子模様の紅色の斑点があり，名前の由来となっている．自生地では 7 月中旬が開花盛期であるが，本州での開花期はヤマユリより遅く，8 月に入ってからである．

図 2-38　カノコユリ

タモトユリ（*L. nobilissimum*）…鹿児島県トカラ列島の口之島のみに分布する．断崖絶壁に生育するため，採取時にはロープづたいに降りて，袂に入れて持ち帰ったため，この名が付いたとされる．直径 11 ～ 13cm の純白色で上向き咲きの筒状の花を着ける．草丈は 50 ～ 60cm であるが，栽培条件がよいと 80cm 以上になる．オリエンタル・ハイブリッドに上向き咲き性を導入した親である．

ウケユリ（*L. alexandrae*）…鹿児島県奄美大島，請島（うけしま），与路島（よろしま）などに自生する．直径 15 ～ 16cm，長さ 10 ～ 11cm の筒状～ロート状の純白の花を着ける．草丈は 40 ～ 70cm で，6 月に開花する．

(3) 世界の主な原種

ユリ属（*Lilium*）の分布は北半球に限られており，合計 100 余りの種がある．そのうち，主な種類は以下の通りである．

野生スカシユリ（*L. maculatum*）…エゾスカシユリ（*L. maculatum* ssp. *dauricum*，図 2-39），イワトユリ（イワユリ，*L. maculatum* ssp. *maculatum*），ヤマスカシユリ（*L. maculatum* var. *monticola*），ミヤマスカシユリ（*L. maculatum* var. *bukozanense*）などの亜種や変種がある．どの亜種や変種もオレンジ色のお椀状の花を持つ．エゾスカシユリは北海道からカムチャッカ，ユーラシア大陸に分布し，イワトユリ（イワユリ）は北日本や関東地方の海岸線に分布する．イワトユリは太平洋沿岸，イワユリは日本海沿岸に分布する原種を園芸の立場から区別した呼び方である．

オニユリ（*L. lancifolium*）とコオニユリ（*L. leichtlinii* var. *maximowiczii*）…両種とも花被片が反転した花を着け，オレンジ色の花色に黒紫色の斑点がある．葉腋に珠芽を着けるものがオニユリ（図 2-40）で，着けないものがコオニユリで

図 2-39　エゾスカシユリ

図 2-40　オニユリ

ある．本州で見られるオニユリは 2n = 36 の三倍体であるが，対馬では二倍体のオニユリが発見されている．

ヒメユリ（*L. concolor*）…日本，中国，朝鮮半島，ロシア東部などに広く分布する．チョウセンヒメユリ，トサヒメユリ，ミチノクヒメユリなどの変種があり，直径 5cm ほどの紅色の小輪花を着ける．まれに黄色種が自生株に見られる．葉は細葉で，草丈は 100 〜 120cm となり，花蕾が下垂する．

タケシマユリ（*L. hansonii*）…島根県の竹島や朝鮮半島に分布する．観賞用に庭園に植えられる他，切り花生産も行われる．やや下向きの星形の花を着け，花被片は肉厚のオレンジ色である．80 〜 150cm の茎に葉が 2 〜 3 段輪生する．

タカサゴユリ（*L. formosanum*）…台湾原産であるが，近年日本各地で野生化している．認知度が低いためテッポウユリと混同されるが，本種は花被片の外側が紫褐色を帯びている．晩夏に筒状の花を見かけたら，本種であることが多い．本種とテッポウユリとの交雑によりシンテッポウユリが育成されている．自家受精で容易に結実し，種子繁殖ができる．

ハカタユリ（*L. brownii*）…筒状でクリーム色の花を着ける．名前がハカタユリのために日本原産のユリと混同されるが，中国原産のユリである．

キカノコユリ（*L. henryi*）…1888 年にアイルランド人のヘンリー氏によって中国の武漢で発見されたユリである．直径 4cm のオレンジ色で花被片が反転した花を着ける．草丈 45 〜 90cm で，栽培条件がよいと 40 個以上の花を着ける．ウイルス病，球根腐敗病や乾燥に強く，つくりやすい原種である．

リーガルリリー（*L. regale*）…中国原産．1904 年にイギリス人のウィルソンが四川省で発見してヨーロッパに導入したユリである．外側の花被片に赤ピンクの筋が入る白の筒状の花を着ける．花の内側は，基部が黄色のものと，そうでないものがある．筒状の花がラッパ状に開いたものと，広がりが小さい筒状のものがある．葉が細いため切り花には向かず，庭園用として用いられる．耐病性が強くつくりやすいので，アメリカで改良が進み，ピンク，オレンジ，黄色などの花色を持つ品種がつくられている．自家和合性で，種子繁殖が可能である．

マルタゴンリリー（*L. martagon*）…ヨーロッパ原産．花はクルマユリのような小ぶりの花被片が反転した釣鐘状で，葉はタケシマユリのように輪生する．草丈は約 180cm で，1 茎に白や濃ピンクの花を 30 〜 40 個着ける．

マドンナリリー（*L. candidum*）…ギリシャ～イスラエルに至る地中海沿岸地域が原産地である．白花で聖母マリアの象徴とされるユリである．本種は，秋に根出葉を発生して，冬の間も枯れない．球根自体は休眠に入っているので，この時期に植替え可能であるが，他のユリと異なり，深植えはしない．

(4) 今日の主要栽培品種群

テッポウユリ（*L. longiflorum*）…南西諸島と台湾に分布し，特に徳之島や沖永良部島に多い（図2-41）．明治以降，ヨーロッパに紹介され，マドンナリリーに代わってキリスト教の儀式に使われるようになった．明治中期に埼玉県で黒軸系統が選抜され，明治37年以降には沖永良部島で野生種から選抜と淘汰が繰り返されて，‘植村青軸’，‘喜美留黒軸’（＝‘エラブ’），‘佐伯30号’，‘佐伯40号’，‘殿下1号’，‘城山’，‘俊月’が選抜された．現在では，昭和19年に屋久島自生の球根から福岡県の中原喜衛門が選抜した‘ひのもと’と，1940年（昭和15年）にアメリカで‘バーミューダーリリー’から選抜された‘ジョージア’，明治初頭に東京の内山長太郎が選抜した，草丈が低く葉がやや小型で，白の覆輪の‘長太郎’などが栽培されている．花は横向きのラッパ型で，花色は白色である．球根は夏に休眠する．

シンテッポウユリ（*L.* × *formolongi*）…タカサゴユリの持つ実生から1年以内に開花する性質をテッポウユリに導入することを目的とし，昭和13年（1938）

図2-41 テッポウユリ

図2-42 シンテッポウユリ

に長野県の西村進がタカサゴユリに青軸テッポウユリの花粉を受粉して育成したのが始まりである（図 2-42）．これに青軸テッポウユリをさらに交配して，昭和 26 年（1951）に初めて‘西村鉄砲 1 号’が登録されて以来，各地で改良が重ねられている．現在では，テッポウユリに劣らない品質のものが育成され，高温期の生産が難しいテッポウユリの端境期を補完するかたちで生産されている．球根は夏に休眠する．品種に‘津山’，‘F_1 ひのもと’，‘白嶺’などがある．

アジアティック・ハイブリッド（Asiatic hybrid）…在来のスカシユリ（*L.* × *elegans*）とは，エゾスカシユリ，イワトユリの自生種や，これらの実生からの選抜および種間交雑によって育成された園芸品種群を指すが，今日ではほとんど栽培されていない．現在，一般にスカシユリと呼ばれているのはスカシユリ系交雑品種群あるいはアジアティック・ハイブリッドと呼ばれる品種群（アジアティック系）を指し，日本，アメリカ，オランダで在来のスカシユリ，オニユリ，Firelily（*L. bulbiferum*），ヒメユリおよびホソバユリ（*L. cernuum*）などを種間交雑することによって育成された品種群である（図 2-43）．花色には黄，白，橙，赤などがあり，花が杯状上向きであるため，切り花として需要が多い．開花期は 5 月中下旬～ 7 月．球根は冬に休眠する．代表的な品種に，鮮黄色の‘コネチカットキング’，桃色の‘トスカーナ’，オレンジ赤の‘アビニオン’などがある．

オリエンタル・ハイブリッド（Oriental hybrid）…カノコユリ，キカノコユリ，ヤマユリ，ササユリおよびオトメユリなどの種間交雑によって育成された品

図 2-43　アジアティック系‘ロディナラー’

図 2-44　オリエンタル系‘クリスタルブランカ’

図 2-45　LA系

種群（オリエンタル系）で，1980年代の後半から生産が増加している（図2-44）．芳香があり，大輪で，葉と花とのバランスもよく，今までにない色鮮やかな花色とボリュームがあり，観賞価値が高い．花形にラッパ型，杯状型，平咲き型，反捲型がある．球根は冬休眠型である．代表的な品種に，いずれもオランダで育成された，純白の‘カサブランカ’（1984年発表），ローズレッドの‘スターゲーザー’（1975年発表），濃ピンクの‘ルレーブ’（1981年発表）などがある．

その他の主な品種群…テッポウユリ（*L. longiflorum*）とアジアティック系との交雑によって育成された品種群がLAハイブリッド（LA系）と呼ばれ，オランダ，日本で多くの品種が育成されている（図2-45）．また，フランスのオルレリアン地方で，*L. sargentiae* と *L.* ×*aurelianense*（キカノコユリの交雑種）との組合せで得られた品種群はトランペット・オーレリアンハイブリッドと呼ばれている．現在流通している品種のほとんどは，アメリカで1950～1960年頃に作出された品種群である．種子繁殖ができるため，同じ品種であっても大きな個体差があることから，優良個体は栄養繁殖も行われている．

（5）形態的特徴

ユリは単子葉植物で，ユリ科ユリ亜科に分類される．皮膜に包まれない鱗茎をつくり，花茎が伸びて途中に多数の葉を着生し，頂端に総状花序を着ける．ユリ科ネギ亜科では皮膜に包まれた鱗茎をつくり，葉が根出して花茎に葉を着生せず，頂端に散形花序を着けるという点で，ユリ亜科と異なる．

ユリの花には雄蕊と雌蕊があるが，自家不和合性が強いうえに，他家不和合性も強いので種子ができにくいことから，ユリは通常，鱗片葉を用いた栄養繁殖が行われるが，タカサゴユリ，サクユリ，オトメユリ，リーガルリリーのように，種子繁殖できる種類もある．ユリの形態を概略すると図2-46のように表される．

球根（鱗茎）…球根は，短縮して扁平になった底盤と呼ばれる茎に相当する部分に，葉が変化および肥大した鱗片葉が鱗状に重なりあったもので，鱗茎と呼ばれる．皮膜に包まれていないので，無皮鱗茎あるいは鱗状鱗茎といわれ，乾燥に弱い．鱗片は２～３年生育を続け，鱗茎内部では毎年，新しい鱗片が増加する．鱗茎を縦に割ってみると，前年の茎軸の跡が残っていて，伸長中の当年の茎軸の横に翌年伸長する新球根の成長点が分化している（図 2-47）．したがって，このときの鱗茎には，２～３年にわたってできた鱗片葉が着いていることになる．

下根と上根…鱗茎の下部にある太い根は底出根または下根と呼ばれ，養水分の吸収よりは，むしろ地上部を支え，新球根が地表に現れないように牽引する働きがある．適度な温度と水分があると周年機能して，２年は生育する．新球根から地上茎が伸長すると，地中にある茎の各節からも根が発生する．これらは茎出根または上根と呼ばれ，主に養水分を吸収する．地上茎が枯れると上根も枯れる．

木子と珠芽…茎の地中にある部分の節に木子と呼ばれる小球根が形成される．木子は腋芽の変化したもので，小さな鱗片葉からなる．この他，地上の茎の葉腋にも小鱗茎が形成され，珠芽（むかご）と呼ばれる．珠芽を形成する種類（オニユリなど）と，形成しに

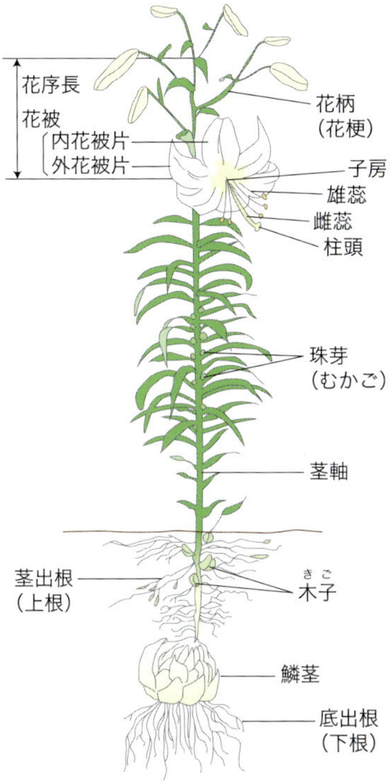

図2-46　ユリの形態
（今西英雄，2006 より）

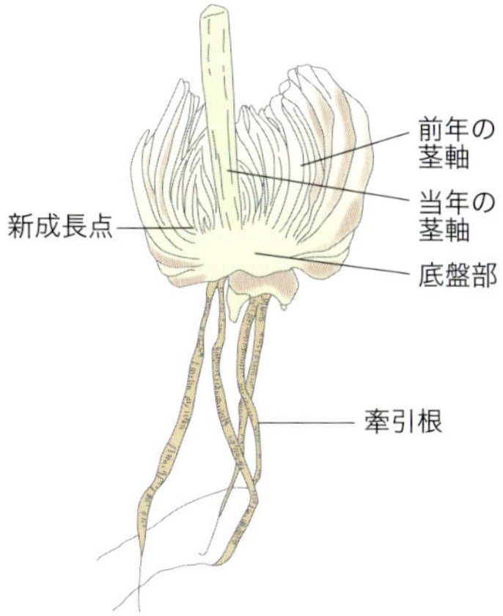

図2-47　ユリの鱗茎の縦断面
（今西英雄，2006 より）

くい種類（テッポウユリなど）がある．珠芽は，植物学的には木子と同じ，腋芽の肥大した小鱗茎である．

葉…葉は茎（軸）に互生または輪生する．葉数は種によって異なり，少ないササユリとオトメユリでは 10 ～ 15 枚，多いヤマユリでは 40 ～ 60 枚程度であるが，品種や鱗茎の大きさによっても変わる．

花…花は頂端に単生するか総状花序に着くが，散形花序状に見えるものもある．外花被片と内花被片が各３枚で，雄蕊６本，雌蕊１本からなる．子房は上位で３室からなり，さく果をつくる．種子は多数あり，扁平で周囲に薄膜状の翼がある．染色体の基本数は n ＝ 12 である．花色はアントシアニン系色素によるピンク～紫赤色，カロテノイド系色素による黄～桃赤色，フラボノイド系色素による白色などがある．

2）生理生態的特性

ユリの多くは耐寒性の秋植え球根である．ユリの生理生態的特性は種によって大きく異なるので，オリエンタル系の原種の１つであるアカカノコユリ（*L. speciosum* var. *rubrum* hort.）を例にあげると，地上部，地下部の生育段階は次の４段階に分けられる（図 2-48）．①休眠期：12 月下旬までの自発休眠期と，それ以降３月中旬までの他発休眠期とがある．②茎葉生育・根系発達期：萌芽期から発蕾期までに相当する．秋に植え付けた球根の貯蔵養分が成長のために消費されて，球重が減少する．③茎葉完成・新球根肥大前期：発蕾期から開花期までに相当する．茎葉は完成して光合成産物が花の発達に使われるだけでなく，地下部にも送られ，主として２年生の鱗片葉が肥大する．④新球根肥大後期：開花期から

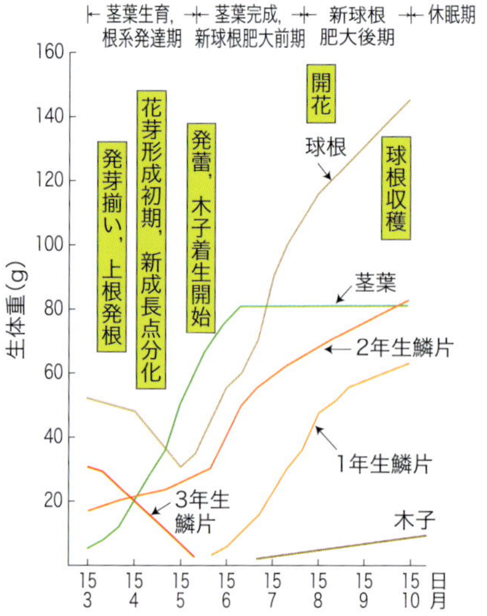

図2-48　アカカノコユリの生育と球根の肥大経過
（大川　清，1977；今西英雄，2006 より）

球根の収穫期までに相当し，光合成産物は新球根の肥大に使われる．この時期には１年生の鱗片葉が主に肥大する．

地上部では，３月下旬～４月上旬に芽が地表に伸び出す（萌芽する）．４月中旬に展葉を開始して急速に伸長し，５月中下旬の発蕾期に伸長がほぼ止まる．６月下旬に新鮮重の増加も止まる．４月上旬に花芽が形成されて８月上旬に開花する．オリエンタル系では発蕾から開花まで２ヵ月以上を要し，テッポウユリとアジアティック系では１ヵ月程度である．

地下部では，秋に植え付けた球根が翌年の２月中旬に数本の根を発生する．地温の上昇に伴って３月中旬以降に上根が発生して，４月中旬頃まで増加する．植え付けた球根では，最も外側の３年生の鱗片葉の貯蔵養分が茎葉の伸長に使われるので、新鮮重が萌芽時から減り始め，５月中下旬の発蕾期に最小となる．この時期以降は，葉でつくられた光合成産物が地下部に移行して，新球根が肥大する．５月中旬に３年生鱗片葉は完全に消失し，代わって１～２年生鱗片葉の肥大が始まる．６～７月は主として２年生鱗片葉が肥大し，８～９月には１年生鱗片葉が肥大して，新球根の肥大は掘上げ時まで続く．木子は５月下旬に着生し始め，６月下旬以降，急速に肥大する．

3）生産と流通

ユリの生理生態は原種ごとに大きく異なるので，栽培品種の生理生態を表す場合，品種群ごとに表すと理解しやすい．主な作型についても同様である．

(1) テッポウユリの生理生態的特性と作型

自然条件下で秋に球根を植え付けると，球根から萌芽した芽は地表近くまで伸びるが，適温に保っても伸長を停止する．この状態で越冬させると，平均気温が5℃を超える２月下旬に地表に伸長（萌芽）し始めて葉の展開が始まり，３月末から４月初めに茎頂で花芽形成を開始する．その後，茎が緩やかに伸長しつつ，次々と花の各器官を分化して，第１花が４月下旬に雄蕊形成期，５月中旬に花粉・胚珠形成期に達し，６月中旬に開花する．

一方，新球根の形成は花芽形成開始後に始まり，開花後に急速に肥大および充実して，ほぼ２ヵ月で成熟し，休眠に入る．促成栽培を行う場合は，新球根の

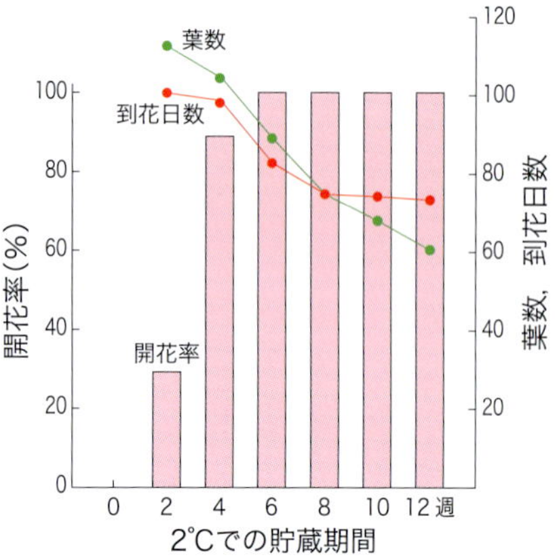

図2-49　低温貯蔵の期間がテッポウユリの開花に及ぼす影響

品種'エース'，最低21℃の温室で栽培．(Weiler, T. C. and Langhans, R. W., 1968a；今西英雄, 1995より)

休眠が早く打破される暖地産の早掘り球根を用い，45～48℃の温湯に60分間浸漬する温湯浸漬処理によって人為的に休眠打破を促す．新球根を GA_3 1,000ppm液に2～3秒間浸漬する方法も休眠打破に有効である．

花芽形成のためには低温経過を必要とするが，この低温は植付け前の球根に人為的に与えても有効である（図2-49）．温度は0～20℃の温度域であれば低温として作用するが，最適処理温度は作型によって異なる．すなわち，10月前半からの開花を目指す超促成栽培では，6月頃から13℃で6～7週間または13～15℃で2～3週間処理したのち，さらに8℃で4～5週間処理してから，7月頃に植え付ける．10月末～1月末開花を目指す促成栽培では，13℃で2週間処理したのち，8℃で4～5週間の低温処理を行って8月頃に植え付ける．また，2月中旬～4月開花を目指す半促成栽培では，9月頃から2～5℃で5～6週間冷蔵し，9月下旬～10月中旬に植え付ける．半促成栽培のための冷蔵を行う際，発芽（萌芽）を促し低温の感受性を高める目的で，球根を湿ったパッキング資材で箱詰めする湿式冷蔵が行われる．冷蔵の開始時に新球根の休眠が十分打破されていないと不発芽を生じるといわれている．

低温を十分感受した球根では，植付け後の栽培温度が高いほど開花までの日数が短縮されるが，花数は高温ほど減少し，茎も短くなる．超促成栽培あるいは促成栽培では高温期の植付けとなるので，植付け時の気温と低温処理温度との差が15℃以上にならないように工夫する．また，栽培温度が30℃程度まで高くなると，蕾が3mm前後の頃から発達を停止して枯れる．一方，発蕾後，蕾が2cm前後になった頃，平均気温9℃前後の低温に遭遇すると，蕾の枯死あるいは異常花が発生する．栽培時の日長は十分に低温に遭遇した球根ではあまり影響しないが，低温が不十分な場合，長日は低温の一部を補うことができる．

超促成栽培…沖永良部島産の早掘り球根を6月上中旬に入手し，直ちに45～47.5℃の温湯で30～60分間浸漬したのち，13℃で6～7週間，または13～15℃で2～3週間置く．その後，8℃で4～5週間の低温処理を行い，7月中下旬に定植すると9月に出荷できる．高温期の定植となり，花数が減少し草丈が短くなるので，直径22cm以上のL球を使用する．栽培温度が30℃程度まで高くなると，花蕾が3mm前後になる頃から発達を停止し，枯死したり，萼割れが発生しやすい．9月下旬～10月上中旬に出荷できる．

促成栽培…沖永良部島産の早掘り球根（直径20cm程度のM球）を使用し，超促成栽培と同様に温湯浸漬および13℃で2週間置いたあと，8℃で4～5週間の低温処理を行う．温室内の温度を最低15℃に保つと，植付け時期に応じて10月末～1月末に出荷できる．

半促成栽培…沖永良部島産の球根（直径15cm程度のS～2S球）を使用し，2～5℃で5～6週間の低温処理行い，9月下旬～10月中旬に定植する．さらに低温処理期間を長くして1月に定植したり，保温や加温の開始時期を変えることにより，2月中旬～5月に出荷できる．花蕾が2cm前後になった頃，9℃前後の低温に遭遇すると，花蕾の枯死あるいは異常花が発生する．

抑制栽培…定植時期を遅らせて抑制栽培するためには0～1℃で貯蔵するが，長期間になると，開花株の葉数，茎長が減少して切り花品質が低下する．そこで，7～9月に1℃湿潤4週間の予冷を行ったあと，−2℃に移して氷温貯蔵し，3月中旬～5月中旬に4～5日間かけて解凍した球根を順次定植すると，6～7月中旬に出荷できる．最近は，輸入したオランダ産氷温貯蔵球根を用いると，定植後約3ヵ月で開花するので，抑制栽培にも利用されている．‘ひのもと’では高温期の栽培において花被片が裂ける奇形花が多発するため，6～7月出荷だけでなく，超促成栽培から促成栽培の出荷期である10～11月出荷の作型にも利用されている．‘ホワイトフォックス’，‘ホワイトエレガンス’などの品種が使われる．

二度切り栽培…促成栽培で切り花を収穫したあとの切り下球根を再度萌芽させ，翌年の5月に再び切り花を収穫する作型である．実際栽培では，年末までの栽培中に20℃以上の高温に遭遇させて球根を成熟させ，その後15℃以下の低温に遭遇させて萌芽，抽苔させる．なお，1月以後の切り下球根では高温に遭遇させることができないので，萌芽率がきわめて低く，二度切り栽培することができない．二度切り栽培での萌芽率を高めるためには，覆土を除いて球根を露出させ，球根に光を当てるとよいことが知られている．さらに，据置き栽培での球根露出処理は1番花を収穫後20日間行えば十分であること，また10℃より低い温度に10日間遭遇させても萌芽が促進されること，あるいは，球根を掘り上げた場合は45℃で60分間の温湯処理後，10℃で20日間の低温処理を行うとよいことが明らかにされている．植付け後，1月下旬より最低15℃に加温すれば4月中旬から開花し，保温すれば5月下旬に開花する．

テッポウユリの切り花の主産地は，関東では千葉県，埼玉県，四国では高知県，徳島県，それに九州では福岡県，熊本県と鹿児島県などである．そのうち，オリエンタル系などが急増している埼玉県や福岡県などではテッポウユリの切り花が急激に減少しているが，冬季が温暖な気候と豊富な日照量に恵まれている千葉県や高知県では，テッポウユリの10～12月出しから6月中旬出しまで長期出荷が行われている．また，球根産地の鹿児島県などでは，近年，素質に優れた自家養成球根を利用した，高品質切り花の低コスト生産が急増してきている．

現在，切り花として栽培されている品種は，ほぼ‘ひのもと’に統一されている．‘ひのもと’の特徴は，①促成能力が高く，超促成から，促成，半促成，それに二度切り栽培まで幅広く適用できる，②温湯処理による新球根の休眠打破効果が高く，生育や開花促進のための低温処理に対しても反応性が高い，③不発芽球の発生やブラスチング，葶割れなどの生理障害花の発生が少ない，④切り花の茎は剛直で中～大輪の花を3～4個着生し，草姿がたいへんよい，⑤球根生産では球のしまりがよく，球焼けがなくて栽培しやすいこと，などがあげられる．

一方，オランダからは氷温貯蔵球根が輸入され，6～7月出しと10～11月出しの抑制栽培などに利用されている．主な品種には，‘アビタ’，‘ホワイトフォックス’，‘ホワイトエレガンス’，‘ゲルリア’などがある．その中では，草姿が‘ひのもと’に似た‘ホワイトフォックス’に人気が集まっている．

このようにして，テッポウユリは，10月から翌年の6月中旬まで長期にわたって継続的に切り花が出荷されている．端境期となる7～9月はシンテッポウユリで補い，周年生産が行われている（図2-50）．

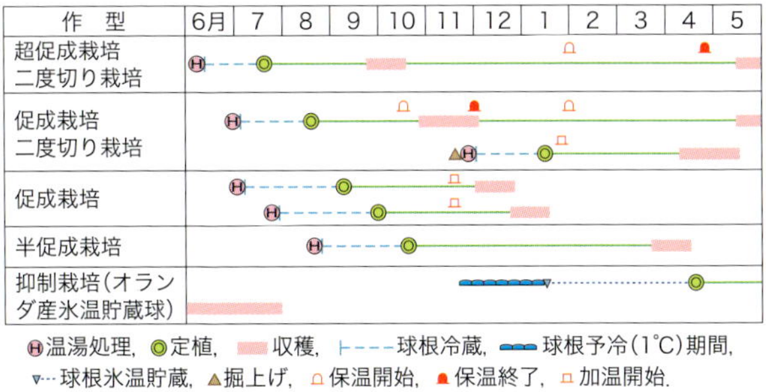

図2-50　テッポウユリの作型
（今西英雄，2005 より）

(2) シンテッポウユリの生理生態的特性と作型

種子の発芽適温は 20℃以下である．秋に播種すると 4 ～ 5 葉時に低温に感応して，翌年の 6 ～ 7 月に花芽形成を開始し，7 ～ 8 月に開花する．据置き栽培すると，2 年目以降は 7 月に開花する．長日は開花を促進する．最近では優良な形質を持った個体の栄養系小球根を利用した栽培も行われている．

シンテッポウユリの切り花出荷は，6 月中旬～ 10 月中旬まで長期にわたって行われている．作型は地域や栽培する品種，系統によって異なるが，大部分は 7 ～ 8 月出しの露地栽培である．切り下球根，鱗片繁殖した小球根などを使った周年生産も理論上は可能である．しかし，実際は球根のウイルス罹病による切り花品質低下の問題があるので，実生による普通栽培が行われている．

普通栽培…12 ～ 1 月に播種し，4 ～ 5 月に定植して 7 月下旬～ 9 月に採花する実生栽培が中心である．そのまま据え置くか，新球根を掘り上げて球根を植え直すと，翌年の開花は 6 月下旬に早まる．

促成栽培…7 月に開花した株の切り下球根を掘り上げて，8℃で 4 週間の低温処理後に植え付け，加温と長日処理を組み合わせると，12 月に開花させることが可能である．そのまま据え置くと，6 月下旬に二度切り栽培ができる．

抑制栽培…切り下球根を掘り上げ，－1℃で貯蔵しておき，順次取り出して定植していくと，周年生産も可能である．実際には，高冷地で 9 ～ 11 月の出荷が行われている．鱗片繁殖した小球根を用いて，年末に出荷することができる．

現在，栽培されている品種および系統は，主産地である長野県の場合，のぞみ系，北沢系が多く，他に，‘ホワイトランサー’，上野系などがある．一方，暖地の福岡県では雷山系，ふくれん西尾系，‘さきがけ雷山’が多い．その他に，兵庫県では淡河系，徳島県では‘阿波の白雪’，鹿児島県では‘おごじょ’などが多い．

(3) アジアティック・ハイブリッドの生理生態的特性と作型

アジアティック・ハイブリッド（アジアティック系）品種の輸入増加は著しく，流通している品種も多岐にわたり，その変遷も激しい．品種改良により，白，ピンクなどの中間色や，花被片の斑点が目立たない品種が登場し，フラワーアレンジメントや花束の花材としての需要が広がった．しかし，オリエンタル系の登場により，アジアティック系の作付けは減少傾向にある．さらにここ数年，アジアティック系に比べて日持ちがよく，早生で小球開花性があり，葉焼け症状も少ない，花蕾が大きくボリューム感のある草姿で，多様な花色を備えているLA系品種が，アジアティック系に代わって作付けを伸ばしている．

アジアティック系品種の花芽形成時期は品種によってかなり異なり，秋の球根の入手時に球根内ですでに花芽を形成しているものや，4月上旬の生育期に花芽形成が始まるものなどがある．いずれの品種にとっても，球根から正常に萌芽して開花に至るためには球根植付け後の萌芽時に低温処理を必要とする．この低温処理の効果は，萌芽後に花芽を形成する品種では春化として，また，球根内で花芽を形成する品種では花芽伸長の促進に作用する．低温処理は，11月下旬～12月開花を目指す超促成栽培では7月中旬から14℃で3週間予冷を行い，その後2～5℃で7～8週間の本冷を行う．

低温処理後の栽培温度は高いほど萌芽および開花が早くなるが，茎長が短く，花数は少なくなり，切り花品質が低下する傾向がある．このため，栽培時の昼温は25℃以下，夜温は13～15℃に保つ．特に，植付け後2週間程度はできるだけ冷涼に保つ．栽培時の光量が少ないと，花蕾が途中で発達を停止（ブラスチング）することがあるので，少なくても2万lx程度を維持する．

主な作型は図2-51に示した通りであるが，近年はオランダから輸入した球根を使った栽培が主流となっている．LA系の球根も同様に扱われている．

超促成栽培…小球根から養成した球根を7～9月に収穫し，14℃で2週間の予冷後，5℃で8週間本冷して植え付けると，12月から開花する．栽培時の昼

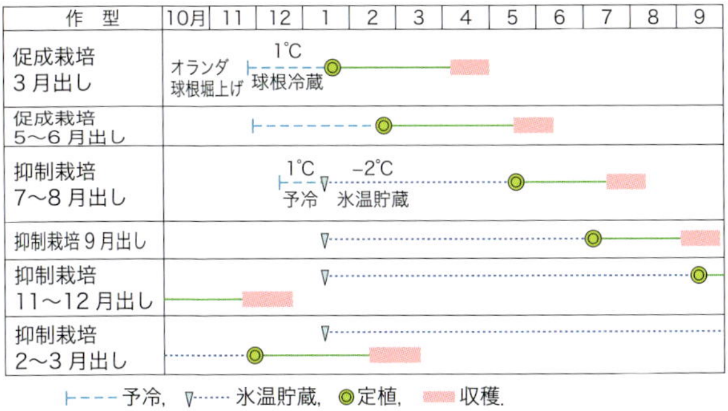

図2-51　アジアティック系の作型
オランダ産の球根使用.（今西英雄，2005より）

温は25℃以下，夜温は13〜15℃に維持する．現在では，輸入された氷温貯蔵球根を使った抑制栽培が普及しているので，この作型はほとんど行われない．

促成〜普通栽培…オランダから輸入した球根は，0℃前後のコンテナで海上輸送されるうちに，開花に必要な低温が満たされるので，1月頃に入手して植え付けると，4月から開花させることが可能となる．

促成栽培と半促成栽培…12月から翌年5月に採花する作型である．アジアティック系はオリエンタル系に比べ，より長期間の氷温貯蔵が必要なので，この作型と同じ出荷期でもオランダ産の氷温貯蔵球根を使った抑制栽培が主流となっている．また，チリやニュージーランドなど，南半球産の氷温貯蔵球根の利用も検討されつつある．

抑制栽培…11〜12月から球根を湿ったおがくずで包み，1〜2℃で6〜8週間の予冷を行ったのち，−2℃の氷温に移して，長期貯蔵を行う（表2-3）．氷温貯蔵した球根は，萌芽と開花に必要な低温を十分に受けているので，球根入手後，室温下で徐々に解凍および順化させたのち，5月以降順次植え付けると，2ヵ月前後で切り花が収穫できる．球根は氷温で1年以上貯蔵することが可能であるから，輸入した球根を使って7月〜翌年の3月まで順次開花させることができる．ただし，高温時に植え付けると，品種によっては開花率と切り花品質が低下する（表2-4）ので，夏季の栽培は高冷地で行うか，寒冷紗などで遮光して栽培温度をできるだけ低く保つことが必要である．しかし，弱光下では花蕾の脱離（アボート）が発生しやすいので，必要以上の遮光には注意する．

表 2-3　氷温貯蔵球の開花に及ぼす予冷期間の影響

予冷期間（週）	発芽率（%）	開花率（%）	開花日（月 / 日）	茎　長（cm）	花　数		切り花重（g）
					開　花	アボート	
0	56	47	1/5	42	3.8	1.9	39
2	100	93	1/12	52	5.5	0.3	52
4	100	93	1/21	60	5.7	0.3	55
6	100	93	1/23	59	5.4	0.4	51
8	100	90	1/12	60	5.5	0.9	57
10	100	73	1/8	50	4.7	1.5	51

品種‘コネチカット・キング’．球根を1℃湿潤で予冷後，1987年11月1日から−2℃で貯蔵し，1988年9月27日に植え付けた．10月28日までは50%遮光の雨よけ栽培，11月7日から最低8℃に加温して栽培した．　（小池安比古・今西英雄，1993より）

表 2-4　抑制栽培における植付け時期と開花との関係

植付け日（月 / 日）	開花率（%）	開花日（月 / 日）	到花日数（日）	茎　長（cm）	花　数		切り花重（g）
					開　花	アボート	
3/19	100	6/13	86	75	5.1	1.0	72
5/14	100	7/20	67	63	3.3	1.1	35
8/26	60	10/28	63	50	2.9	2.8	33
9/9	74	11/27	79	66	2.5	4.0	48
9/22	94	12/23	92	61	4.8	2.4	59

品種‘コネチカット・キング’．球根を1℃湿潤で4週間予冷後，1986年11月11日から−2℃で貯蔵した．1987年4月10日〜10月15日までは50%遮光の雨除け栽培を行って，11月中旬から最低8℃に加温して栽培した．　（小池安比古・今西英雄，1993より）

定植や生育期間が梅雨や高温期になるときは，葉焼け症などの生理障害が発生しにくく，草丈およびボリュームの出る品種を選ぶ．また，葉焼け症は大球ほど症状が激しくなるので，葉焼け症が出やすい品種の中で小球開花性を持っているものは，サイズの小さい球根を使用する．早生品種は，葉数が少なく，節間伸長が不十分なうちに開花する傾向があるので，この作型には適さない．また，9月以降の定植には，長期貯蔵に適さない品種，低日照で花飛びが発生しやすい品種は用いない．定植が10〜1月となる栽培では低温でも到花日数の短い品種の選択が望ましい．さらに，低日照の地域では，ブラスチングの発生しにくい品種を選ぶことが必要である．

主要品種として，アジアティック系では，‘ギロンテ’，‘トロント’，‘モナ’，‘レガッタ’，‘ルノワール’，LA系では‘アルガーブ’，‘セベコデジール（アラジンズダズル）'，'サムール'，'ロイヤルトリニティ' があげられる．

半促成栽培と季咲き栽培…切り下球根やオランダ産の小球根を国内で養成した当年産の球根を利用し，9 月下旬～ 11 月中旬に定植して，自然低温に遭遇させたあと，保温ないし加温して 4 ～ 7 月に採花する半促成栽培と，露地や無加温の雨除け施設などで栽培する季咲き栽培がある．この作型では栽培期間が長いが，簡易な施設で生産できることと，ほとんどの品種が切り花品質に問題がなく，小球根でも十分なボリュームの花を開花させることができるという利点がある．

その他の作型…わずかではあるが，国産の当年産球根を低温処理して休眠打破し，9 月下旬～ 1 月に定植して，年内から 4 月頃に採花する作型がある．これには，球根の肥大および成熟が早く，休眠打破に必要とする低温の要求性が低い早生品種が適する．早生品種として，アジアティック系では，'ヒルデ'，'レガッタ'，'ベアトリックス' などが使われる他に，LA 系の 'ロイヤルトリニティ'，'クーリア'，'サーモンクラシック' などが使われることもある．

(4) オリエンタル・ハイブリッドの生理生態的特性と作型

現在，切り花栽培に用いられているオリエンタル・ハイブリッド（オリエンタル系）球根の大部分は，オランダから輸入されたものである．わが国にこの球根が到着するのは 1 月下旬～ 2 月になる．球根の輸送は湿らせたピートモスで箱詰めし，－1.5℃の氷温下で貯蔵した状態で行われ，また，到着後も植付けまで引き続いて種苗会社で氷温貯蔵される．この氷温貯蔵では，球根入手時に，すでに必要な低温条件が満たされているので，切り花生産者は購入後に改めて低温処理を行う必要がない．

球根の収穫時期が遅いオリエンタル系では，促成栽培で出荷可能な時期が自然開花期前の 2 ～ 3 ヵ月間であるため，抑制栽培のウエイトが大きい．主な作型は，低温処理球根を用いる促成栽培と，氷温貯蔵球根を用いる抑制栽培を組み合わせることによって，周年出荷の作型が成立している．球根を植付け後，おおむね 3 ヵ月で開花するので，作型は単純である．

業者から購入した低温処理球根や氷温貯蔵球根を植え付けてそのまま切り花栽培する場合が一般的であるが，輸入した小球根を 1 年養成し，早掘りして促成栽培用として利用したり，抑制栽培の切り下球根を低温処理して再利用する作型もある．オランダでは大規模にコンテナ栽培を行っている生産者があり，日本でも一部の産地でコンテナ栽培が行われている．コンテナ栽培は，ピートモスを用いて球根をコンテナ内に植え付けて予備冷蔵後，氷温貯蔵するもので，そのままの状態で輸送できるメリットがある．

南半球での球根生産は，9月以降に植え付ける作型に使用する目的で，オランダの球根生産会社によって始められたものである．貯蔵期間が短い新鮮な球根を利用できることから，冬季の切り花生産用球根として広く使われている．

品種は‘カサブランカ’，‘ソルボンヌ’，‘マルコポーロ’，‘シベリア’，‘スターゲーザー’などが代表的で，新しい品種が続々と登場している．従来のオリエンタル系だけでなく，胚培養技術によって育成されたオリエンタル・ハイブリッドとチャイニーズ・オーレリアンハイブリッドを交配したOT（オリエンペット・ハイブリッド）系で黄色の‘コンカドール’や‘イエローウイン’なども注目されている．これらの生育特性はオリエンタル系とほとんど同じで，性質はオリエンタル系よりも強健である．品種の早晩性は，オランダにおいて平均的な温度管

表 2-5 主なオリエンタル系品種の特性

品種	花色	草丈（cm）	栽培期間（週）	球根サイズ（cm）の違いによる蕾の数の関係			茎の強度	蕾のサイズ	葉焼けの発生	日持ち
				14～16（cm）	16～18（cm）	18～20（cm）				
カサブランカ	白	120	19	2～3	3～5	5～7	普通	大	しにくい	非常によい
シベリア	白	100	18	4～6	6～8	7～10	強	中	しにくい	よい
シンプロン	白	110	14	4～7	6～9	9～10	非常に強	大	しにくい	よい
ラグナ	白	125	16	4～7	7～10	9～	強	大	しにくい	よい
ソルボンヌ	桃	95	14	3～5	4～8	6～9	強	中～大	しにくい	非常によい
ロンバルディア	桃	115	14	4～6	5～8	6～9	強	大	しにくい	よい
ルレーブ	桃	70	12	3～5	5～8	8～10	普通	中～大	ふつう	非常によい
マルコポーロ	桃	90	14	3～5	5～8	7～9	強	大	しにくい	非常によい
アカプルコ	赤	110	12	3～6	4～6	5～8	強	中～大	多い	よい
バルバレスコ	赤	110	14	3～5	4～7	6～9	強	中～大	しにくい	よい
コブラ	赤	115	16	3～6	5～8	7～9	非常に強	大	しにくい	非常によい

（オランダ国際花卉球根協会の資料；今西英雄，2006より作成）

理で栽培したときの栽培週数で表示されていて，低温期の作型では早生品種，高温期の作型では晩生で草丈の長い品種が適する（表 2-5）.

促成栽培（冷蔵促成栽培）…秋に植え付ける作型には南半球産の球根が，1 月以降に植え付ける作型にはオランダ産の球根が使われる．これらの球根は船便で運ばれる間に低温を十分受けているので，わが国に到着後，低温処理球根として使用することができる．促成栽培用の輸入球根は芽の発育が進んでいないうえ，植付け時期が低温期なので取扱いは容易である．球根の植付け後は十分に灌水し，生育前期は 10 ～ 13℃の低温で，発蕾期からは徐々に温度を上げて 15℃以上で栽培する．蕾の発達にはさらに温度が高いほどよく，晩生品種ほどその傾向が強い．しかし，植付け直後から温度が高いと切り花のボリュームが低下し，葉焼けが発生しやすい．特に，日射が強くなる 2 ～ 3 月に施設内の湿度が急激に低下すると発生しやすい.

低温期に植え付ける促成栽培は温暖地に向いた作型で，比較的低温で栽培できる早生品種が適する．植付け後の到花日数は，早生の‘ルレーブ’で 12 週間，‘ソルボンヌ’で 14 週間，‘カサブランカ’で 19 週間と，品種間差が大きい．出荷期は早生の‘ルレーブ’で 3 月から，晩生の‘カサブランカ’では 5 月以降になる．早生品種の早掘り球根を利用した場合でも，それより早い時期の出荷は難しく，極端に早掘りすると切り花のボリュームが不足したり輪数が減少する.

抑制栽培…植付け時期が温度変化の大きい 5 ～ 11 月頃なので，到花日数，切り花品質は植付け時期と天候によって大きく異なる．氷温貯蔵期間が長い球根を利用する作型ほど切り花の品質が低下しやすいので，大きいサイズの球根を利用する．高温期に定植する抑制栽培では氷温貯蔵球根の解凍と芽出しの技術が重要である．通常，5 ～ 6℃の低温で 1 週間程度かけて解凍し，その後ピートモスを敷いたコンテナに球根を並べ，10 ～ 13℃の冷蔵庫で 2 週間程度かけて順化しながらコンテナ上部に達するまで芽を出させる．定植に先立って圃場に灌水を十分行うとともに，遮光して地温の上昇を抑えることも効果的である.

平坦地の 6 ～ 7 月定植で，到花日数は 60 ～ 80 日程度である．早生品種では到花日数，草丈ともに極端に短くなって，品質のよい切り花を得ることは難しいので，晩生品種を用いた高冷地，冷涼地向きの栽培といえる．さらに貯蔵期間を延長して，8 月下旬以降に植え付けて冬から早春の出荷を目的とした作型では，生育後半に気温が低下することから，早生品種と中生品種の利用も可能になるので，栽培適地は中間地，温暖地へと移る．

オリエンタル系は，オランダで毎年新しい品種が育成されており，主要品種を除いて品種の移り変わりが激しい．現在，わが国で栽培の多い品種は‘カサブランカ’，‘シベリア’，‘ソルボンヌ’，‘ルレーブ’である．最近，黄色のオリエンタル系として栽培されるようになった，OT系の‘イエローウイン’や‘コンカドール’などの栽培面積が急速に増加したが，定着するには至っていない．小売店などで主要品種名は記載されているが，その他の品種は白色系，ピンク系という程度にしか認識されていない場合が多い．

(5) 主な病害虫

ユリの病害ではウイルス病の被害が最も大きく，特に，ユリモットルウイルス（lily mottle mild virus，LMoV），キュウリモザイクウイルス（cucumber mosaic virus, CMV），ユリ潜在ウイルス（lily symptomless virus, LSV）の被害が大きい．栽培圃場では，これらが単独または重複感染し，ユリの種類によってさまざまな症状が生じる．ユリのウイルス病は球根で伝染するので，健全な球根を使用することが前提である．また，ウイルスを媒介するアブラムシ類の防除を徹底することと，採花などに使用する刃物などを殺菌することも重要である．

害虫についてはワタアブラムシが最も問題とされており，吸汁によって生育に影響を与えるだけでなく，ウイルス病を媒介する．

(6) 収穫後生理と鮮度保持

ユリの切り花は水揚げがよいので，切り戻して水切りする．エチレンに対する感受性は，オリエンタル系とテッポウユリに比べて，アジアティック系の方がやや高いので，STSや1-MCP処理が行われるが，品質保持効果は小さい．そのため，夏季のような高温となる条件下では著しく鮮度が低下するので，出荷前に予冷を行い，高温期は10℃程度，それ以外の時期は5℃程度で冷蔵して，ダンボール箱を利用した乾式輸送が行われている．ユリの切り花では葉が黄化しやすいが，ジベレリン処理（10ppm）で抑制できる．

4．カーネーション

1）種類と分類

(1) 原産と来歴

カーネーションはナデシコ科ナデシコ属の植物である．ナデシコ科は85属約2,600種からなる大きなグループであり，その中のナデシコ属（*Dianthus*）には約300種がある．ナデシコ属の植物には，カーネーションと直接交雑が可能な種や，胚救出などを行えば交雑可能な種が多数あり，貴重な遺伝資源である．これまでに，萎凋細菌抵抗性品種の育成や新しい花形の作出にナデシコ属の原種が活用されている．

カーネーションは，切り花の他に鉢花としても広く利用されている主要な花卉の1つである．現在のカーネーションには *Dianthus caryophyllus* L. の学名が与えられているが，長い栽培と交雑の歴史を持つ人工交配種の総称である．したがって，*D. caryophyllus* L は野生状態に存在しないが，その起源は地中海沿岸地域にある．最も古いカーネーションの記録はギリシャ時代にさかのぼることができ，16世紀には育種が始められて，17世紀には多数の交配品種が成立している．*D. caryophyllus* は本来7～8月に開花する一季咲きであったが，19世紀半ばにフランスで四季咲き性品種が育成された．この四季咲き性品種の成立には，セキチク（*D. chinensis* L.）が関与しているとされている．四季咲き性に加えて，茎の剛直な品種が育成され Tree Carnation と呼ばれるようになった．その後，育種の中心はアメリカに移り，多くの営利品種が育成された．わが国には1907年頃，福羽逸人（☞『園芸学』第1章）により新宿御苑の温室にカーネーションが導入された．1909年には東京で，澤田により初めてカーネーションの切り花生産が試みられた．1939年にアメリカの育種家シムが‘ウイリアムシム’を育成，以後この品種を元に，枝変わり，交配種を含め300以上のシム系品種が生み出され，長らく切り花カーネーション品種の主流となった．その後，再び育種の中心はイタリア，フランスなどに移り，シム系品種とは異なる新たな品種群が育成され，これらは地中海系品種と呼ばれている．スタンダード系に加えて後述のスプレー系品種が増えるに伴い，現在は地中海系品種が多くなっている．

(2) 種類と品種

現在のカーネーションは，1茎に1花のみ咲かせるスタンダードタイプと，1茎に多数の花を咲かせるスプレータイプに大別される．切り花用品種と鉢物用品種があって（図2-52），それぞれがさらに花形や花の大きさからいくつもの品種群に区別されている．これらはすべてが栄養繁殖性品種であり，挿し穂（苗）として供給される．

世界の花卉市場ではおおよそ700品種が商業的に扱われ，毎年200以上の新品種が市場に投入される．そのため品種の変遷は激しく，ブランド化と多様化が同時進行している．現在の主要な品種は表2-6の通りである．カーネーションの主要品種の育成者は，ほぼすべてオランダなどの外国の企業であり，国内育成品種のシェアは少ない．

その他のナデシコ属植物，例えばセキチク（*D. chinensis* L.）をベースとした切り花用品種群もあるが，これらには種子繁殖性の品種と栄養繁殖性の品種がある．市場ではダイアンサスまたはナデシコとして取り扱われる．主なものに，美女ナデシコ系，カワラナデシコ系，セキチク系（花壇苗）品種群がある．ただし，ナデシコ属野生種とカーネーションが交雑され，カーネーションに戻し交配された品種群は，スプレーカーネーションの一部として取り扱われている．

図2-52　カーネーション品種のタイプ

左：スタンダードタイプの切り花，中：スプレータイプの切り花，右：ポットカーネーション．

表 2-6　日本におけるカーネーションの主要品種の変遷

	スタンダードタイプ		スプレータイプ	
順位	2009 年	2002 年	2009 年	2002 年
1	マスター（赤）	フランセスコ（赤）	チェリーテッシノ（複色）	ライトピンクバーバラ（ピンク）
2	ネルソン（赤）	ネルソン（赤）	バーバラ（ピンク）	ピンクバーバラ（ピンク）
3	エクセリア（赤）	シルクロード（白）	ライトピンクバーバラ（ピンク）	グエンシイエロー（黄）
4	フランセスコ（赤）	ノ　ラ（ピンク）	レッドバーバラ（赤）	チェリーテッシノ（複色）
5	シルクロード（白）	ピンクフランセスコ（ピンク）	ライットピンクテッシノ（ピンク）	ロイヤルグリーン（グリーン）
6	プラドミント（グリーン）	エクセリア（赤）	アメリ（黄）	ホワイトバーバラ（白）
7	こまち（複色）	ジュリエットローズ（ピンク）	ライトクリームキャンドル（黄）	レッドバーバラ（赤）
8	アメリカ（赤）	レイチェル（赤）	ウエストダイアモンド（ピンク）	ダークピンクバーバラ（ピンク）
9	マーロ（ピンク）	ガ　ル（ピンク）	ピンクバーバラ（ピンク）	キャンドル（黄）
10	ジュリエットローズ（ピンク）	テラノバ（橙）	トレンディウテッシノ（複色）	テッシノ（ピンク）

（3）形態的特徴

カーネーションの葉は対生し，単葉，全縁である．茎の節部分はやや肥厚し，茎葉全体にクチクラワックスが発達して青緑白色を呈するのが特徴である．

カーネーションの花は，頂生で単生する．頂花より直下の数節からは，ほとんどの品種で，対生する葉の腋芽の片側 1 つのみが側枝として発達して，その頂部が花となる．側枝の花をすべて取り除いたものがスタンダード仕立てであり，側枝をそのまま開花させるとスプレー仕立てとなる．花器官の基本数は 5 である．萼は下部が癒合して筒状となる．花弁は離弁で多くの品種で多弁化しており，このため，しばしば雄蕊が未発達である．子房は上位で 1 室，独立中央胎座で多数の胚珠があるが，一般にカーネーション品種の種子生産量は低い．

多年草であるが，多くの温帯性宿根草とは異なり，地下部に吸枝（越年芽）を形成しない．開花後の株を切り戻してそのまま栽培すると，地表近くの下位節の

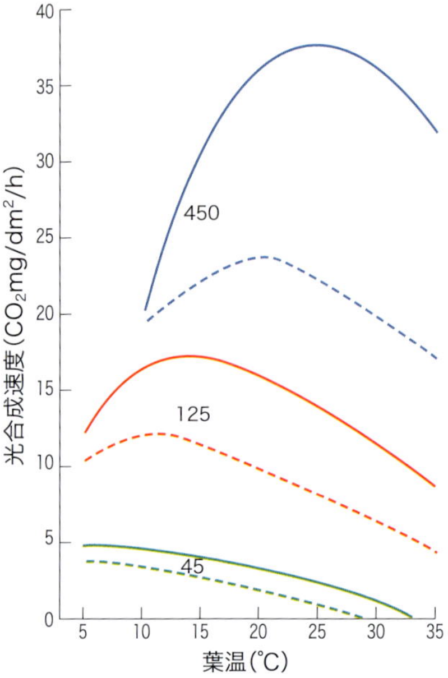

図2-53　温度，光強度，炭酸ガス濃度がカーネーションの光合成に及ぼす影響

図中の数字は光量(PAR W/m²)，実線は炭酸ガス濃度1,500vpm，破線は350vpmのときの光合成速度(CO_2mg/dm²/h)を示す．(Enoch, H. Z. and Hurd, R. G., 1977)

腋芽が発達して新しい枝（シュート）となる．

2）生理生態的特性

(1) 栄養成長

カーネーションの切り花生産では挿し穂を栽培の出発点とするため，幼若期に当たる真の栄養成長相はほとんどないと考えられる．実際の栽培体系の中で，苗定植後の生育期前半は栄養成長が主で，後半は栄養成長と生殖成長が混在する．

カーネーションの光合成速度は，多くの植物同様,基本的に光強度が増すほど，また炭酸ガス濃度が増すほど上昇傾向を示す（図2-53）．光合成適温から見た生育適温は，20℃から25℃程度と考えられ，多くの温帯性温室花卉の中ではやや冷涼な温度条件が適している植物である．このため，実際の切り花生産では栽培施設の換気温度が低めに設定されている．また，切り花の茎を剛直にするために朝から換気されるので，積極的に施設内に炭酸ガスが施与されることはない．

(2) 開花習性

カーネーションは，開花に関して相対的長日植物の性質を持つ．植物体の軸上では，まず初めに茎頂に花芽が形成される．その後，上位の節から発生する側枝ほど少ない節数で早期に花芽形成される．短日条件下では，長日条件下に比べて花芽形成節位が上昇し，分枝の形成が促進される（図2-54）．植物が光を情報として受け取る光周性反応は，光の強さより質が大きく関与しており，長日植物の光周性反応には遠赤色光が重要な役割を果たしていることが明らかになりつつある（☞『園芸学』第4章）．カーネーションにおいても，人為的な長日処理によっ

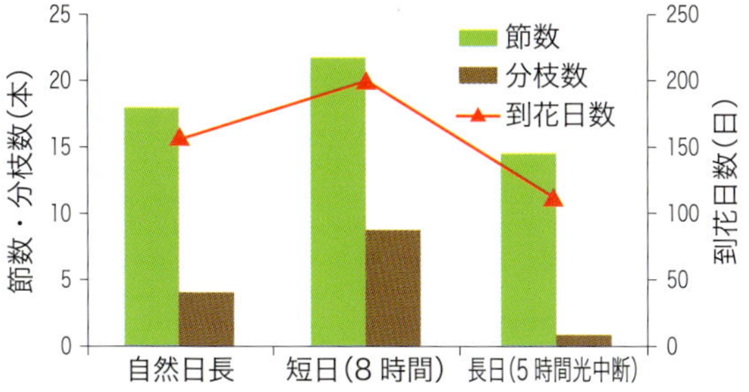

図2-54　日長条件がカーネーションの花芽と分枝の形成に及ぼす影響
品種'ホワイトシム'，北緯 45°で 6 月下旬より実施．（Heins, R. D. and Wilkins, H. F., 1977 から改変）

て開花が早まることは古くから知られている．ただし，カーネーションでは栄養成長と生殖成長が長期にわたり混在して切り花生産が行われるので，長日処理の実用的意味は限定的である．

カーネーションの切り花の生産量は，栽培期間中の総受光量に依存している．このため，夏場の定植直後一時期を除き，一般に温室の遮光は行われない．冬切り栽培の場合，晩秋から初冬の日照不足は，特にスプレーカーネーションにおいて，蕾が枯死して脱落（アボーション）を起こすことがある．

3）生産と流通

(1) 作　　型

わが国におけるカーネーション切り花生産の作型は，冬切り栽培と夏切り栽培に大別される．

冬切り栽培は，冬場の日照条件に恵まれ，気温の低下の少ない西南暖地を中心に行われる．6 ～ 7 月に定植し，後述の 1 回半ピンチを行って，10 ～ 11 月から翌年 5 ～ 6 月まで連続して切り花を収穫する．さらに，初夏に株を切り戻して，同じ株で 2 年間収穫する 2 年切りの作型も一部で見られる．

一方，夏切り栽培は，夏季が高温にならない北海道および高冷地で行われる．2 ～ 5 月に定植し，定植が早い場合は 1 回半ピンチ，遅い場合は 1 回ピンチを行って，6 月から 10 月までの比較的短期間に切り花を収穫する．

(2) 苗 生 産

カーネーションは，苗生産と切り花や鉢物などの成品生産の分業が最も確立した花卉の1つである．現在，わが国において種苗商から供給されている苗は，すべて茎頂培養由来の無病苗を母株として，苗専業生産者によって生産されている．カーネーションは栄養繁殖性であるため，ウイルス病がかつて問題となり，茎頂培養によるウイルスフリー株の生産が研究されて，わが国では1970年代に実用化された．成長点近傍組織（茎頂，図2-55a）を無菌的に切り出して培養することで，ウイルス濃度がきわめて低い植物体を育成できる茎頂培養法は，カーネーション以外の栄養繁殖性園芸作物にも広く利用されている．

商業的に流通している品種は定期的に茎頂培養にかけられ，その培養苗（図2-55b）由来の健全な母株が原々種として用いられている．苗専業生産者によりアブラムシなどによるウイルス再感染を防いだ厳密な管理下で母株が増殖され，挿し穂苗が生産されている．生産された苗が早期に花芽を形成しないよう，母株は低い位置でのピンチが繰り返して行われ，栄養成長状態の挿し穂が生産されている（図2-55c，d）．なお，このような栄養繁殖が行われている間に，品種の形

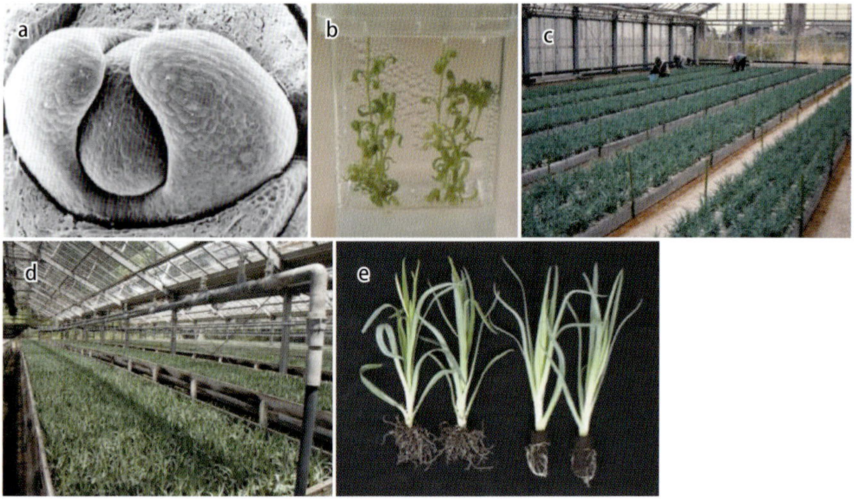

図2-55　カーネーションの苗生産
a：茎頂，b：培養苗，c：苗生産業者，d：ミスト下での発根，e：砂上げ苗とプラグ苗．

質がどの程度変化（突然変異を含む劣化）するのかについての正確な情報はなく，実際の品種の寿命は，市場の需要によって決定されている．

切り花生産の出発点となる定植苗（図 2-55e）は，母株のシュート先端を折り取り，挿し芽して発根させた苗である．苗の供給形態として挿し穂（発根していないもの）と挿し芽苗（発根しているもの；砂上げ苗）がある．近年は，セルトレイに挿し芽して発根させたセル苗も増加しつつある．

（3）定植と栽植密度

カーネーションは土壌伝染性の病害に罹病しやすいので，わが国では温室の地床に直接定植することはほとんどない．作業性などを考慮し，幅 70 ～ 80cm 程度のベンチ（培土が施設の床土から分離しているもの）またはベット（施設の床土と培土がつながっているもの）を敷設し，そこへ定植する．土壌伝染性の病害を防ぐため，定植前に土壌消毒を実施する．土壌消毒の方法には，薬剤による方法と蒸気消毒による方法がある．薬剤による土壌消毒は，クロルピクリン剤，ダゾメット剤などの土壌燻蒸剤が用いられる．ビニルなどで土壌表面を覆って薬剤処理をし，処理後ガス抜きをしてから苗を定植する．比較的規模の大きな施設では，温湯暖房施設を活用した蒸気消毒が行われる（図 2-56 左）．蒸気消毒は，土壌中に十分蒸気が行き渡るよう土が乾燥した状態で始めるのが望ましい．土壌温度が 100℃に達してから 10 分程度で消毒が完了する．

カーネーションの収量構成は，栽植密度× 1 株当たりの切り花本数であり，

図 2-56　蒸気による土壌消毒（左）と反射マルチを敷設したベンチへの定植（右）

これに切り花品質が加味される．栽植密度は，施設面積の利用効率を約60%として，施設の床面積当たりで20～25株/m^2とする．灌水設備の埋設，株への日照を考慮して，ベンチの中央部分に苗を植え付けない，中抜き栽植の方法をとることが多い．この中抜き栽植の方法は，生育後半にも株全体に光が当たり，高品質な切り花を生産するために合理的な方法である．

定植する土壌の表面に反射マルチを敷設する技術が広く普及している（図2-56右）．この反射マルチは，定植時期の地温の過度の上昇を防ぎ，土壌の水分状態を安定させる作用とともに，床面から反射する光線で光合成効率を高める作用が期待できる．

(4) 整　　枝

カーネーションは，株の仕立て方によって切り花の収穫時期が調整される．生育の中盤より栄養成長と生殖成長が1株の中に混在し，しかもたくさんの側枝が発生するため，整枝技術が収穫時期と収量および品質を左右する．

6～7月頃に定植したのち，苗の主軸の頂部を1回だけ切除する（ピンチする）方法を1回ピンチ法，1回目のピンチ後に伸長した側枝をすべて再びピンチする方法を2回ピンチ法と呼び，その中間的なピンチ法を1回半（ワンハーフ）ピンチ法と呼ぶ．最も標準的な仕立て方は，1回半ピンチ法（図2-57）である．

西南暖地における整枝の手順は，定植3週間後，主軸に5～6節残して第1回目のピンチを行う．7月中旬には1株当たり4～5本の側枝に整枝し，9月

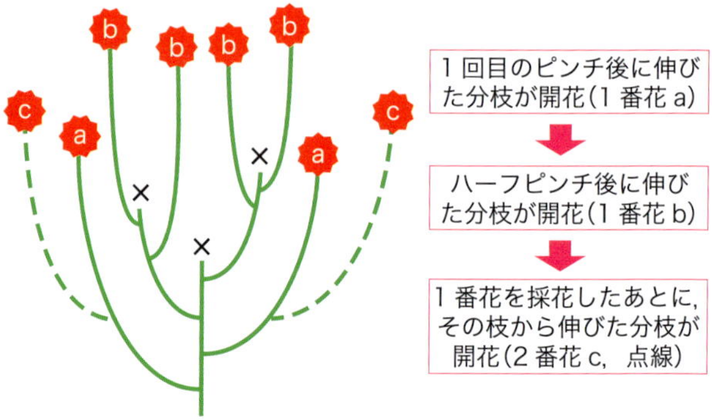

図2-57　整枝方法と開花順序

上旬にこのうち成長の早い２本について時期を変えて，下から６～８節付近で側芽のある位置でピンチする．すべての側枝をピンチするのではなく，半分程度の数の側枝のみをピンチするため，この作業をハーフピンチと呼ぶ．こうした整枝方法を行うことにより，伸長したの枝の収穫日（開花期）は順次ずれて（図2-58），施設内の切り花生産が平均化されて連続的に収穫される．このハーフピンチの実施時期が早すぎると，ピンチしない枝との収穫日の差が小さくなり，開花期が集中してしまう．

夏切り栽培でも，定植時期が早い作型では１回半ピンチを行うが，定植時期が遅くなれば１回ピンチのみで切り花を収穫する．

図 2-58　時期別のカーネーションの草姿
左：７月下旬．第１回目のピンチ後の側枝の伸長時期．中：10 月初旬．１番花の開花始めの時期．右：２月中旬．連続的に開花が進行する中で，１番花の採花後に伸びた側枝が伸長しており，これが母の日の切り花となる．

(5) 温度管理

カーネーションは１作の栽培期間が長く，西南暖地の冬切り栽培の場合，秋冬季に栄養成長を促して，最大需要期である５月に収穫のピークを誘導するため，冬季の温度管理が重要となる．冬切り栽培の場合，６～７月頃の定植後からしばらくは高温期に当たるので，施設内の温度をできるだけ低く抑えるよう，換気と通風を図る．秋以降，施設内の温度が 15℃を下回る時期を目処に暖房を始める．冬場の暖房設定温度は 12 ～ 14℃としている場合が多い．カーネーションは冷涼な気温が好適であり，冬季といえども換気設定温度を20℃程度に設定する．高昼温，低夜温に設定するとDIF（☞『園芸学』第6章）の影響が強く出て，草丈は伸びるが茎が軟弱となり，品質が低下する．近年の燃油高騰を受けて，日没後加温（end of day heating，EOD）などの検討がなされているが，普及技術にはなっていない．

(6) 灌水と施肥

植物に点滴給液などで断続的に少量の液肥を与える灌水同時施肥栽培（養液土耕栽培）は，広範な園芸作物で実用化している．カーネーションでも同様の栽培方法を用いることで，切り花本数や品質の向上が図られている．灌水と施肥を自動化するためには，対象作物の時期別の水消費特性と肥料吸収特性を知る必要がある．

カーネーションの水消費量は，植物体の大きさ（葉面積）と日射量によりほぼ決定される．7月定植の冬切り栽培の場合，定植直後で植物体が小さく，かつ高温ストレス状態である8月の水消費量は1.78～2.25mm/株と少なく，10月は2.82～3.17mm/株に増加し，日射量の小さい1月は2.17～2.76mm/株となり，葉面積も増大し日射量も大きくなる5月は5.01～5.77mm/株と水消費量は大きくなる．定植直後から収穫打切り時までの総水消費量は，スタンダードタイプの‘ノラ’で33～35L，スプレータイプの‘バーバラ’で約30Lであると報告されている．

カーネーションは，定植後から収穫末期まで植物の生育量と比例してほぼ直線的に肥料成分の吸収が継続する．養液土耕により総水消費量30L，N：P_2O_5：K_2O＝15:6.5:12.5の液肥をN 100ppmの濃度で給液栽培したスプレーカーネーションの例では，生育期間中に1株当たり窒素2,807mg，リン酸494mg，カリウム3,667mg，カルシウム1,616mg，マグネシウム321mg吸収したことが報告されている．

実際の栽培では，これらのデータに肥料利用効率，施設の土壌乾燥特性を考慮して，養液濃度と給水量が決められる．養液土耕栽培は，植物が必要とする養水分を必要な分だけ与えるという合理的施肥管理と灌水の自動化を達成しようとするものであるが，一方で，カーネーション切り花栽培の施設土壌には，吸収しきれなかった肥料が蓄積（塩類集積）している実態も報告されている．

(7) 採　　花

スタンダードタイプの品種では頂花蕾以外の側花蕾を，スプレータイプの品種では頂花蕾のみを，小豆大の大きさになった時点で摘蕾する．採花は，スタンダードタイプの品種では満開手前で，スプレータイプの品種では２輪開花時に行うが，切り前（採花する花の最適ステージ）は市場の要求により異なる．１番花は腋芽のある位置で採花し，２番花は分枝した位置で切る．

(8) 主な生理障害

萼割れ…萼割れは，開花時に萼筒の一部が縦に割けて花形が乱れる現象である．大輪系品種で発生しやすいが，現在は萼割れの起きない品種が主流である．生産者は必要に応じて，蕾の段階でテープを巻いて萼割れの発生を防止する．蕾の段階で萼筒を切除し大きく花弁を展開させるレリシアスタイルという花の仕立て方は，萼割れから着想されたものである．

萎縮叢生症…萎縮叢生症は，正常に生育している茎葉が途中から多数の側芽を発生させて成長を停止する症状である．この症状の発生には，高温，水分過多などが引き金になることが知られているが，真の原因は不明である．

(9) 主な病害虫

カーネーション生産における最も重要な病気は，立ち枯れ症状を起こす土壌伝染性病害である．主なものに，萎凋細菌病（*Burkholderia caryophylii*），萎凋病（*Fusarium oxsporum*）などがある．いずれも発生後の対処は難しく，前述の土壌消毒が最も効果的な予防方法である．

カーネーションの害虫としては，イチモジヨトウ，オオタバコガなどがあって，これら夜蛾類の幼虫が，新芽や花蕾を食害する．夜蛾の侵入・産卵防止に黄色防蛾灯が有効であることが明らかにされ，広く実用化している．ダニ類およびスリップス（アザミウマ）類は，他の園芸作物と同様，カーネーションの主要な害虫である．これらに対しては，農薬を使用する化学的防除がなお主流であるが，物理的・生物的防除を統合した総合防除（IPM）の取組みも検討されている（☞『園芸学』

第11章).

(10) 収穫後生理と鮮度保持

品質保持特性…カーネーションの花弁の老化には，内生エチレンが強く関与している．開花後一定の時間が経過すると雌蕊からわずかなエチレンが生産され，それをきっかけに花弁で自己触媒的エチレン生産が起こり，花弁は急速に老化，萎凋する．エチレンの生合成はすべての植物に共通し，アミノ酸の一種であるメチオニンを前駆物質として，S-アデノシルメチオニン（SAM），1-アミノシクロプロパン-1-カルボン酸（ACC）を経てエチレンが生産される．この生合成系において，SAMをACCに変換するACC合成酵素（ACS）と，ACCをエチレンに分解するACC酸化酵素（ACO）がキーエンザイムである（☞『園芸生理学』第7章）.

カーネーション切り花の鮮度保持において，エチレン生産を効果的に抑制する薬剤が開発されている．チオ硫酸銀錯体（silver thiosulfate anionic complex, STS）や1-メチルシクロプロペン（1-MCP）は，エチレンの受容体と結合することでエチレンの自己触媒的増加を効果的に抑制する．

一方，エチレン低生産性および低感受性品種の育成も進んでおり，2005年にわが国で開発された‘ミラクルルージュ’，‘ミラクルシンフォニー’という品種は，ほとんどエチレンを生産せず，STSや1-MCPを処理しなくても4週間程度，切り花品質が保持される．

品質保持剤の処理方法…切り花の収穫後，生産者によって処理される薬剤は前処理剤，流通・観賞段階で処理されることが期待される薬剤は後処理剤と呼ばれる．

ほとんどの前処理剤は，STSを主成分としたもので，所定の希釈倍数に薄め，水揚げを兼ねて，収穫後の切り花に数時間から1晩吸収させる．STSの吸水量は，薬剤濃度，処理時間，処理温度，切り花の含水量により左右される．スプレータイプではSTS過剰吸収による枝折れなどの薬害が発生することがある．

市販されている後処理剤は，主成分が抗菌剤と糖である．生け水中にバクテリアが増殖すると導管閉塞を起こして吸水が妨げられるので，品質保持期間を短くすることから，抗菌剤が使われる．また，植物体から切り離された切り花にとって，外生的に与えられる糖は花弁の展開を促進し，赤・ピンク系品種の花弁のア

図 2-59　糖の入った生け水で湿式低温貯蔵されて出荷を調整されるカーネーションの切り花

ントシアニン生合成を促進する．このため，有効な後処理剤で生けられたカーネーションの切り花は，花径が大きくなり花色が鮮やかになる．

流通と貯蔵…通常の流通過程では，生産者が収穫後水揚げを兼ねて前処理剤を処理したのち，箱詰めして輸送される．市場でのせりを通り，切り花後３～４日で小売商に渡って，再び水揚げ処理される．しかし，カーネーションの需要には波があり，特に母の日という需要特異日に合わせるため，収穫後の切り花が箱詰めのまま冷蔵されることがある．このようにして輸送，貯蔵されると，最大需要時期に品質の低い切り花が流通する可能性もある．今日では，切り花の流通過程全体にわたって，湿式輸送と呼ばれる，切り花に水を供給しながらが輸送する方法がバラなどを中心に広く普及している．こうした流通方法の変化を受け，カーネーションの切り花を糖の入った液に生けた状態で低温保存し，需要に合わせた出荷が行われている．貯蔵中に適切な糖を付加された切り花は，その後の品質保持が良好であり，低温貯蔵がネガティブな意味合いから，積極的な糖付加を行う期間としての意味も持つようになっている（図 2-59）．

（11）切り花の生産状況

わが国におけるカーネーションの切り花生産は，第二次世界大戦後順調に増加し続けてきたが，1990 年（平成２年）頃をピークとして減り始め，現在も減

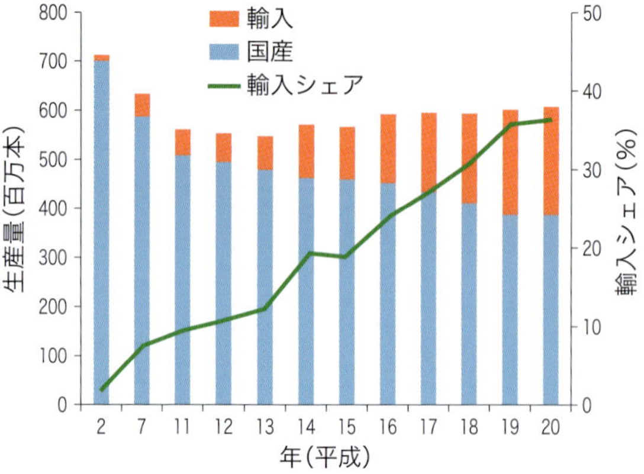

図2-60　わが国のカーネーションの生産量，輸入量および輸入シェアの変遷
（日本花普及センター：『フラワーデータブック2009』のデータより作図）

少が続いている（図2-60）．2008年（平成20年）の切り花用カーネーションの作付面積は412haで，約3億9,000万本の切り花が生産され，市場取扱額は144億円である．わが国の切り花全体では，生産額でキク，バラ，ユリに次いで第4位，生産量（本数）ではキクに次いで第2位の，重要な品目の1つである．

平成22年度の統計によると，カーネーションの冬切り産地としては，愛知，兵庫，千葉，長崎の4県が主産地で，切り花本数で全国生産の43％を占めている．夏切り産地としては，北海道と長野県が主産地で，合わせて同29％の切り花本数を占めている．

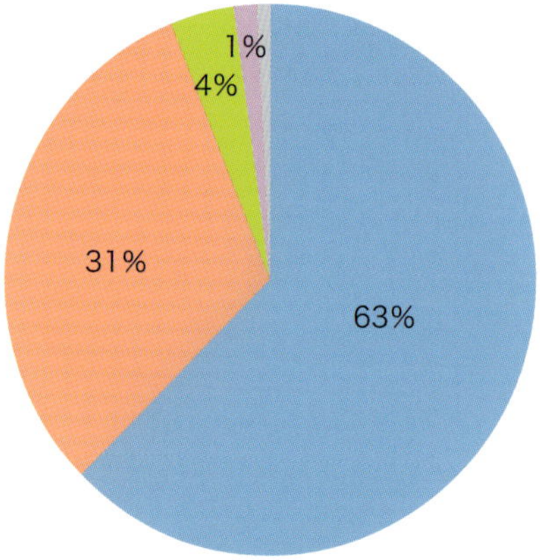

図2-61　カーネーション切り花の輸入元
■：コロンビア，■：中国，■：ベトナム，■：エクアドル．（日本花普及センター：『フラワーデータブック2009』のデータより作図）

（12）切り花の輸入

1990年頃から国内生産の減少を補う形でカーネーション切り花の輸入量が急速に増加している（図2-61）．主な輸入元は南米のコロンビアとエクアドル，およびアジアの中国とベトナムである．いずれの国

でも，熱帯高地の冷涼な気候を生かした産地があり，輸出に向けた大規模な切り花生産が行われている．南米の切り花の主な輸出先は北米であり，日本市場の比重は小さい．一方，アジアの産地はほとんどが日本向けの生産であり，今後も増加が見込まれている．仏花用花束に使われる赤色のスタンダードタイプは輸入品で支えられており，表 2-6 のスタンダードタイプの 1 位の品種‘マスター’（赤）は中国から，2 位の品種‘ネルソン’（赤）はコロンビアから輸入されたものである．国内のカーネーション切り花の総需要量は過去 10 年間ほど，ほぼ横ばいとなっているので，輸入品の比率が年々高まっている．

（13）消費特性

わが国のカーネーションの出荷は，5 月に大きな出荷のピークがある（図 2-62）．これは，母の日需要と，それに合わせて作型が構成されているためである．切り花 1 本の平均単価は約 40 円で，年間を通してほぼ安定しているが，カーネーションの最大需要日である母の日前の週は，せり，相対ともに月平均単価の数倍の値で取引きされる．

現在の市場入荷量におけるスタンダードタイプとスプレータイプの比率は，ほぼ 1：1 である．それぞれの花色構成を見ると，スタンダードタイプは赤が主で，ピンクと白を合わせて 3/4 を占める（図 2-63）．一方，スプレータイプでは，ピンクと複色系が多い．これは，スタンダードタイプの赤花が仏花用花束の重要

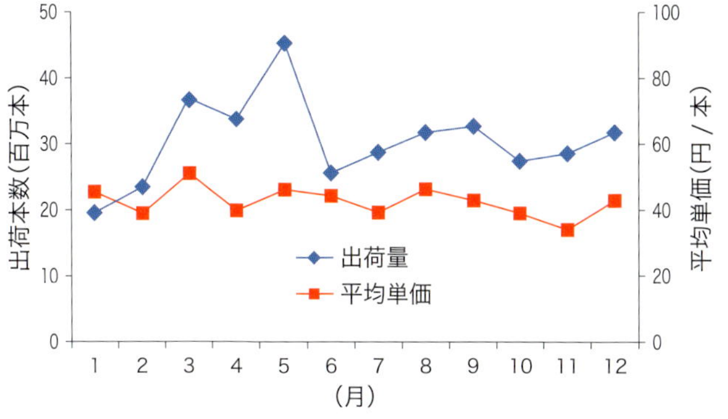

図2-62　わが国のカーネーション切り花の月別出荷本数と単価
（日本花普及センター：『フラワーデータブック 2009』のデータより作図）

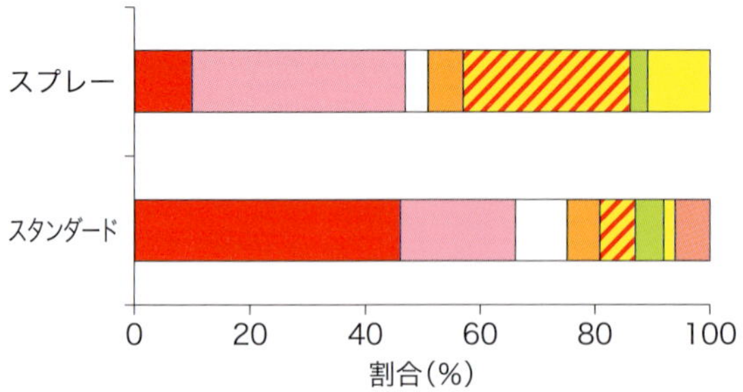

図2-63　スタンダードタイプとスプレータイプのカーネーション品種の色の割合
■：赤，■：ピンク，□：白，■：オレンジ，▨：複色，■：緑色．（宇田　明，2010を改変）

な構成要素の1つとなっていることと，冠婚葬祭需要が多いためである．一方，スプレータイプはホームユースを含めた花束需要が多く，明るく多様な花色が求められているためである．

第3章 主要切り花類

1．洋ラン類

1）種類と分類

(1) 主な種類

ラン科植物は熱帯地方を中心に世界中に約750属，2～2.5万種が分布している．原種に加え，種間交雑や属間交雑が盛んに行われ，人工的につくられた属と種も加えると3万種にのぼる．わが国にもラン科植物がいくつも自生しているので古くから観賞されていて，東洋ランと呼ばれている．洋ランとは，明治維新期以降に欧米から導入されたラン科植物を指すが，その原産地は西洋ではなく，アジアを含む熱帯地域であるものが多い．わが国において，ラン科植物の商品流通のうえでは洋ランの占める割合が大きいものの，セッコクなどの東洋ランもまとめて扱われる．

洋ラン類は，切り花としての生産，消費が多いが，鉢物としての利用も多い．わが国で人気の高い主な洋ラン類としては，カトレヤ（*Cattleya* spp.，熱帯アメリカ原産），シンビジウム（*Cymbidium* spp.，熱帯アジア～オセアニア原産），デンドロビウム（インド～中国南部原産の *Dendrobium nobile* と，熱帯アジア～オセアニア原産の *D. phalaenopsis*），オンシジウム（*Oncidium* spp.，熱帯アメリカ原産），パフィオペデルム（*Paphiopedilum* spp.，熱帯アジア原産），ファレノプシス（*Phalaenopsis* spp.，熱帯アジア原産），バンダ（*Vanda* spp.，熱帯アジア原産）があげられる．東洋ランは切り花として利用されることは少ないが，なじみの植物が多い．主な種類としては，エビネ類（*Calanthe discolor*），シュンラン（*Cymbidium goeringii*），クマガイソウ（*Cypripedium japonicum*），セッコク（*Dendrobium moniliforme*），サギソウ（*Habenaria radiata*），フウラン（*Neofinetia falcata*），トキソウ（*Pogonia japonica*），ネジバナ（*Spiranthes sinensis* var. *amoena*）などがある．ラン科植物は昆虫とともに進化してきた虫媒花が多く，多種多様な形態を持っていることから，エングラーの分類大系では被子植物の中で最も進化した植物と位置付けられている．

ラン科植物は，生育場所によって，着生ランと地生ランと腐生ランに分類される．地生ランは地面に生息しており，サギソウなどがある．腐生ランは菌根菌の豊富な林床などに生息しており，オニノヤガラなどがある．着生ランは主に岩場や腐植質のある樹の枝や幹に根を張って付着し，ファレノプシスなどがある．

多くのランは雄蕊と雌蕊が合着した蕊柱という器官を持ち，蕊柱の先端にある花粉塊を昆虫に付着させて他家受粉を行う．オフィリス属（*Ophrys*）やドラケア属（*Drakaea*）では，メスバチに擬態した花に進化し，オスバチを呼び寄せるという特徴がある．花の形態の特殊性と多様な美しさ，優美な香りなどから，ラン科植物は観賞園芸上，最も重要な種類の１つとなっている．しかし，その商品価値の高さと人気から過度の園芸的利用によって自生地が減少しており，絶滅危惧種に指定されて，ワシントン条約などで国際取引が規制されているものも多い．

（2）主な切り花用洋ラン類

市場流通している主な洋ラン類としては前述の７属８種があげられるが，切り花用として流通しているのは，デンドロビウム･ファレノプシス（デンファレ），シンビジウム，オンシジウムが多く，次いでファレノプシスとカトレヤが多いが，デンドロビウム・ノビル，パフィオペデルム，バンダは少ない．このような理由から，本書では切り花用として利用されている主な洋ラン類について解説することとして，その他の種類は必要に応じて解説することとした．

デンドロビウム・ファレノプシス（デンファレ系）…*Dendrobium phalaenopsis* を中心に，*D. bigibbum*，*D. canaliculatum* や *D. discolor* などとの交雑により，多花性で花色に富み，日持ちのよいデンファレ系の園芸品種が育種されてきた．*D. phalaenopsis* は東南アジアのティモールおよびオーストラリア北部原産であり，19 世紀後半にヨーロッパに導入された．他のデンドロビウム属の種と異なり，*D. phalaenopsis* は花序が長さ 50 ～ 60cm に弓状に伸びて 10 ～ 20 花を着けるため，切り花向きである．主にインドネシア，シンガポール，タイ，ハワイなどで育種が行われてきた．

シンビジウム…約70種がインド，東南アジア，東アジアからニューギニアやオーストラリアまで広範囲に分布している．生態も，着生，半着生，地生，さらには腐生と幅広い．主に東南アジア原産の *Cymbidium insigne*，*C. eburneum*，*C. lowianum* などの種間交雑から育成された品種が切り花や鉢物として利用されている．イギリスやアメリカで大輪系の育種が行われ，三倍体および四倍体の大輪系品種も作出されている．シュンランやカンランは，東洋ランとして親しまれているシンビジウムの地生ランである．

オンシジウム…熱帯～亜熱帯アメリカに分布している．原種は約400種あり，人工交雑でつくられた種は1,000種以上が登録されている．切り花用として，ブラジル原産の *Oncidium varicosum*，*O. marshallianum*，*O. forbesii* らの交雑系統などが利用されている．*O. forbesii* と *O. varicosum* の交雑系統である'Boissiense' や *O. flexuosum* と *O. kanoa* の交雑系統である'Milky Way'などをはじめ，多くの切り花用品種が育成されている．

ファレノプシス…約50種が東南アジア，インド，オーストラリア北部，中国南部に分布している．日本では花の姿をチョウに見立てて，胡蝶蘭の名で親しまれている．自生地では樹皮などに根を広げて着生し，葉は下垂する．白系の重要な交雑親である *Phalaenopsis amabilis* の原産地はオーストラリア北部からニューギニアである．桃色系の主要な交雑親である *P. schilleriana* はフィリピン原産である．ファレノプシスに近縁で東南アジアに分布する *Doritis* は濃紅紫色の花を持つことから，*Phalaenopsis* と *Doritis* との人工属間交雑による× *Doritaenopsis* 属には赤色系の品種群があり，鉢物や切り花として利用されている．

カトレヤ…約80種が中央～南アメリカの熱帯に分布する．ブラジル原産の *Cattleya labiata* をイギリスで最初に栽培に成功したCattley氏の名に因んで属名が付けられた．リンコレリア属（*Rhyncholaelia*）やレリア属（*Laelia*）との人工属間交雑による× *Rhyncholaeliocattleya* 属（*Rlc.*）や× *Laeliocattleya* 属（*Lc.*）なども19世紀から広く利用されている．近年，国際植物命名規約によるカトレヤ類原種の分類が大幅に変更されたため，交雑種の属名も変更となっているので，注意が必要である．

（3）原産と来歴

熱帯性の洋ラン類は，18 世紀から英国王立キュー植物園を中心にヨーロッパに導入された．1789 年には *Epidendrum fragrans* など 15 種がキュー植物園で栽培されている．19 世紀には園芸協会（現・英国王立園芸協会）が設立され，ヴィーチ商会などの種苗業者が取り扱い始めて，貴族などを中心に人気が出た．日本へは明治期に導入され，福羽逸人（☞『園芸学』）が新宿御苑の温室でシンビジウムやオンシジウムを栽培したのを端緒として，皇族や華族の間で愛好されるようになった．第二次世界大戦後，実生苗やメリクロン苗による大量生産が拡大し，洋ラン類が園芸産業の重要な品目として成立した．

ラン科植物において初めての属間雑種は 1856 年にヴィーチ商会のドミニーによってつくられてから，たくさんの人工的につくられた種と属が増えていった．

イギリスのサンダー社が 1895 年からラン科植物の交雑種の登録制度を始めた．1961 年から英国王立園芸協会が引継ぎ，世界中のラン交雑種はこの「サンダース・リスト」に登録されており，交雑の系図を原種まで知ることができる．

図 3-1　代表的な洋ラン類
a：デンファレ系，b：シンビジウム，
c：オンシジウム，d：ファレノプシス，
e：カトレヤ．

ラン科植物は他の植物と異なり，分類のために「属名＋交配（グレックス）名＋‘個体名’＋入賞記録」を表記する．例えば，*Cattleya* Irene Finney ‘York’ AM/AOS（図3-1e）は，カトレヤ属の Irene Finney というグレックス（群）の中の ‘York’ という個体で，米国ラン協会の Award of Merit（採点：80 ～ 89 点）を受賞していることを示す．

（4）形態的特徴

ラン科植物のシュートの形態は，主軸のシュートのみが成長する単茎性と，1 つの株に複数の茎を着ける複茎性（多茎性）（図 3-2）に大別される．ファレノプシス，バンダやバニラ（*Vanilla* spp.）は単茎性で，茎頂のみから新葉を展開する．ファレノプシスは主茎に葉身を互生する．

デンドロビウム，シンビジウム，オンシジウムおよびカトレヤ類は複茎性で，シュートが開花期に入ると茎の成長を止め，株元から側枝が発生する．茎の基部に貯蔵養分を蓄える偽鱗茎（pseudobulb，通称バルブ）や根茎を形成する．デンドロビウムは茎の多くの節から葉身を展開し，各節が肥大し，太い茎を形成す

図 3-2　複茎性ランの構造
左：シンビジウム，右：カトレヤ．

る．カトレヤ類は成熟したバルブ(バックバルブ, backbulb)から匍匐茎を伸ばし, 先端に新芽(リードバルブ, leadbulb)が出現する．1茎に1葉または2葉を展開し, バルブが肥大, 充実する．バックバルブは貯蔵器官として働き, 不良条件下でリードバルブに養水分を供給する．

ほとんどのラン科植物では根にベラーメン（velamen，根被）を持ち，共生菌が共生することが多く，養水分を吸収して，蓄積することができる．着生ランはベラーメンの発達した気根を伸ばして，岩や樹上に着生し，水分も吸収する．特に，着生ランの気根は呼吸のために十分な酸素を必要とする．鉢植えで水苔などの培地が過湿になると，酸欠で根の活性が低下し，根腐れを起こしやすい．培地が乾燥すると，湿気を求めて，気根が鉢から外へ向かって伸びる．

ラン科植物は単子葉植物であり，花の器官は３数性を示す．ラン科植物の花の特徴としては，①花弁の１枚が唇弁（リップ，lip）として目立つようになり，残りの２枚の花弁が側花弁として左右相称となっていること，②雄蕊と雌蕊が合着した蕊柱という器官を有すること，③萼片も背（上）萼片と２枚の側萼片が発達して，花弁と同様に美しいことなどである（図3-3）．唇弁は特に色が鮮やかで，虫の目を惹くために発達していることと，距を形成して蜜を分泌し，昆虫を花の奥まで誘引して受粉させている．

蕊柱は雄蕊の花糸の部分と雌蕊の花柱が融合した器官であり，多くの場合，蕊

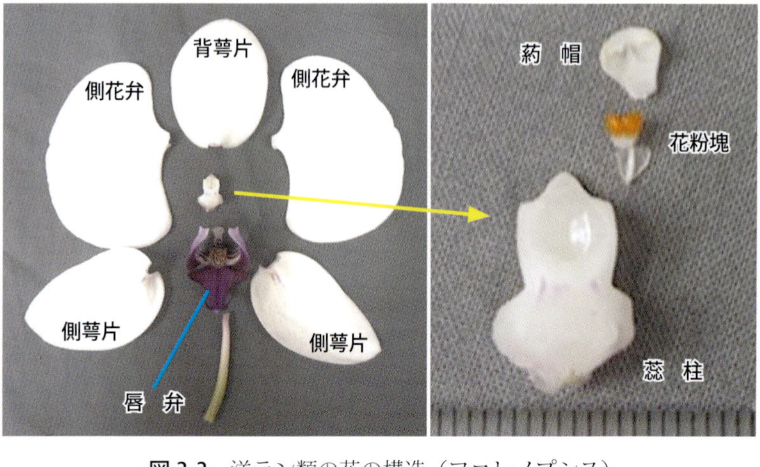

図 3-3　洋ラン類の花の構造（ファレノプシス）

柱の先端部分に葯があり，葯の直下に柱頭が位置している．花粉は粘性を持って花粉塊を形成し，葯帽に覆われている．花粉塊の数は 2 ～ 12 個で，その性状は種によって異なり，分類上の重要な指標となっている．通常，シンビジウム，オンシジウムおよびファレノプシスは 2 個，デンドロビウムは 4 個，カトレヤは 4 または 8 個の花粉塊を有する．

2）生理生態的特性

（1）適応性と生育条件

デンファレ系やファレノプシスは高温性で，昼間 25 ～ 30℃，夜間 20 ～ 25℃程度が生育適温である．ファレノプシスは，25℃以下の条件で一定期間栽培すると花芽形成が誘導される．

シンビジウムは熱帯性から温帯性まで幅広く，日本で流通しているものは比較的低温にも適応し，昼間 18 ～ 25℃，夜間 8 ～ 10℃で栽培できる．

オンシジウムやカトレヤ類は昼間 18 ～ 25℃, 夜間 10 ～ 15℃の中温性である．カトレヤ類の自生地は海抜 1,500m 程度までの熱帯高地で，風通しがよく，日光がやや遮られ，適度に湿度が保たれた環境が適する．

（2）光合成特性

ラン科植物においては光合成も環境に適応して多様化しており，通常の C_3 型の光合成を行うものの他，デンファレ系，ファレノプシス，カトレヤ類などの多肉質の着生ランにはベンケイソウ酸代謝（CAM）型の光合成を行うものが多い．光合成能力を持たずに寄生する，ツチアケビ（*Galeola septentrionalis*）やオニノヤガラ（*Gastrodia elata*）などの腐生ランもある．

CAM 型植物であるファレノプシスにおいては，夜間の 700 ～ 1,000ppm の CO_2 施肥によって成長速度が高まり，結果的に切り花本数と品質が高まる．昼間は高温と低湿度により気孔が閉じるために CO_2 吸収量は低下する．灌水不足や高濃度の液肥による水ストレスも同様に CO_2 吸収量を低下させる．

シンビジウムでは，C_3 型の光合成を行う種類（地生のシュンランなど）と，CAM 型の光合成を行う種類（着生の *C. canaliculatum*）がある．葉の薄い C_3 植物のシンビジウムの実生は，昼間の CO_2 施肥に反応して成長が促進される．

デンファレ系やシンビジウムは数万 lx までの強光に適応するが，CAM 型のファレノプシスでは 3 万 lx 以下の光が適し，強光では葉焼けを起こしやすい．

(3) 花芽形成と開花過程

デンファレ系は，日本の気候では春にリード（新しいシュート）が発生してから十分に発育し，秋以降に止め葉を形成して伸長を停止し，翌年の春～夏に開花する．花芽はリードの先端部から 3 ～ 6 節に形成され，約 30 ～ 60cm の総状花序に 10 ～ 20 輪の小花を開花させる（図 3-4）．

シンビジウムは，シュートの節数が一定以上になって成熟すると，偽鱗茎の基部の腋芽に花芽が形成される．花芽形成は，葉身の伸長期に始まり，伸長停止期には株の基部に花芽が肉眼で確認できる．花芽は葉芽（シュート）に比べて厚みがあって，丸い．総状花序に 10 ～ 30 輪の小花を開花させる．葉芽の成長期を調節することによって，それに続く開花期を調節することができる．

オンシジウムは，偽鱗茎の基部から花茎を伸ばし，多数の小花からなる総状または円錐花序を形成する．

ファレノプシスにおいては，最上位葉の下 3 ～ 4 節の腋芽に花茎が発生し，休眠している．20℃程度の低温で花茎が伸長を開始してから，花芽を形成し，発育する．ファレノプシスは低温で花芽形成し，高温では花芽形成しないという

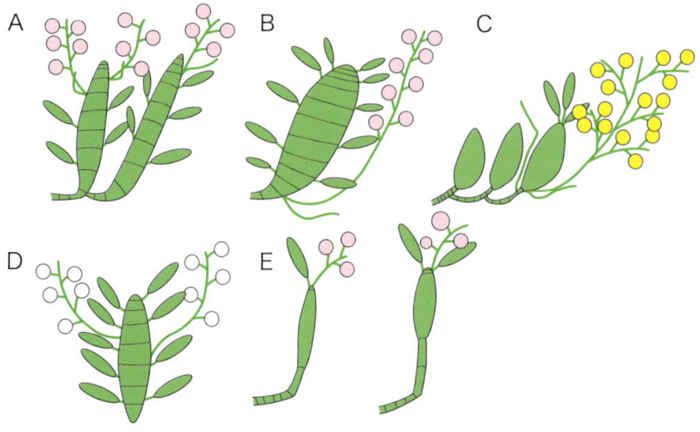

図3-4　花芽の形成位置
A：デンファレ系（Rotar, G. B., 1959），B：シンビジウム（Rotar, G. B., 1952），C：オンシジウム（田中道男ら，1982），D：ファレノプシス，E：カトレヤ（一葉種と二葉種）．

特性をいかして，25℃以上の高温で栽培することによる抑制栽培が行われている．栄養成長が不十分な株が低温に遭遇すると，開花が促進され，切り花として十分な小花数や品質が得られないことがある．

カトレヤ類では，偽鱗茎の先端と葉の間からシース（花鞘）が出現し，花序が発達する．シースの中で花芽が発育し，花茎に数輪の小花を総状に着ける．カトレヤ類の花芽形成は低温と短日で促進されるものが多いが，開花期は種によって異なる．開花習性から主に2つのグループに分けられる．1つは *Cattleya warscewiczii* などのグループで，夏の開花後に休眠したあとリードを伸ばし，リードバルブが完成する前に花芽形成して，バルブの完成期となる翌年の夏に開花する．形成後の花芽は休まず発達するため，開花調節は難しい．もう一方は，冬から春に開花したあとに生育したリードバルブが十分に完成，成熟し，しばらく休眠したあとに花芽形成して，ゆっくりと発育し，短日となる冬〜春に開花するグループで，*C. triane* や *C. mossiae* などが含まれる．しかし，カトレヤ類交雑種の開花習性は多様で，年2回シュートを発生して1回だけ開花するもの，年2回シュートを発生して2回開花するもの，年1回シュートを発生して1回開花するものの3グループに分けられる．

(4) 花芽形成と開花に及ぼす外的要因

デンファレ系の場合，短日条件下で花芽形成が起こりやすく，長日下では花芽形成が遅れる．温度は花芽形成に影響しないが，20℃程度に下がると開花までの期間が長くなり，生産性が低下する．タイのように乾期のある地域では乾燥によって開花数が減少するため，スプリンクラーなどで灌水が行われる．

シンビジウムの花芽形成に低温は必須でないが，花芽の発達には低温が必要である．夏季の高温により，花序の伸長抑制や，花芽の枯死による花飛びが引き起こされ，商品価値が著しく低下する．そのため，高冷地への山上げ栽培が行われてきた．高温による花飛びにはエチレンが関与しているので，チオ硫酸銀（STS）処理やジベレリン処理によって回避される．花飛びは花芽形成の初期段階に発生しやすく，ある程度分化ステージが進むと起こりにくい．花飛びした花芽を切除することにより，直接的に開花期を遅らせ，栄養成長を促進することができる．直射日光は葉焼けを引き起こすので，遮光しながら栽培されるが，日照が不足すると花芽形成が遅れ，開花株率も低下する．

オンシジウムの花茎成長と花芽形成は25℃程度で促進され，10℃以下や30℃以上で阻害される．

ファレノプシスは，25℃以上で栽培すると栄養成長を継続して花芽を形成しないが，20～25℃では花芽形成が誘導される．花芽形成後に高温に遭遇すると花芽が枯死することがある．

カトレヤ類は，高温長日条件で栄養成長し，低温短日条件で花芽形成するものが多い．特に，春咲きの *Cattleya mossiae* 系統の *C.* Irene Finney などはバルブの成熟後の低温短日条件で花芽形成して開花するので，温度を高めに調節して電照栽培すると開花を遅らせることが可能である．一方，*C. warscewiczii* 系統は不定期咲きの性質が強いので，温度や日長で花芽形成を調節することは難しい．このように，カトレヤの営利栽培では各交雑種の開花特性を十分に把握し，開花期を制御することが特に重要である．

3）生産と流通

(1) 実 生 繁 殖

ラン科植物は一度の交配により大量の種子を得ることができる．果実は蒴果で，微細な種子を1蒴果当たり数百から数万個以上も生産する（図3-5）．ラン科植物の種子は発芽するとプロトコーム（protocorm，原塊体）という小球を形成し，そこからシュートや根を形成していく．ラン科植物の種子は無胚乳種子，無子葉種子であるから，自然条件下ではリゾクトニア属などの共生菌から養分の供給を受けなければ，発芽し，発育することができない．培養技術が開発される前は，共生菌が繁殖している親株の株元での播種や，鉢に共生菌とともに播種する方法などが行われてきたが，成功率は低く，実生繁殖のネックとなっていた．実生繁殖を改善するため，コーネル大学（アメリカ）の Knudson（1922）はフラスコ内で糖類などの養分を含む無菌培地上で共生菌なしに人工的に発芽させ，プロトコームを得ることに成功した．この人工無菌発芽技術は熱帯性の洋ラン類に適しており，さまざまな交雑育種の発展に貢献した．培地として Knudson C 培地やハイポネックス培地などが使用されている．無菌培養で育成した幼植物体をフラスコから出して鉢上げし，順化させることで開花株まで育成することができる．

図 3-5　ファレノプシスの種子とメリクロン繁殖
a：種子，b：PLB，c：多芽体，d：メリクロン苗．

無菌培養すれば，実生苗は比較的容易に繁殖でき，コストも安いが，生育や形態の不均一性による歩留りの悪さが問題となる．そのため，均一性と斉一性に優れるメリクロン苗の利用が増えている．

図 3-6　カトレヤのメリクロン繁殖
左から，カトレヤの外植片，PLB，多芽体．

(2) メリクロン繁殖

茎頂，葉片，花茎の腋芽などを組織培養することにより，プロトコーム状球体（protocorm-like body，PLB）を形成させる方法をメリクロン（Meristem clone，mericlone）繁殖法という．このPLBを繰り返し培養することで，大量の苗を育成することができる（図 3-5，3-6）．メリクロン繁殖は1960年にフランスのMorelがシンビジウムのウイルスフリー株を得るための茎頂培養を行っているときに，PLBを用いて大量増殖できることを発見したことから始まった．一般的に，栄養繁殖のため，実生苗よりも遺伝的に均一で斉一な生育と形質を示す．しかし，同じ系統のPLBの繁殖を繰り返すことにより，体細胞突然変異の起こる確率が高まり，シュートおよび花の形状や花色の変異を生じることもある．コスト的には実生苗の２～３倍になるが，高品質の苗を大量に供給することができるため，メリクロン繁殖が一般的になっている．特に，シンビジウムの苗生産ではほとんどがメリクロン苗となっている．

(3) 株　分　け

デンファレ系，シンビジウム，カトレヤ類など，複茎性の洋ラン類は株分けによって容易に繁殖できる．混み合った根を整理し，枯れた葉や偽鱗茎を取り除き，３～４茎ごとに分けてから，しばらく弱光下で順化させる．デンファレ系などは，茎を挿して増殖させることも可能である．単茎性のファレノプシスでは，開花後に花茎の節を残して切ることで，花茎上の休眠芽が栄養成長して，高芽と呼ばれる子株を形成するので，株分けできることがある．

(4) 作　　型

デンファレ系は，日本国内での普通栽培では春から夏に開花する．

シンビジウムは，日本国内での普通栽培では１～４月に開花することが多い．シンビウムの促成栽培においては，高温期の開花不適期に山上げ栽培や冷房栽培を行い，11～12月に出荷している．一方，高温を保って花芽形成を抑えると，開花期を遅らせる抑制栽培が可能である．

オンシジウムは，夏咲きや秋咲きの系統など，開花期が異なる品種を組み合わせて，出荷されている．開花調節はあまり行われていない．

ファレノプシスは，前述のように温度制御によって花芽形成期を調節して出荷期を調節し，周年供給されている．フラスコ苗を水苔培地などに植え替え（フラスコ出し）してから，栄養成長期の苗は高温で育成する（図 3-7）．十分に栄養成長した株を低温処理することで，花芽形成を誘導して開花させる．

カトレヤ類は，異なる開花期の系統および品種の利用や，低温短日で花芽形成が誘導される系統を用いて切り花の出荷期を調節しており，ほぼ周年供給されている．

図 3-7　ファレノプシスの生産過程
a：フラスコ苗，b：水苔培地に鉢植えして，順化中の苗，c：バーク培地に鉢植えされた苗，
d：葉が立って生育良好な苗.

(5) 栽培管理

日本では温室での栽培が基本となる．直射日光による葉焼けや灌水過多による根腐れに注意する．寒冷紗や遮光カーテンにより，夏季は 50%，春秋季は 30% 程度の遮光を行う．C_3 型のシンビジウムは比較的強光を好み，デンファレ系（CAM 型），薄葉系のオンシジウム（C_3 型），カトレヤ類（CAM 型）は中程度が適しており，ファレノプシス（CAM 型）は 3 万 lx 以下の弱光を好む．近年は，太陽光の強さに応じて開閉する自動カーテンの利用も普及している．

湿度は 60 ～ 70%がよく，冬季の暖房時には加湿も適宜行う．病害虫防除や光合成促進のために，湿気のある微風があることが望ましい．特にファレノプシスは，高温，多湿で微風がある条件を好む．

灌水は，培地が乾燥してから一度にたっぷり行うのが一般的であるが，種類や発育ステージによって適宜調節する．

フラスコ苗や，フラスコ出ししたのちにポットに寄せ植えしたコミュニティーポット(CP)苗として生産者に供給される．その後,苗を弱光条件で順化したあと,通常の温室栽培を行う．

CP苗や，順化中の苗には，水苔培地を使用する．苗の植付け用培地は，シンビジウムなどの地生ランには軽石，バーク，水苔などが使用されている．ファレノプシスやオンシジウムなどの着生ランには主に水苔が使用されていたが，植替え時に水苔が固くなって抜き取りにくくなる．そのため，最近ではバークを用いて省力化することも増えている．主にニュージーランド産のラジアータ松の樹皮を加工したバークなどが輸入，使用されている．

デンファレ系は，沖縄を除き，海外生産が主力となっている．メリクロンまたは実生苗を利用する．沖縄では14haあまりで施設栽培され，年間200万本程度が出荷されている．4月頃からリードバルブが発生および成長し，7月から8月にかけて止め葉が形成され，9月から12月にかけて開花し，出荷期となる．

デンファレ系切り花の主な輸入元であるタイなどでは人件費が安く，暖房費がほとんど不要のため，市場競争力が高い．タイでは露地で寒冷紗などを用いて遮光し，ヤシ殻培地を用いて栽培するとともに，生育が低下する乾季にはスプリンクラーで灌水して栽培している．一方，雨季には灰色かび病による品質低下が起きやすいので，植物防疫をクリアするための燻蒸処理が行われるが，鮮度が低下することがある．また，タイでの切り花価格は低く，輸出のためのコストがかかるので，生産者と輸出業者の利益率はそれほど高くない．

切り花用シンビジウムは徳島県を中心に生産されており，徳島県の栽培面積は30ha程度で，年間400万本程度が出荷されている．温度は昼間25℃，夜間18℃に保たれている．培地はバークが主体で，年末のギフト用として11～12月に出荷が多い他，ブライダル用にも利用されている．ニュージーランドやオランダからシンビジウムの切り花が輸入されている．

オンシジウムは切り花用を主体として栽培されてきたが，草丈の低い鉢花用の品種も増えてきており，シンビジウムの裏作として生産されることも多い．メリクロン苗が広く利用され，水苔やバークを培地に用いた鉢で栽培されている．苗を台湾などから輸入して栽培する場合もある．リードの生育中に適宜施肥するが，過度の施肥は花芽形成を抑制する．オンシジウムの切り花の輸入は台湾からが大半を占め，次いでマレーシアが多い．

ファレノプシスは鉢物用を中心に栽培されるが，一部を切り花に使用することが多い．ファレノプシスでは栄養成長期に高温を必要とし，花芽形成から開花には低温が適するため，苗の育成用と開花株用の温室を分ける必要がある．生産の効率化のため，国内や海外の生産者間で苗栽培と完成品の栽培を分業化する，いわゆるリレー栽培が行われている．わが国では台湾やタイなどとのリレー栽培によって，苗生産のコストが抑えられている．しかし，海外とのリレー栽培では，ウイルス病や輸送時の荷傷みなどに注意する必要がある．

カトレヤは主に結婚式用や葬儀用の切り花として栽培されている．鉢物は輸送時のストレスに弱く輸送が困難なことから，取扱い数は少ない．バークや水苔を培地としてメリクロン苗を鉢上げし，徐々に大きな鉢へと植え替える．培地中の肥料濃度と水分に注意し，葉焼けを生じない範囲で日照を十分確保する．大輪系では開花まで４～５年かかる．開花可能株は，開花調節のための電照とシェード処理ができる温室で育成される．

(6) 主な生理障害

洋ラン類は熱帯・亜熱帯原産の種類が多いので，低温障害を受けやすい．強光によって，葉焼けが発生することがあり，葉身のクロロフィルが分解し，さらには黒化する．培養苗のフラスコ出し後は，徐々に順化させ，種や季節に応じて適宜遮光する．

着生ランでは，培地の過湿や過剰な施肥によって，根腐れが発生しやすい．根が黒化し，ベラーメン組織が腐敗して，地上部の成長も抑制される．反対に，乾燥すると根が細くなり，葉の萎れやバルブのしわが発生する．

シンビジウムにおいては，前述のように，夏季の高温によって，花飛びが発生する．ナトリウム濃度が高い地下水を灌水すると，葉枯れ症状を引き起こすことがある．

ファレノプシスのメリクロン苗では，メリクロン変異により葉にしわが発生するなどの生育異常が現れることがある．メリクロン繁殖を繰り返すことは，変異株の発生するリスクを高める．ファレノプシス株が不良環境条件にさらされると，葉身に同心円型の黄斑症状が発生することがある．環境条件が変わると時間の経過に伴って回復することが多い．ウイルス病に感染している場合に発生しやすいが，因果関係は明確でない．

カトレヤ類の切り花では，7.2℃以下で，花被組織の水浸状化などの低温障害が発生する．また，品種によっては，収穫後の急激な吸水によって花被組織が水浸状化し，品質が低下することがある．花茎の切り口は酸化して褐変しやすく，水揚げが妨げられる．

(7) 主な病害虫

a．糸 状 菌

灰色カビ病菌（*Botrytis cinera*）は，デンドロビウム，オンシジウム，ファレノプシス，カトレヤ類の蕾や花に褐色や黒色の斑点や帯状の病徴を生じ，甚大な被害を与える．低温高湿条件などで拡大し，病患部から灰色のカビを生じることもある．薬剤耐性菌も発生し，各地で問題となっている．対策は低温高湿を避け，通気性を改善し，枯死した組織は温室から出して処分する．

フザリウム菌は多犯性で，洋ラン類では立ち枯れや腐敗を引き起こす．感染すると根や株元などの組織から腐敗や黄化が進行する．維管束に侵入し，茎の切断面は紫色になる．親株に感染すると次々と拡大するため，無病株を使用する．対策としては，未熟な有機質肥料の使用，窒素過多，過湿などを避け，栽培環境を清潔に保つ．

すす病は，黒色のすす状のカビが表面を覆う症状が葉身や株元，花茎や花など，植物体全体に発生する．原因は糸状菌であるが，アブラムシやカイガラムシなどの排泄物や，ラン自体が分泌するラン蜜などの有機物を栄養分として繁殖する．光合成が妨げられ，観賞価値が低下する．対策は，殺菌剤の使用とともに，害虫の防除，生育環境の改善などによって，組織表面の有機物を取り除く．

b．細 菌 病

軟腐病菌（*Pectobacterium*（*Eriwinia*）*carotovora*）は，株の基部や葉から水浸状の斑点を生じ，拡大して褐色になって腐敗する．腐敗した患部組織から出る褐色の液体が伝染源となる．薬剤処理などで治療することは難しいので，罹病株は温室から取り除くか，感染組織を確実に切除する．

c．ウイルス病

シンビジウムモザイクウイルス（CyMV）は，ラン類のウイルスとして1943年に初めて発見された（図3-8）．デンファレ系，オンシジウムのモザイク病，シンビジウム，ファレノプシスやカトレヤ類の葉身のえそ病など，世界中で最も多くの被害を出している．ウイルスの安定性が高く，病原の持続性も長い．

オドントグロッサムリングスポットウイルス（ORSV）は，オドントグロッサム（*Odontoglossum grande*）のえそ輪点病株から1952年に発見された，タバコモザイクウイルスと近縁のウイルスである．シンビジウムやカトレヤ類の葉身にモザイク斑や退緑斑を，花には斑入り症状（カラーブレーキング）を引き起こす．ORSVが完全に病原を失う条件は95℃以上であり，10年以上経過しても病原性が保たれることもある．CyMVとORSVの重複感染により，葉身の黄斑やえそ斑症状が悪化する傾向にあるので，特に注意が必要である．

苗の生産においては，ウイルスフリー株を利用することや，道具を3～5%の第三リン酸ナトリウム水溶液などで洗浄し，カミソリなどは火であぶるか，オートクレーブで滅菌し，個体ごとに取り替えるなどの注意が必要である．

図3-8　洋ラン類の主なウイルス病

a：オドントグロッサムリングスポットウイルスが原因と見られるファレノプシスのカラーブレイキング，b：シンビジウムモザイクウイルスによるファレノプシス葉身のモザイク斑とえそ病，c：ランえそ斑紋ウイルスによるファレノプシス葉身のえそ斑．

d．害　　虫

アブラムシ，カイガラムシ，ダニ類，スリップス類，ナメクジ，ヨトウガなどによる被害がみられる．

（8）収穫後生理と鮮度保持

洋ラン類の切り花は，授粉しなければかなり長い日数，開花状態を続けるが，エチレン感受性が高いものが多いので，受粉や花粉塊が外れるなどの刺激があると，花被片のしおれが急速に進む．

デンファレ系の切り花は，水揚げがよく，小花の寿命も長く，30℃近い高温下でも十分な日持ちを示す．花序の先端部の２～３個を残して小花が開花したステージで収穫する．チオ硫酸銀（STS），ショ糖またはブドウ糖，抗菌剤を含む溶液を満たしたピックルというプラスチック容器に花茎を挿した状態で出荷する．タイなどからの輸出時にはエチレン吸着剤を入れた箱に詰めて空輸されることが多い．

シンビジウムの切り花も比較的水揚げがよい．花序の先端部の数個を残して小花が開花したステージで収穫する（図 3-9）．洋ラン類の中では比較的低温障害が出にくいので，低温で保蔵することができる．小花の内生的なエチレン生成は小さいが，エチレン感受性は高いので，傷害によるエチレン生成，受粉によるエチレン生成の他，外生エチレンに曝されないように注意する．糖質やエチレン阻害剤を処理すると，長期に日持ちする．

オンシジウムの切り花は，導管閉塞による水揚げ不良に注意する．開花した花弁の方が外生エチレンの影響を受けやすいので，蕾の段階で収穫し，出荷する方

図 3-9　シンビジウム切り花の取扱い
a：ラッピングされた切り花，b：水分補給用容器（ピックル），c：バケット中の切り花．

がよいとされている．エチレンの影響により，花弁の巻込み（インローリング）や水浸状斑，落花が起こる．ショ糖，抗菌剤，STS処理により小花のしおれや落花が抑制され，日持ちが向上する．

ファレノプシスの切り花用には，花茎が固く小花柄がしっかりした品種が適する．花序の先端部の２〜３個の蕾を残して小花が開いたステージで収穫する．ファレノプシスも受粉や傷害を受けなければ，日持ちは比較的よい．生産段階でのコナダニの影響による早期老化や，原因不明の花老けによって日持ちが短くなる場合がある．栽培期間中の同化産物の蓄積量も日持ちに影響する．出荷時には花茎

図 3-10　カトレヤ切り花の収穫後処理

a：収穫直後の切り花，b：和紙で包装される切り花，c：切り花に対する処理効果（6 日後）．*Rlc.* Memoria Robert Hack‘Villa Park’．

をピックルに挿した状態で出荷する．水切りを行い，清潔な水で管理し，過度な低温を避けて涼温で観賞する．老化期には，しおれ，花弁の脈の浮きあがり，水浸状化，枯れ，落花などによって観賞価値を失う．

カトレヤ類の切り花はエチレン生成量が多く，クライマクテリック型を示す．エチレン感受性も高いので，他の洋ラン類に比べて日持ちは短い．花被片（花弁と萼片）が完全に展開したステージで１輪ごとに収穫し，ピックルに挿して出荷する．花被片の傷みを防ぐ目的で和紙などで包装し，輸送中の振動を抑える（図3-10）．未熟なステージで収穫したり，花茎ではなく花柄で切ると日持ちが非常に短くなるので注意する．また，切り口が褐変しやすく，水揚げも悪くなる．しかし，過度の吸水は花被片に水浸状のしみを発生させる．ショ糖とエチレン阻害剤（1- メチルシクロプロペン，1-MCP）の組合せ処理により，日持ちが延長できる．エチレン阻害剤の STS は生け水から吸収しにくいので，散布処理するとよいが，赤やピンクの花色の退色を引き起こすこともある．特に夏季には，エチレン生成に加えて呼吸による消耗も激しくなるので，糖質の補給とエチレン阻害剤の処理を行うことが望ましい．また，やや低温流通が望ましいが，低温障害に注意する．

(9) その他の課題

近年，切り花の価格が低迷しており，洋ラン類の切り花も例外ではない．円高による輸入切り花の低価格化も進んでいる．2002 年以降の洋ラン類切り花の輸入額は年間 60 億円前後で推移している．デンファレ系を主に輸出しているタイからの輸入額が約 30 億円と最大で，台湾，ニュージーランド，マレーシアが続いている．

一方，温室の暖房に使用する灯油や重油の価格は高騰しており，経営を圧迫する要因となっている．ヒートポンプによる冷暖房装置も普及しつつあるが，電力の供給も不安定なので，海外とのリレー栽培も，よりいっそう広がる可能性が高い．これらの経営を取り巻く状況は厳しさを増しており，高品質かつ，省エネ，省力化に配慮した，より高度な栽培技術や経営ノウハウが求められている．

2．トルコギキョウ

1）種類と分類

(1) 原産と来歴

トルコギキョウはリンドウ科（Gentianaceae）*Eustoma* 属に分類され，属名からユーストマと呼ばれることもある．現在栽培されているトルコギキョウの学名は *E. grandiflorum*（Raf.）Shinn. で，属名 *Eustoma* はギリシャ語の「eu（よい）」＋「stoma（口）」が語源とされ，花の形に由来する．「*grandiflorum*」は大きい花という意味である．トルコギキョウは切り花用として北米～南米，北欧～南欧，アフリカ高地，東アジア～東南アジアなど，寒帯から亜熱帯の地域で栽培されている．園芸的分類では通常一・二年草として扱われるが，栽培条件がよければ短命な宿根草となる．染色体数は 2n ＝ 72 の，四倍体である．

Eustoma 属の原産地は北米～南米北部であり，*E. barkleyi* Standl. ex Shinn.，*E. exaltatum*（L.）Salisb. ex G. Don（旧学名 *E. selenifolium* Salisb.），*E. grandiflorum*（Raf.）Shinn.（旧学名 *E. russellianum* G. Don，英名 lisianthus）の 3 種がある．

E. barkleyi はメキシコ北部の Coahuila 州にのみ分布し，野生種を見つけるのが難しいほど自生密度が低下しているといわれている．葉幅が短く花が小さいのが特徴で，*E. exaltatum* の亜種との見解もあり，*E. exaltatum* や *E. grandiflorum* と交雑が可能である．

E. exaltatum はフロリダ州，テキサス州，メキシコ州，カリフォルニア州の低湿地の林間地と，西インド諸島周辺の温暖な海岸砂丘地帯および中央アメリカ，南米のベネズエラに分布する．現地の自然開花期は 6 ～ 10 月で，花は小さく，花色は紫，白，黄色である．切り花の日持ちは *E. grandiflorum* より劣る．*E. grandiflorum* と交雑しやすい．

E. grandiflorum は，モンタナ州，サウスダコタ州，ワイオミング州，コロラド州，テキサス州，ニューメキシコ州の乾燥石灰岩高冷地帯に分布する．現地の自然開花期は 7 ～ 9 月で，草丈が長く，花は大きく，切り花に用いられている基本種である．花色は紫色が基本色であるが，白色や桃色，黄色，さらには白地に

紫色の縁どり（覆輪，picotee）を有するものもある．北部原産のコロラド系自生種の花芽の形成と発達には低温が必要であるが，南部原産のテキサス系自生種には必要ないといわれている．ヨーロッパには1835年に導入された．

日本には，種苗会社のカタログの掲載状況から，1933年には *E. grandiflorum* が旧学名 *E. russellianum* として導入されていたと考えられる．アメリカ合衆国での品種改良が1980年代から始まったことや，わが国での品種改良の経過からすると，当時輸入された種子はアメリカ南部原産の紫色の自生種であると考えられる．トルコギキョウという和名の由来は，花蕾の形がトルコのターバンに似ており，花色がキキョウと似ていることによるともいわれているが，諸説がある．導入当初は，栽培上，種子が微細で育苗がきわめて難しく，また露地栽培では草丈が30～45cm程度と低く，切り花の品質も悪いこと，さらには開花期が夏～秋と短いことなどから，あまり注目される切り花ではなかった．

（2）品種改良の歴史

日本におけるトルコギキョウの品種改良は盛んであり，実生系切り花類の中では著しい発展を遂げてきたことから，現在では日本の種苗会社で育成された品種が世界で広く栽培されている（図3-11）．日本における品種改良は，1950年代に主に民間の育種家や種苗会社などによって始められ，1960年代に入り，花色が紫の固定品種‘紫盃’がトルコギキョウの品種として初めて発表された．また1960年代前半から，トルコギキョウの切り花生産を早くから始めていた長野

図3-11　消費者ニーズの多様化により育成され，栽培されているさまざまな品種

県では自家採種系統を利用した栽培を行っており，従来の露地栽培からビニルハウスで栽培を行うようになって生産が安定し，6月中旬からの出荷を行うようになって，トルコギキョウの夏季の切り花としての需要を創出した．

1970年代に入って，市場評価が高く，トルコギキョウの需要を拡大するきっかけとなった，高性で草姿のよい‘くろひげ’（濃紫色）が育成された．さらにこの他にも，‘福紫盃’（濃紫色），‘紫苑’（鮮紫色），‘紫扇’（鮮紫色），‘桃扇’（桃色），‘白扇’（白色），八重咲きの‘ディープパープル’（濃紫色），‘紫泉’（濃紫色），‘紫の誉’（濃紫色），‘源氏紫’（濃紫色），‘都紫’（濃紫色）などが育成された．この時期の紫色の早生，中生，晩生品種と，桃色や白色の品種の育成は，トルコギキョウの需要をさらに高める基礎となった．

1980年代は品種改良が急速に進んだ時期である．この時期には，消費者ニーズの多様化により，覆輪やパステルカラーの品種が育成されて，栽培面積が拡大した．すなわち‘ミスライラック’（淡紫色），‘スカイフレンド’（覆輪），‘パステルパープル’（覆輪），‘フレッシュライトピンク’（淡桃色）などが育成された．これらの新しい花色の品種は需要拡大に非常に大きな役割を果たした．また同時期には，トルコギキョウで初めてのF_1品種となる‘紫の峰’（濃紫色），‘桃の峰’（桃色），‘雪の峰’（白色）や，その後に続くF_1品種である‘あずまの波’（覆輪）や大輪八重咲きの‘キングオブスノー’（白色）などが育成された．F_1品種の育成は，従来の固定品種の育成と異なって，民間の育種家が中心となっていた品種改良が種苗会社の手に移る契機となり，八重咲き出現率や，生育，花色，開花期の斉一性向上に大きく貢献した．

1990年以降は，種苗会社が淡黄色や淡緑色の品種を育成し，花色の幅をさらに広げた．一重咲きの古い品種の中には花冠裂片が夜間に閉じるものがあったが，新しい品種では花冠裂片の先端が背軸側にカールして閉じないように改良されてきた．さらに近年は，より豪華に見えて，収穫後も花冠裂片が夜間に閉じない八重咲き品種の需要が拡大している．また，環境調節技術の発達とともに促成栽培や抑制栽培などの作型が開発されてきたことから，ロゼット化しにくい品種や低温開花性品種の育成が望まれている．一方，民間育種家からも，大輪でフリル八重咲きの新しい花形や，茶色や淡橙色などの新しい花色の品種が育成されて，需要拡大に貢献している．

(3) 形態的特徴

トルコギキョウは通常一・二年草として扱われ，耐暑性はあるものの冷涼な気候を好み，極端な低温に遭遇しなければ宿根草となる．直根性で，茎は直立し，草丈は30～150cm程度になる．葉は無柄葉で対生し，長さ8cm，幅4cm程度になり，肉厚，灰緑色，卵形～長楕円形で，ろう物質で覆われる．花は合弁の両性花で，花冠裂片が5枚あって放射相称となる．花序は単生するか二出集散花序をつくる．萼は5裂し，ひげ状で先端はとがる．雄蕊は花冠裂片と同数でそれと互生して花冠に合着し，葯は2室で縦に裂ける．子房は2心皮の1室であり，側膜胎座に多数の胚珠が着く．果実は2つに胞間裂開する朔果で，種子は小さく，1mL当たり15,000粒程度である．種子の休眠はないが，好光性であることから発芽には1,000lx（約20μmol/m²/s）以上の光が必要であり，さらに，発芽後の胚軸の伸長を抑えるには5,000lx以上の光が必要である．発芽適温は25～30℃であるが，25℃以上では苗がロゼット化するので，15～20℃が栽培上の適温である．種子は，常温では採種から2年経過すると著しく発芽率が低下する．一方，5℃以下で乾燥貯蔵すると5年程度は貯蔵できる．

トルコギキョウの園芸品種としては，近年，より豪華な八重咲き品種の需要が拡大している．一般的な花の八重咲きには，花器官形成のABCモデルにおけるクラスC遺伝子の突然変異によって機能が失われるために生じる例が知られており，この場合，雄蕊が花弁化して，花弁数が増加する．しかし，トルコギキョウの八重咲き品種において雄蕊は花弁化せず，雄蕊が正常に形成されながら花冠裂片数（離弁花植物の花弁数に相当する）が増加することから，クラスC遺伝子の変異とは異なるメカニズムによって八重咲きとなっていると考えられる．

2）生理生態的特性

(1) 温度反応

トルコギキョウは，自生地では春季に発芽して間もなく高温に遭遇し，ロゼット状態で夏季～冬季を経過したのち，翌春に抽苔して夏季に開花する．一方，園芸的には一・二年草と同じように栽培されるが，栽培品種は自生地の気象条件に適応した生育特性を引き継いでいる．すなわち，栄養成長は涼温（15～20℃程度）

で順調に行われるが，播種後に発芽適温である 20 ～ 25℃程度以上の高温に遭遇すると苗はロゼット化（高温ロゼット）する（図 3-12）．高温ロゼットは 10 ～ 15℃に 4 ～ 5 週間遭遇すると打破され，その後は花芽形成が高温と長日で促進される．したがって，現在，わが国で栽培されているトルコギキョウは，育苗期が高温とならない秋季から春季に播種し，生育中期以降が高温，長日期となる夏季から秋季に開花および収穫する作型が一般的であり，切り花の出荷量も夏秋季が最も多い．

生育適温は 15 ～ 25℃で，花芽形成には 13℃以上，開花には 10℃以上必要である．耐寒性は比較的強く，0℃程度でもロゼット状態で越冬する．花茎の伸長には 10℃以上が必要で，それ以下ではロゼット状態となる．栽培温度で草姿も異なり，10℃以下の低温を経過した株は下位節からの側枝発生が多くなるが，生育適温下では下位節からの側枝の発生がほとんど見られない．涼温で育てられた苗と比べると，高温では花芽の形成と発達が促進される．一方，播種直後の 2 日目頃から本葉 2 対葉期頃までの幼苗期に，最低気温 20℃以上または平均気温 25℃以上の高温に遭遇するとロゼット化（高温ロゼット）する．このように，本葉 2 対葉展開時までに高温で生育した苗に，さらに高温処理を続けるとロゼット化をいっそう強める．一方，本葉 2 対葉展開時まで涼温で生育したものは，

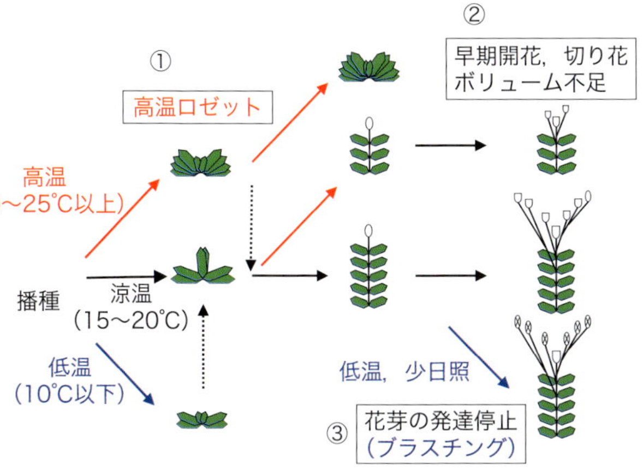

図3-12　トルコギキョウの生育の特徴と秋出し栽培の課題
①高温による苗のロゼット化，②移植後の高温と長日による早期開花と切り花ボリューム不足，③生育中期以降の低温，短日，少日照による花芽の発達停止．

その後高温になると節間伸長がむしろ促進される．高温によって誘導されたロゼット化は，10℃，4～6週間程度の低温に遭遇させることによって打破される．ロゼット打破に効果的な温度範囲は比較的広く，また苗齢によって適切な温度や期間が異なる．一般的に F_1 品種は固定品種より，早生品種は晩生品種よりロゼット化しにくい傾向がある．昼温28～30℃ / 夜温20～23℃のような高温では，強光，短日，乾燥，断根などのストレスもロゼット化を促進する．昼温20～25℃ / 夜温15～18℃のような涼温では，このような各種ストレスによるロゼット化促進の影響は小さく，本葉3～4対葉展開後に節間伸長する．

わが国の暖地においては，ロゼット化を防止するために，昼温25℃ / 夜温15℃で6～7週間の冷房育苗を行う技術が普及している．この技術は，例えば，播種を6月上旬～7月上旬にかけて行い，冷房育苗の後，7月下旬～8月下旬に定植し，10月下旬～12月上旬に開花させて切り花を収穫する作型に利用される．一方，播種後に高温下でロゼット化を積極的に誘導し，その後低温処理（10℃で30日間程度）してロゼット打破を図る技術も普及している．この場合，低温処理中の苗の枯死を防止するためには，50lx以上の照明を行う必要がある．さらに，催芽種子を3～10℃で30～40日間低温処理すると，抽苔率が高まることが知られている．抽苔率はロゼット化の弱い品種ほど高く，ロゼット化の強い品種ほど低い．そのため，種子の低温処理のみで幼苗期の高温によるロゼット化を回避することは，ロゼット化の弱い品種を除いて難しい．近年，種子の低温処理を行うと，育苗期間がやや短縮されることも明らかになっており，種子の低温処理と冷房育苗とを組み合わせる方法が実用的な技術として普及している．

(2) 日長反応

トルコギキョウは量的長日植物であることから，長日条件によって節間伸長と花芽形成が促進される．ただし，高温時には短日条件下でも花芽形成しやすく，逆に低温条件下では長日による花芽形成促進効果が小さい．本葉2対葉展開期頃から日長に感応するようになる．日長反応性には品種間差が見られ，夏季，早期の花芽形成を抑制するための短日処理期間中においても，早生品種では花芽形成が進むのに対して，晩生品種では花芽形成しない．すなわち，花芽形成に対して，早生品種では温度が，晩生品種では日長が，より支配的である．

秋冬季の短日期には，電照栽培による長日処理が花芽形成の促進に効果的である．電照には光合成を促進するほどの強い光は必要ないが，光質（光の色あるいは波長）の影響が大きい．長日処理の光源には一般的に白熱電球が使用されているが，省エネルギーで長寿命な発光ダイオード（LED）への切換えが望まれている．LED は単色光を照射することから，日長反応性における光質の影響を知ることが重要である．秋冬季の夜間の電照光源について比較すると，赤色光（600 ～ 700nm）/ 遠赤色光比（700 ～ 800nm）比（R/FR 比）の小さい白熱電球の方が，R/FR 比の大きい昼白色蛍光灯や植物育成用蛍光灯，メタルハライドランプと比較して花芽形成の促進効果が大きい．また，切り花品質も R/FR 比の小さい白熱電球の方が優れる．電照栽培ではないが，光質制御フィルムを用いて昼間の光質を調節した場合でも，R/FR 比が大きいと花芽形成が遅れる．さらに，R/FR 比が大きく異なる遠赤色蛍光ランプと赤色蛍光ランプ，あるいは遠赤色 LED と赤色 LED の夜間電照の効果を比較すると，遠赤色光を主体とした光源が花芽形成を促進する（図 3-13）．キクの電照栽培において有効な光は赤色であるが，トルコギキョウの花芽形成促進のための長日処理においては遠赤色光が有効であり，この点は，同じ長日植物であるモデル実験植物のシロイヌナズナと同様である（図 3-14，表 3-1）．また，トルコギキョウでの研究ではないが，遠赤色光単独よりも，

図 3-13　長日処理の光質がトルコギキョウの開花に及ぼす影響
R，FR はそれぞれ赤色光，遠赤色光を示す．

図 3-14　遠赤色光 LED および電球形蛍光ランプによる秋冬出し栽培実験の状況

積雪地帯である山形県において，遠赤色を利用した電照栽培によって冬季に開花させることができる．

表 3-1　開花と切り花品質に及ぼす電照光質の影響

品　種	処理区	開花日[z]（月／日）	到花日数[y]（日）	切り花長[x]（cm）	切り花重（g）	商品調整重[w]（g）	商品花数[v]（個）
雪てまり（中生品種）	自然日長	12/12	135	87.8	88.3	41.2	1.5
	遠赤色蛍光ランプ	11/26	119	95.5	79.2	43.7	3.2
	赤色蛍光ランプ	12/17	140	76.0	63.6	36.5	1.2
	白熱電球	11/21	114	95.1	84.1	51.6	4.8
つくしの雪（晩生品種）	自然日長	12/19	142	89.3	80.7	47.5	2.7
	遠赤色蛍光ランプ	12/13	136	95.6	84.2	50.0	4.2
	赤色蛍光ランプ	12/23	146	86.5	69.5	45.6	2.9
	白熱電球	12/4	127	103.6	81.7	50.9	5.6

[z] 商品切り花として収穫適期となる第２花の開花日．[y] 定植日から第２花の開花日までの日数．[x] 基部から長さ 3cm 程度に肥大した商品花蕾の先端部までの長さ．[w] 80cm 以上の切り花は商品花蕾の先端から 80cm で切り戻し，80cm 未満の切り花はそのまま，商品花蕾の着いていない側枝と小さな花蕾を取り除き，下葉 20cm を摘葉したあとの切り花重．[v] 第１花を除いた開花輪数＋商品花蕾数の合計値．

（佐藤武義ら：『園芸学研究』，2009）

弱い赤色光が含まれる混合光が長日植物の開花に有効な例も報告されていることから，トルコギキョウなどの長日処理に効果的な波長特性を有する LED 光源の開発が望まれる．

シロイヌナズナにおいては花芽形成に及ぼす光質の影響が詳細に解析されており，遠赤色光が花芽形成を促進し，赤色光はむしろ花芽形成を抑制することや，各色の光に対する応答に関与する光受容体についても明らかにされている．短日植物の暗期中断による花芽形成抑制は赤色光による低光量反応であるが，長日植物の遠赤色光による花芽形成促進においてはより多くの光量を必要とする高照射反応が機能する．低光量反応はフィトクロムBが関与して赤色光と遠赤色光による可逆性を示す反応であるとともに相反則を示すのに対して，高照射反応は関与するフィトクロムA自体の転写抑制，mRNAやタンパク質の分解による調節を有する反応であることから可逆性が見られず，相反則も見られないといわれているように，両者のメカニズムは異なる．短日植物の赤色光を用いた暗期中断による花芽形成の抑制においては，暗期の中程に花芽形成促進遺伝子の感受性の高い時間帯があり，その時間帯であれば短時間の赤色光の照射で非常に高い花芽形成抑制効果をもたらすことができる．一方，全く異なるメカニズムを有する長日植物の花芽形成促進においては，短日植物で効果的な，赤色光を用いた暗期中断による制御方法は当てはまらない．実際，トルコギキョウの暗期中断による長日処理には，短日植物の花芽形成抑制において見られるような特別な効果はないことから，遠赤色光を用いて明期をより長く設定することで長日処理効果を高めることが必要となる．例えば，明期延長によって12時間から24時間までの日長を設定すると，24時間が最も効果的である（表3-2）とともに，強い遠赤色光ほど花芽形成促進効果が高い．

表3-2　遠赤色光蛍光ランプによる長日処理における開花と切り花品質に及ぼす日長の影響

品　種	処理区	開花日[z]（月/日）	到花日数[y]（日）	切り花長[x]（cm）	切り花重（g）	商品調整重[w]（g）	商品花数[v]（個）
雪てまり（中生品種）	自然日長	12/12	135	87.8	88.3	41.2	1.5
	12時間	12/9	132	87.5	82.5	45.0	2.9
	16時間	12/4	127	92.9	83.0	44.9	3.3
	24時間	11/24	117	95.0	81.6	48.1	4.5
つくしの雪（晩生品種）	自然日長	12/19	142	89.3	80.7	47.5	2.7
	12時間	12/15	138	88.0	80.4	52.1	4.0
	16時間	12/13	136	94.6	76.7	48.8	4.4
	24時間	12/11	134	97.8	70.1	45.6	5.1

調査項目は表3-1と同じ．　（佐藤武義ら：『園芸学研究』，2009）

３）生産と流通

(1) 作　　型

暖地では秋に播種し，発芽後越冬させる．無加温栽培では９～10月播種で５～６月が切り花の収穫期となるが，加温によって３月から収穫が可能となる．さらに播種期を早める場合には，育苗期の高温対策として冷房育苗を行い，秋から加温を行うことで，秋から冬にかけての収穫が可能となる．また，既述のように，積極的に高温に遭遇させてロゼット化した苗を低温処理してロゼットを打破することによって，より安定した収穫を行うこともできる．播種期を早めるとともに秋冬季の電照栽培を行うことで，さらに早期の収穫や２度切り栽培も可能である．

寒冷地や高冷地では秋に播種して発芽後越冬させる作型と，春に播種して夏～秋に切り花を収穫する作型がある（図 3-15）．無加温栽培では，主なところで９～12月に播種すると翌年の６～７月に収穫期となり，２～４月の播種では８～９月が収穫期となる．このうち，秋に播種を行う栽培において加温ないしは加温および電照を行うことで，播種期と収穫期を前進させることが可能であり，主なところで４～５月からの収穫が可能となる．また，春に播種する栽培においては，夜冷育苗，苗の低温貯蔵，短日処理，さらには加温や電照を組み合わせることによって，播種期と収穫期を遅らせることが可能であり，秋冬季の切り花収穫が可能な作型が開発されている（図 3-15，3-16）．

秋冬季～冬春季に収穫する作型においては，育苗期の高温の影響による苗のロゼット化に注意することの他に，定植後の高温長日条件で生育することによる早期開花と切り花ボリュームの不足に注意する必要がある．また，生育中期以降の

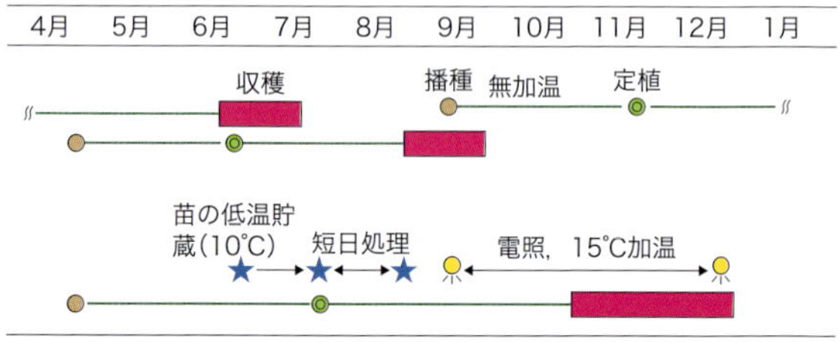

図3-15　無加温で夏秋季に収穫および出荷する作型(上)と山形県で開発された秋冬季に収穫および出荷する作型(下)

低温，短日，少日照による開花遅延と花芽の発達停止（ブラスチング）を解決する必要がある．

図 3-16　山形県における 12 月上旬収穫のトルコギキョウの栽培風景

(2) 栽培管理

発芽適温は 20 ～ 25℃であるが，高温ロゼットを引き起こす温度に近いので，注意を要する．種子は好光性なので播種時の覆土は行わず，底面給水やミスト灌水を行う．トルコギキョウの光合成において光飽和点に達する光量子速密度は比較的高く，秋冬季に収穫する作型における測定例が 1,600 μ mol/m^2/s であることから，ハウスの採光条件を良好にして光合成を促進する必要がある（図 3-17）．

土壌条件としては比較的乾燥地を好み，過湿土壌では立枯病が発生しやすい．幼苗期には十分な灌水を行う必要があるが，直根性で土中深く根が伸びることから，生育の進行に伴って灌水回数を減らし，発蕾期前後からは控えめにして徒長を抑制する必要がある．

冬季に育苗する場合，ロゼット状の苗は加温によって容易に伸長して花芽を形成する．一方，夏季に育苗する場合には既述のように高温ロゼットが誘導されるので，育苗方法に工夫が必要である．例えば，播種から 2 ヵ月程度，昼温 25℃ / 夜温 15℃に設定する冷房育苗を行うと，夏季に播種する作型において高温ロゼットを回避することができる．この他，夜冷育苗や高冷地育苗も高温ロゼットの回避に有効である．また，播種後，高温下で育苗していったん高温ロゼット化した苗を，弱照明下で低温処理することでロゼットを打破して良質の苗を育成することができ

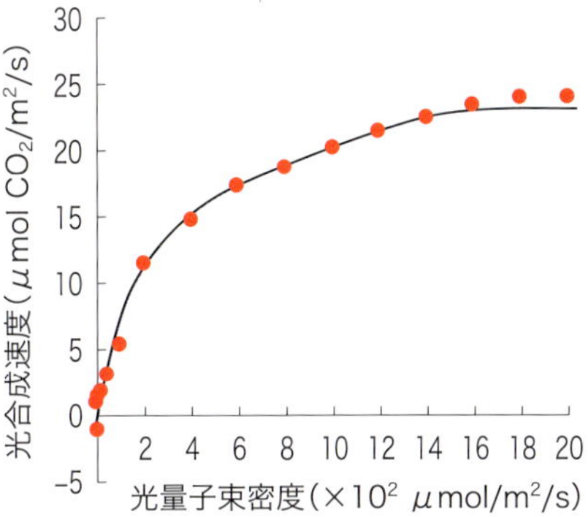

図3-17　秋季におけるトルコギキョウの光合成速度に及ぼす光量子束密度の影響

る．ロゼット化には品種間差が大きいことから，品種の選択も重要である．

(3) 主な生理障害

ブラスチング（blasting）…花芽が発達を停止し，黄変する現象をブラスチングと呼ぶ（図 3-18）．秋冬季に収穫する作型では，生育中期以降に低温，短日，少日照となるので，開花遅延と花芽の発達が停止するとともに，開花に至っても切り花 1 本当たりの商品花数が不足することが栽培上の課題としてあげられる．特に，寒冷地では暖地と比較して気温の低下する時期が早く，さらに寒冷地の日本海側では日長や日射量の低下の程度が大きいことから，適切な栽培管理を行うことがより重要となる．

ブラインド（blind）…ブラスチングと異なって，花蕾自体が発生しないことであり，ブラスチングと同様の原因が考えられている．

茎折れ症と葉先枯れ症…発蕾期に花茎が折れる茎折れ症や，上位葉の葉先が変色する葉先枯れ症については，養水分過剰や養分欠乏が要因であると考えられている．後者については定植後の生育の盛んな時期に発生し，上位葉の葉先が褐変するとともに，症状が進むと成長点も枯死する．植物体内で移行しにくいカルシウムの欠乏が原因であるが，土壌中のカルシウムが十分であっても日照不足や高温などの環境要因が症状を誘発する．カルシウムの葉面散布，温度の適正管理，換気や通風を十分に行うことが予防対策となる．

覆輪の着色障害…切り花の商品性の低下に関わる現象として，花冠裂片の先端付近だけが着色すべき覆輪が，基部側に色が流れる現象も見られる．作型の周年化に伴って覆輪形成が不安定化しており，温度条件の影響などが原因とされている．

図 3-18　秋冬季に見られる花芽の発達停止（ブラスチング）

左：発蕾期から短日，右：花蕾肥大期から短日．

(4) 主な病害虫

病害として灰色かび病，立枯病，青枯病などへの対策が必要である．花冠裂片に発生する灰色かび病は花シミとも呼ばれ，多湿時に発生しやすい．害虫としてはスリップス類，アブラムシ類，ヨトウムシ類，ハモグリバエ類，コナジラミ類などの防除が必要であり，防虫ネットの利用も効果的である．ウイルスの媒介にも注意が必要である．

（5）収穫後生理と鮮度保持

収穫時期には，2～3輪開花したときから5輪以上開花したときと幅がある．切り花の収穫は，早朝，気温が低いうちに行う．収穫時点で発色していない花蕾はその後開花しても着色不良となる．また，小さな花蕾は収穫後開花しないので出荷前に摘除しておく．収穫直後に前処理剤を使用してもよい．切り花の日持ち，開花や着色不良は，炭水化物の不足が要因であることから，抗菌剤と糖類の処理によって改善される（表3-3）．ただし，出荷時から低温下で糖質を処理すると葉に障害が生じる可能性があることから，処理のタイミングに注意する必要がある．トルコギキョウは高温下でも比較的日持ちがよいが，収穫前の過剰な灌水は収穫後の日持ちを悪くするので，灌水を制限する必要がある．硬く締まった水揚げのよい切り花を生産することが日持ちのためには重要である．

トルコギキョウはエチレン感受性であり，老化が進行するとその感受性が高くなることから，STS処理は有効である（表3-3）．エチレンは主に雌蕊から発生し，受粉によって老化が促進される．雨天時の収穫において，また予冷や低温輸送後の結露によって花がぬれると灰色かび病が発生しやすいので，温度管理などに注意する必要がある．

表3-3　花の日持ちに及ぼすSTSとスクロース処理の影響

処　理	花の日持ち（日）
水	5.8
0.2mM STS	9.1
4％スクロース	12.3
0.2mM STS ＋4％スクロース	12.9

（Shimizu，H. and Ichimura，K.：J. Japan. Soc. Hort. Sci.，2005）

（6）切り花の生産と流通

わが国のトルコギキョウの作付面積は約450haであり，出荷量は1～1.2億本前後を推移している（図3-19）．2011年の主な生産県は，長野県，熊本県，福岡県，静岡県，北海道，山形県などである（表3-4）．

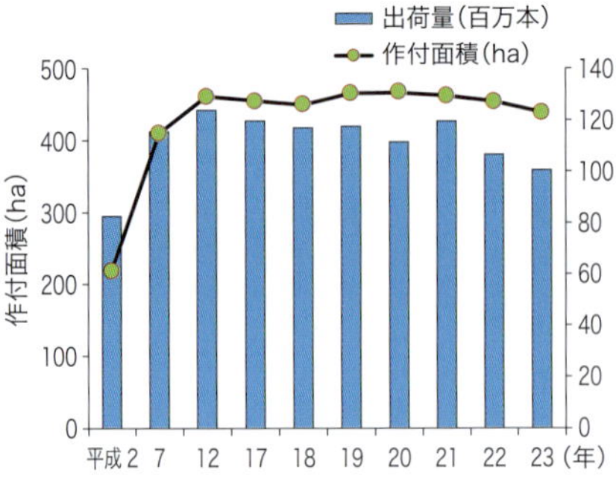

図3-19　日本におけるトルコギキョウの作付面積と出荷量
（農林水産省：『花き生産出荷統計』）

表3-4　トルコギキョウの出荷量が多い都道府県

都道府県	出荷量（百万本）
長　野	13.20
熊　本	10.50
福　岡	9.30
静　岡	5.74
北海道	5.65
山　形	5.21
高　知	4.74
福　島	4.71
愛　知	4.42
千　葉	4.02

（農林水産省:『平成23年産花き生産出荷統計』）

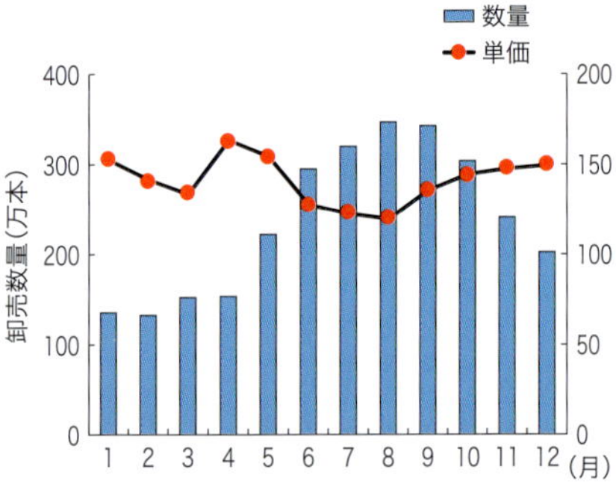

図3-20　トルコギキョウの月別卸売数量と単価の推移
（東京都中央卸売市場年報『花き』，2011）

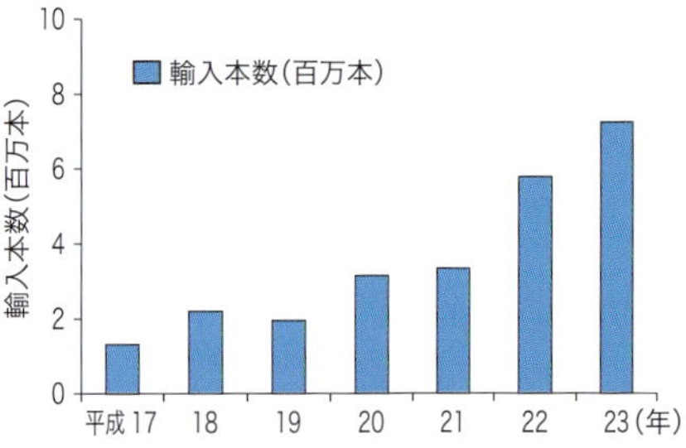

図3-21　トルコギキョウ切り花の輸入量の推移
（農林水産省：『植物検疫統計』）

トルコギキョウの切り花は，日持ちが非常によいことと，多様な花色と花形を持つ品種が育成され，目新しさもあることから，和洋の生け花や冠婚葬祭を問わず，周年，幅広く利用されるようになっている．わが国におけるトルコギキョウの生産および流通における特徴を見ると，育苗期は低温で，生育，開花期に高温，長日となる夏秋季の出荷量が多い．一方，育苗期が高温で，生育，開花期が低温，短日となる秋冬季～冬春季の出荷量は少ない（図3-20）．秋冬季～冬春季は価格が高いので，近年，この時期に台湾，ベトナムなどからの輸入が急増している（図3-21）．そこで，現在わが国では，秋冬季～冬春季における安定的な供給を目指した栽培の研究も広く行われている．

3．シュッコンカスミソウ

1）種類と分類

(1) 主な種類

シュッコンカスミソウ（*Gypsophila paniculata* L. 英名 baby's breath）はナデシコ科カスミソウ属の植物である．カスミソウ属は，約150種の一年生～多年生の草本で構成される．カスミソウ（*G. elegans* M. Bieb.）は一年生草本であるが，シュッコンカスミソウは多年草である．カスミソウ属の多くの種はヨーロッパからアジアに分布するが，一部の種はエジプト，オーストラリア，ニュージーランドに自生する．属の名称 *Gypsophila* は，ギリシャ語の gypsos（石灰）と philos（愛する）の意味で，アルカリ性土壌を好むことに因み，和名のカスミソウは，多数の小型の花が咲く様子が霞のように見えることに因む．シュッコンカスミソウの他に観賞用に利用されているカスミソウ属の植物に，日本ではオノエマンテマ（*G. cerastioides* D. Don），カスミソウ，ヌカイトナデシコ（*G. muralis* L.），*G. repens* L. があり，海外では *G. aretioides* Boiss, *G. nana* Bory et Chaub., *G. pacifica* Komar., *G. petraea*（Baumg.）Rchb., *G. tenuifolia* Bieb. などがある．また，*G. manginii* hort. は，日本で挿し芽苗が普及する前に繁殖用の台木として用いられていた植物である．

(2) 原産と来歴

シュッコンカスミソウは，中部および東部ヨーロッパから中央アジアにかけての，夏季に比較的涼しくて乾燥し，冬季に冷涼な地域に自生している．根にサポニンが含まれていることから，東ヨーロッパやロシアでは，洗剤，下剤，去痰薬として利用されていた歴史がある．観賞用としての利用は，1759年にイギリスに導入されたのが始まりである．その後，アメリカやオランダで育種が行われた．日本には，1879年（明治12年）に渡来した．かつては，発根率が低いために増殖が困難で，種子繁殖性の *G. manginii* を台木として根接ぎをする方法で繁殖が行われていたが，苗の供給が安定せず普及しなかった．1960年代終わりから再び栽培されるようになり，1970年代に民間企業から無菌苗が供給されるようになった．1970年代半ば頃に沖縄県や和歌山県で試作が始まってから，シュッコンカスミソウの切り花が市場に出回り始めた．その後，生態特性が解明され，多くの作型が開発されて周年栽培が可能となり，挿し芽繁殖などによって苗の供給体制が整えられるようになってから，栽培が急速に広まった．

(3) 主な品種

シュッコンカスミソウの代表的な品種である‘ブリストルフェアリー’は，アメリカ・コネチカット州のBristol Nursery社のAlexander Cumming氏によって選抜および育成されて1925年頃に公表された品種で，早生，小輪（花径3～4mm），八重咲きといった特徴がある．現在，日本で栽培されている主な栽培品種に‘ユキンコ’（‘雪ん子’）や‘ミリオンスター’などがあるが，これらは，イスラエルのDanziger-Dan Flower Farm社で育成された品種である．その他の品種に‘アルタイル’，‘ニューフェース’，‘ダイヤモンド’，‘クリスタルクイーン’，‘パーフェクタ’，‘ブライダルベール’，‘スノービュー’（‘雪景色’），‘マジックゴラン’や，一重咲きである‘スノーフレーク’，桃色である‘モモコ’，‘レッドシー’，‘フラミンゴ’，‘ピンクビューティー’などがある．

開花特性による分類では，早生，中生，晩生に分類される．早生の品種には，ロゼット化の程度が浅く，低温要求性が弱い傾向が認められ，晩生の品種には，ロゼット化しやすく，低温要求性が強い傾向が認められる．花色による分類では，白色系と桃色系に分類される．花の大きさによる分類では，小輪系（3～4mm．‘ブリストルフェアリー’，‘ミリオンスター’など），中輪系（8mm程度．‘ユキンコ’など），大輪系（10mm以上．‘パーフェクタ’など）に分類される．

(4) 品種の育成方法

新しい品種の開発には，枝変わりや組織培養による変異が利用される．枝変わりは栽培現場において発見されて選抜育成される．‘ブリストルフェアリー’から育成された枝変わり品種には，‘ダイヤモンド’，‘パーフェクタ’，‘ニューフェース’などがある．カルス経由の培養系では，培養細胞の遺伝的不安定性のため変異が生じやすくなることから，変異の拡大に有効である．組織培養で育成された品種には，‘ナンバーテン’や，‘ブリストルフェアリー’から育成された

‘クリスタルクイーン’などがある．また，胚培養によって‘レッドシー’と *G. manginii* の種間雑種が作出されている．枝変わりは品種の育成に有効であるが，1つの品種の中に，限界日長が異なる系統やロゼットの打破に必要な低温要求量が異なる系統が生じることがあり，かつては，同じ品種を栽培しているにもかかわらず，成長が揃わないといった栽培上の問題があった．しかし，ロゼット化の問題については，1980年代半ば過ぎに各種苗会社での系統選抜が完了したことや，挿し芽栽培による促成栽培法が導入されたことから，現在は解決されている．

（5）形態的特徴

シュッコンカスミソウの栽培品種の主茎は約1mの長さに伸びる．葉は線状披針形で対生し，下位節で大きく，上位節では小さい．萼は杯状，鐘状，円筒状である．花弁はへら型か倒卵形で，先端は，切形，凹型，波形である．花色は多くの品種で白色であるが，淡桃色の品種もある．雄蕊と雌蕊の基本数はそれぞれ5本と1本である．多くは八重咲きであるが，一重咲きの品種もある．八重咲きの花では，雄蕊が花弁化して稔性がなくなっていることがある．1株に小花を数千個着けるものもある．根は多肉質で，1～数本伸びる．

シュッコンカスミソウの花序は二出集散花序を構成単位（これをユニットと呼ぶことがある）としている（図3-22A）．この花序単位を着生した側枝が切り枝の上位節では対生する腋芽から2つとも伸長して密穂花序を形成し，切り枝の下位節では対生する腋芽の一方のみから伸長して円錐花序を形成する．側枝の長

図3-22　花序を構成する二出集散花序（A）と切り枝全体（B）
Aの中の数字は，1番花，2番花などを示す．

さは，上位節で短く，下位節では長いために，花序全体としては円錐状になり，シュッコンカスミソウの種小名 *paniculata* も円錐花序を意味する（図 3-22B）．なお，構成単位となる二出集散花序は，図 3-22A の 1 番花の部分に別の二出集散花序が着く複二出集散花序となることもあり，図 3-22A のような形態になるとは限らない．図 3-22B は，主枝の頂端と，主枝上の各節から発生したたくさんの側枝の頂端に形成された密穂花序ないしは円錐花序で構成された 1 本の切り花である．

2）生理生態的特性

（1）生態の基本

シュッコンカスミソウは，原産地の気候が冷涼であることから耐寒性は比較的強く，－30℃程度の低温にも耐える．冬季の低温に十分に遭遇して成長活性が高くなった株は，春以降の温暖な気温と長日によって旺盛な成長をするようになり，長日で花芽を形成し，春から夏にかけて開花する．開花後の夏の高温によって生理的にロゼットが誘導され，秋の低温，短日によって形態的にロゼット化する．ロゼット化すると，成長に好適な温度および日長条件下でも，伸長したり，開花したりすることがない．ロゼットは冬季の低温に遭遇すると打破される．

栽培する地域や年による違いはあるが，9 月下旬に挿し芽をして翌春まで無加温ハウスで育てた‘ブリストルフェアリー’の苗を 3 月下旬に露地に定植して自然日長で栽培すると，4 月中旬に茎頂が肥大して花芽形成を開始し，4 月下旬から 5 月中旬にかけて花器が完成して，5 月末に開花する．花芽の形成と発達に伴って枝が伸長するが，萼が形成されてからの伸長が著しい．

定植時期は開花時期の早晩に影響を及ぼす．定植から開花までの日数は，5 ～ 7 月に定植した場合は定植時期が遅いほど短く，8 月以降に定植した場合は長くなる．9 月に定植すると，枝の伸長が抑制されてロゼット化の傾向が認められることから，年内に開花させるためには 8 月下旬までに定植する必要がある．

花序の発達の年次変動について，二出集散花序を 1 つのユニットとして考えると, 1 ユニット当たりに着生する小花の数は約 22 ～ 44 個であるが, 季節によって着花数が異なり，春に定植した株では少なく，夏に定植した株では多い．これはユニット内の分枝次数が，春に定植した株では低く，夏に定植した株では高いためである.また,ユニットの数も季節によって異なり,春に定植した株では多く,夏に定植した株では少ない.このように,季節によって小花やユニットの数は変動するが,小花の数（ユニットの大きさ）とユニットの数には負の相関がある.

(2) 成長と開花に及ぼす温度の影響

‘ブリストルフェアリー’の生育適温は昼温25〜30℃,夜温15〜18℃であるが,花序の品質がよくなるのは,これより5〜8℃低い温度である.生育の最低温度は10〜12℃であり,温度が低いと,日長が長くても花成が誘導されずに栄養成長を続けることがあったり,出蕾期以降の開花が遅くなったりする.秋冬季に低温で栽培するとロゼット化するので,秋以降は夜温が15℃以上になるように加温する.一方,25℃以上の高温では呼吸量が高く,光合成量が低くなる.生育適温の範囲では,温度が高いと早期に開花するものの,葉数が少なく草丈が短くなって,小さな切り花となる.一方,温度が低いと開花が遅くなるものの,葉数や草丈が増加して大きな切り花となる傾向がある（表3-5）.

表3-5　‘ブリストルフェアリー’の成長に及ぼす温度の影響

昼温/夜温（℃）	到花日数	草丈（cm）	葉数（枚）	主茎の節間長（cm）	切り花長（cm）	切り花の新鮮重（g）	ユニットの分枝次数
17/12	89.7	135.8	60.1	4.5	129.8	32.6	5.1
24/19	45.4	62.3	46.9	2.7	56.2	7.8	5.0
30/25	46.1	39.9	43.6	1.8	33.7	5.2	3.9

（Katsuta, K. et al.：Tohoku J. Agri. Res., 2008）

(3) 成長と開花に及ぼす日長の影響

シュッコンカスミソウは質的長日性であり,日長が限界日長より長くなったときに花芽形成が誘導される.限界日長には品種間差があるが,同じ品種内であっても限界日長にばらつきが生じた例が知られている.すなわち,アメリカにおいて,‘ブリストルフェアリー’を冬季に栽培したところ開花が不揃いとなり,この原因として,花芽形成の限界日長が冬季の自然日長より長い個体が含まれていたためであったことが明らかとなっている.日本では,系統選抜が進んだ‘ブリストルフェアリー’の挿し芽苗を栽培すると,温度などの環境要因が花芽形成に適していれば，冬至の日長でも花芽形成するので，このような問題は生じない．株の生理的な状態も日長に対する反応に影響を及ぼし，ロゼットが打破された直後で成長活性が高い株を昼温 / 夜温が 20/10℃や 25/15℃で栽培すると，8時間日長のような短日でも花芽形成することがある．なお，花芽形成には日長とともに温度が影響を及ぼし，日長が 16 時間の場合の開花率は，昼温 / 夜温が 27/22℃の場合は高く，17/12℃の場合は低くなる．

ロゼット化を回避する目的で，日長が短くなる 9 月中旬から電照を行うと，自然日長で栽培する場合より頂花の形成が早くなり，花芽の分化節位が下がる．12 月に定植し，翌年の 1 月に摘心した株に電照を行う場合，摘心直後から電照を開始すると花芽形成が進み，開花が早くなる．電照の終了時期は，ランニングコストの観点から，発蕾時とすることが望ましいとされる．照明方法としては，暗期中断や日長延長よりも，終夜照明で開花が早くなる．

(4) 花芽形成に及ぼす光強度と光質の影響

白熱電球は 400 ～ 800nm を含む幅広い波長の光を発することから，シュッコンカスミソウの栽培にも利用することができる．しかし，白熱電球は消費電力が大きいので，経済産業省から照明機器の製造企業に対して，2012 年（平成 24 年）までに白熱電球の生産を中止するように要請されている．このため，白熱電球に代わる光源として，消費電力が少なく寿命が長い蛍光ランプや発光ダイオード（light emitting diode，LED）を用いた照明機器の開発が進められて，園芸作物の栽培圃場への導入も試みられている．これらの光源は，特定の波長の光を発することから，シュッコンカスミソウの成長に及ぼす光質の影響が調べられている．例えば，‘ブリストルフェアリー’を供試して，昼の 8 時間は自然光で栽培し，夜間は蛍光ランプを用いて 16 時間の電照を行うと，昼温 / 夜温が 17/12℃, 24/19℃, 30/25℃の場合, 温度にかかわらず, 赤色蛍光ランプ（14W）よりも遠赤色蛍光ランプ（14W）で開花が早い（図 3-23A）．また，遠赤色蛍光ランプ（21W）の数を 1，2，4 個として光強度を変えると，いずれの温度においても, 光強度が大きい（遠赤色蛍光ランプの数が多い）ほど開花が促進されて，4 個の場合（84W）は 100W の白熱電球とほぼ同等に促進される（図 3-23B）．

蛍光ランプよりさらに長寿命で，波長域が狭い LED を光源とすることで，他

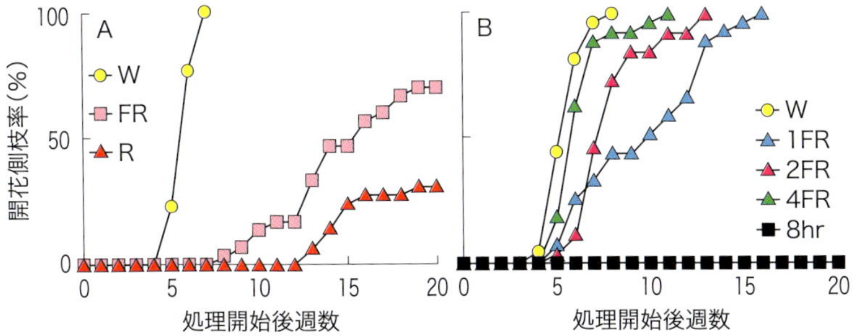

図3-23　‘ブリストルフェアリー’の開花に及ぼす光質と光強度の影響（24/19℃）

A：光質の影響．B：光強度の影響．W：白熱電球．FR：遠赤色蛍光ランプ．R：赤色蛍光ランプ．1FR，2FR，4FR：それぞれ，遠赤色蛍光ランプが1個，2個，4個．8hr：8時間日長．（Katsuta, K. et al.：Tohoku. J. Agri. Res., 2008）

表3-6　‘ブリストルフェアリー’の成長に及ぼす光質の影響

光　源	到花日数	草　丈 (cm)	節　数	新鮮重 (g)	ユニット数	小花数 / 側枝
FR：R：B	70.3	75.8	36.0	21.5	27.8	280.8
FR：R	72.9	75.9	34.8	17.6	28.9	293.3
FR：B	86.2	67.0	35.0	17.2	19.5	203.0
FR	82.8	73.8	37.0	20.0	23.8	231.3
W	62.7	58.3	30.8	16.1	29.6	358.8

FR：遠赤色LED，R：赤色LED，B：青色LED，W：白熱電球．（Nishidate, K. et al.：J. Japan Soc. Hort. Sci., 2012）

の波長の光も含む蛍光ランプでは明らかにすることができなかった単色光の影響を明らかにすることが試みられている．その結果によると，‘ブリストルフェアリー’では，LEDを光源とした場合でも赤色光単独や青色光単独では開花促進効果がほとんどないが，遠赤色光は開花を促進し，遠赤色光単独よりも，赤色光や青色光を遠赤色光に混合した方が開花が早くなることが示されている（表3-6）．このように，遠赤色光を基本とした蛍光ランプやLEDは，長日性であるシュッコンカスミソウの開花促進を目的とした長日処理用に，白熱電球に代わる光源として利用できる可能性があると期待されている．

(5) 花芽形成の分子機構

長日植物のモデル植物であるシロイヌナズナからは *FLOWERING LOCUS T*（*FT*）

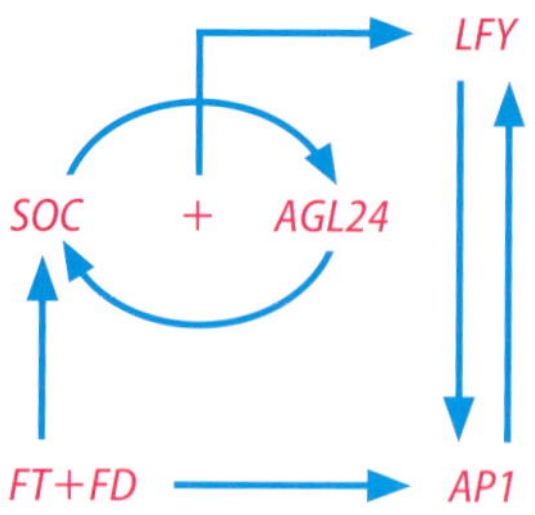

図 3-24　茎頂分裂組織における花成経路

FT：*FLOWERING LOCUS T*，*FD*：*FLOWERING LOCUS D*，*SOC*：*SUPPRESSOR OF OVEREXPRESSION OF CONSTANS 1*，*AGL24*：*AGAMOUS-LIKE24*，*LFY*：*LEAFY*，*AP1*：*APETALA1*．*LFY* と *AP1* は分裂組織決定遺伝子．矢印は促進を示す．

や *SUPPRESSOR OF OVEREXPRESSION OF CONSTANS 1*（*SOC1*）などの花成関連遺伝子が単離され，長日による花成の促進経路において中心的な役割を果たすことが明らかとなっている（図 3-24）．シュッコンカスミソウからは，*FT* および *SOC1* のホモログである *GpFT1*，*GpFT2*，*GpSOC1* の cDNA がクローニングされている．昼の 8 時間を自然光，夜の 16 時間を白熱電球や各色の LED で電照し，日長を 24 時間として‘ブリストルフェアリー’を生育させた場合，白熱電球と遠赤色 LED で開花するが，*GpFT1* と *GpFT2* の発現は白熱電球でのみ認められ，*GpSOC1* の発現は白熱電球と遠赤色 LED の両方で認められる．一方，赤色 LED か青色 LED による電照，および 8 時間日長では開花せず，*GpFT1*，*GpFT2*，*GpSOC1* の発現が低い．すなわち，遠赤色光単独では *GpSOC1* が，白熱電球では *GpSOC1* と *GpFT1* および *GpFT2* が発現して開花が促進される．

(6) ロゼットの形成と打破

シュッコンカスミソウのロゼットは，自然日長条件下において 10 月下旬以降に認められる．このロゼットの形成は，生理的なロゼットの誘導と形態的なロゼットの形成という 2 つの段階を経て行われる．生理的なロゼットの誘導は，高温に遭遇することで成長が緩慢な状態になることであり，高温に対する反応が強い品種および系統では，25℃以上の高温に 10 日以上遭遇すると誘導される．ただし，高温に遭遇しても，秋冬季に高夜温・長日で栽培するとロゼット化せずに開花するが，成長活性は弱いまま推移する．また，高温に遭遇しない場合は，ロゼット化を誘導する低温短日条件下で栽培しても，ロゼット化することなく開花する．形態的なロゼットの形成は，生理的なロゼットの誘導のあとに，夜温が 15℃以下となる低温や短日条件，低照度，株の老化などの影響で誘導される．秋冬季の日射量が豊富な暖地では，秋冬季の低温短日条件下において，プランターや木箱などで栽培するとロゼット化するが，地床で栽培するとロゼット化しないことから，低温や短日による形態的なロゼットの誘導には，土壌容積や土壌養分濃度のような根群の環境条件も影響すると指摘されている．

ロゼットの打破には 0 ～ 10℃の低温に遭遇させることが必要である．低温要求性が弱い品種や系統では約 350 時間，低温要求性が強い品種や系統では約 1,200 時間の低温遭遇時間が必要である．また，15℃以上の温度はロゼット打破の効果を打ち消す．一般に，早生の品種はロゼット化の程度が浅く，低温要求性が弱く，高温に遭遇しても低温の効果が打ち消されにくい．一方，晩生の品種はロゼット化しやすく，低温要求性が強く，高温に遭遇すると低温の効果が打ち消されやすい傾向が認められる．日本でシュッコンカスミソウの栽培が普及するようになって間もない頃は，同一品種内での低温要求性のばらつきのために成長が揃わないことが栽培上の問題となったが，1980 年代半ば以降は，低温要求性を考慮して選抜された系統が栽培されるようになっている．なお，ロゼット打破に必要な低温遭遇時間より長い時間の低温に遭遇した方が，ロゼット打破後の成長が旺盛になり，栄養成長から生殖成長への転換が速やかで，開花までの日数が短くなる．また，挿し芽を用いて切り花を生産する場合は，開花のための温度，日長，栽培条件が満たされれば，低温に遭遇しなくても開花する．この性質は，挿し芽苗を利用した促成栽培に応用されている．

3）生産と流通

(1) 栽培の基本と作型

シュッコンカスミソウの原産地は乾燥したアルカリ土壌地帯であることから，わが国ではハウス栽培が基本となる．カルシウム含量が高いアルカリ土壌を好み，植付け前に苦土石灰などで土壌の pH を 6.5 以上に調整する．日当たりと排水がよいところが適している．花茎が硬くしまった切り花を収穫するためには，収穫前に水切りを行う必要があることから，灌水は，栄養成長段階では十分に行うことで根張りと生育を十分に行わせ，出蕾期以降は控えめに行う．定植の 5 ～ 10 日後に摘心して，2 ～ 4 本仕立てとする．摘心は，シュートの生育を揃えたり，開花期の調整を目的として行われる．切り花の収穫適期（切り前）は，小花が 50％前後開花した頃であるが，最も下の側枝の頂花が開花した時点が基準とされることがある．また，暖地では高温で花の生理障害が発生することを回避するために，作型によっては早い開花ステージで収穫されることがある．

シュッコンカスミソウの栽培では，栽植密度を1m^{2}当たり2～5株を標準とするのが一般的であり，この場合は花束に向いた長い切り花となる．栽植密度を標準（2株）の2～8倍とすると，栽植密度が高いほどシュート当たりの小花数が減るが，シュートの長さには栽植密度の影響が認められないことから，ホームユース用やフラワーアレンジメント用の短い切り花を栽培するのに適した栽植密度は，切り花本数が最も多くなる，標準の3～4倍であるといわれている．

日本の高温多湿の夏はシュッコンカスミソウの生育に適さないことから，この時期には主に北海道と東北高冷地などの冷涼地で栽培される．一方，冬季でも九州・西南地域などの温暖な地域では多くの日射量が得られることから，促成栽培を行うことができる．日本におけるシュッコンカスミソウの主要な作型には，寒冷地の夏切り・秋切り栽培，中部高冷地や東北地方の夏秋切り栽培，暖地の初冬切り栽培（11～12月出荷），暖地の冬切り栽培（1～2月出荷），暖地の春切り栽培（3～4月出荷），暖地の二度切り栽培と株冷蔵栽培などがある．

低温短日期に収穫する促成栽培においては，ロゼットを回避するために加温と電照が必要となる．したがって，促成栽培には，限界日長が短く，生育開花に関する低温要求量が小さい品種が適している．また，挿し芽苗を利用する促成栽培は1980年代後半に開発された方法であり，それ以前は，株冷蔵栽培で促成栽培が行われていた．株冷蔵栽培は，暖地において夏の高温多湿を避けるために，春に開花した後の株を掘り上げて2～3℃で貯蔵し，秋以降に定植して，晩秋～翌春に収穫する栽培方法であるが，株冷蔵中に株腐れが生じたり，定植後の高温で低温の効果が打ち消されて（脱春化作用），定植後の低温短日期にシュートがロゼット化するなどの問題があった．また，挿し芽苗の方が株冷蔵栽培より切り花品質が向上することから，現在では，株冷蔵栽培は少ない．

(2) 苗　生　産

シュッコンカスミソウの苗の繁殖は挿し芽繁殖が最も一般的である．挿し芽繁殖は年間を通して行えるが，春～秋はミスト装置下に，冬は最低夜温10℃前後の加温ハウスのトンネル密閉条件で行われる．挿し芽を採取する2～3週間前に親株を摘心し，その後に成長した新梢から展開葉が1対（2枚）着いた挿し芽を採取して水揚げを十分に行い，800～1,000ppmのインドール酪酸に浸漬して挿し木床に挿し芽する．挿し芽後2～3日間は寒冷紗などで80～90％の遮光をする．春～夏は10～15日，秋～冬は20～25日で発根する．発根後，2～4日ほどミストを止め，徐々に強い光に当てて順化を行ったのち，鉢上げする．

茎頂培養した苗は，成長が旺盛になり，切り花の品質が向上する．また，茎頂培養では，培地にジベレリン生合成阻害剤で除草剤としても利用されるアンシミドールを添加して，ロゼット化しにくい個体を選抜することができる．このようにして培養された苗は，挿し芽を採取するための原原種として利用される．

(3) 主な生理障害

シュッコンカスミソウを23℃以上の高温で栽培すると，「だんご花」（図3-25）や，「黒花」，「老け花」と呼ばれる生理障害花が生じる．だんご花は，多数の花弁が形成されて花弁塊となった奇形花で，高温に遭遇した雄蕊の花弁化が過剰に行われることで生じる．花弁数が多い‘パーフェクタ’や‘ダイヤモンド’などで発生しやすく，花弁数が少ない‘フラミンゴ’や‘レッドシー’などで発生しにくい．また，イスラエルで育成された‘マジック’シリーズは，夏でも奇形花が発生しにくい性質がある．だんご花は夜温が22～23℃以上で生じるので，出蕾期の前後10日間は夜温が22℃未満になるように栽培管理を行うことで回避できる．黒花は花弁がしぼんで黒くなる生理障害花で，高温において花弁に含まれる可溶性糖類が呼吸基質として消耗されて減少するために，細胞の膨圧が低下して花弁が萎れることが原因であると考えられている．このため，収穫後にスクロースを処理することで，黒花の発生を回避できる．また，老け花は，高温期から低温期に向かう作型において，1つの花序の中で小花の生育差が大きくなるために，早く咲いた小花が老化する障

図3-25　だんご花となった‘ブリストルフェアリー’の小花

害である．したがって，収穫期間中の温度を高くして小花の生育の差を縮めることで回避できる．

（4）植物成長調整剤の利用

ロゼット化の防止にはベンジルアミノプリン（BA）やジベレリン（GA_3）が効果的であるが，切り花の品質が低下する．ロゼットの打破にはBAの茎葉散布が効果的であるが，ロゼット化防止の場合と同様に，切り花の品質が低下する．また，GA_3には開花の促進効果が認められない．ナフタレン酢酸（NAA）も開花を促進しないが，低温に遭遇していない株でも開花側枝が増加し，切り花の品質が向上する．また，高品質の切り花の条件に，上位の節間が短く，主茎や側枝の曲がりが少ないことがあるが，スミセブンやエスレルのような節間伸長を抑制する植物成長調整物質を処理すると，節間が短くなって主茎や側枝の曲がりが少なくなるので，切り花品質が向上する．

（5）主な病害虫

シュッコンカスミソウの病害には，萎凋細菌病（*Burkholderia caryophylli*），こぶ病（*Erwinia herbicola*），根頭がんしゅ病（*Agrobacterium tumefaciens*），斑点細菌病（*Burkholderia andropogonis*），疫病（*Phytophthora nicotianae* var. *parasitica*），茎腐病（*Rhizoctonia solani*），黒斑病（*Alternaria* sp.），うどんこ病（*Oidium* sp.），灰色かび病（*Botrytis* sp.），白絹病（*Sclerotium* sp.）などがあり，過湿の場合に発生するものが多い．また，土壌伝染する病害が多いことから，定植の前に土壌消毒が必要である．害虫としては，アブラムシ，ハコベハナバエ，ツメクサガ，ハモグリバエ類，カブラヤガ，ヨトウガ，ハダニ類，スリップスがある．

（6）収穫後生理と鮮度保持

シュッコンカスミソウは切り花として単独で用いるよりも，他の花に添えて花束などのボリューム感を増やすために用いられることが多い．花束の他，フラワーアレンジメント，テーブルフラワー，フラワーバスケット，ブーケ，コサージュなどにも利用される．花束の場合は，切り花の長さを60cm程度に調整して利用し，フラワーアレンジメントの場合は，切り花を15～40cmほどに短く切って利用されることが多い．切り花の品質としては，花の着生密度が高く，花に萎凋や奇形がない切り花で評価が高い．茎の硬さは，切り花を垂直，あるいは水平にしたときに，切り花の主茎や側枝が曲がらない程度が適切とされる．

シュッコンカスミソウはエチレン感受性であり，花弁が萎れる前にエチレンの発生量が急増する．切り花収穫後にSTSと糖を含む水溶液で前処理することが，切り花の日持ちを延長させる技術として定着している．0.5mMのSTSと10%のスクロースを組み合わせた場合に最も効果があり，水だけの場合より日持ちが3倍長くなるが，実用的なSTS濃度は0.07～0.1mMであるとされている．

収穫した切り花の輸送方法としては，湿式輸送が行われている．湿式輸送を行うと，常温でも長時間にわたって新鮮重が低下せず，萎凋花の発生もほとんどないことが明らかとなっている．また，湿式輸送を行う場合，差し水にスクロースと抗菌剤を添加すると，小花の開花が促進され，切り花重が増加し，日持ちが延長する．出荷前に5℃前後で予冷するとさらに長期間品質を保持できるが，輸送コストがかかったり，輸送後は低温に保たれないなどの問題がある．

(7) 花の臭い

シュッコンカスミソウを花束などで利用するうえでは全く問題ないが，大量に室内などに保管すると，一部の品種の花で不快な臭いがする．不快な臭いの原因物質は脂肪酸の一種のメチル酪酸である．官能検査からも，メチル酪酸の発散量が多い品種ほど不快な臭いが強いことが認められている．品種によってメチル酪酸の発散量に違いがあり，‘ブリストルフェアリー’と‘ゴラン’は多く，‘ユキンコ’は少ない．‘ブリストルフェアリー’の場合，メチル酪酸の発散量は，開花前の蕾で全くないが，開花後2日目から増加し，満開時の開花後4日目に最も多くなり，それ以降減少する．また，夜間より昼間の方が発散量が多い．

メチル酪酸は，アミノ酸のL-ロ

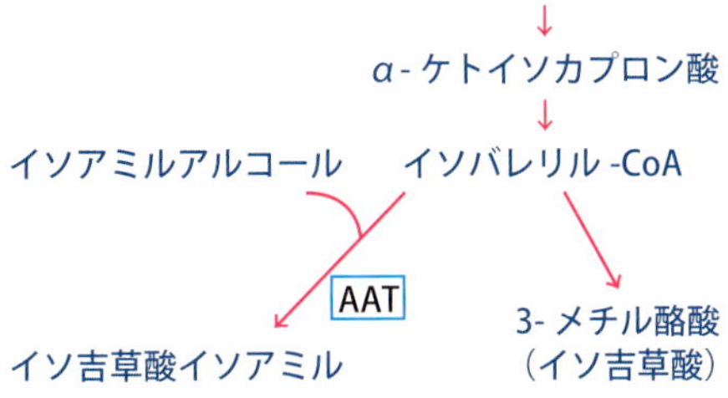

図3-26　シュッコンカスミソウの花におけるメチル酪酸とイソアミルエステルの生合成経路
(Nimitkeatkai, H. et al.：J. Japan. Sco. Hort. Sci., 2006)

イシンから変換されてできたα-ケトイソカプロン酸から生合成されると推察されている（図3-26）．イソアミルアルコールを処理すると，アルコールアセチルトランスフェラーゼ（AAT）によりイソ吉草酸イソアミルが生成されるが，このときにメチル酪酸の生成が減少するために，結果として不快な臭いが減少する．芳香族アルコールであるベンジルアルコールや2-フェニルエチルアルコールにも，イソアミルアルコールと同様の効果が認められる．

(8) 切り花の生産と流通

農林水産省の『花きの作付（収穫）面積及び出荷量』によると，日本におけるシュッコンカスミソウの作付面積と出荷量は，いずれも1992年（平成4年）に最大で，それぞれ571haと1億1,860万本であったが，その後は減少している．2010年（平成22年）は作付面積が256ha，出荷量が6,130万本である．切り花類の中では，作付面積が6番目，出荷量が8番目で，重要な花卉の1つとなっている．2010年のシュッコンカスミソウの作付面積が広い上位5道県は，熊本県，福島県，和歌山県，北海道，高知県である．出荷量が多い上位道県もほぼ一致している（表3-7）．一方，作付面積当たりの出荷量が多い上位5県は，愛知県，和歌山県，静岡県，長崎県，福岡県で，いずれも西日本の冬季温暖な地域である．日本のシュッコンカスミソウの主な生産地は，6月から10月に出荷する東北，北海道，長野県などの夏季に冷涼な地域と，11月から翌年の5月に出荷する冬季に温暖な西南暖地に大別され，周年出荷できる体制が整えられている．

表3-7　シュッコンカスミソウの作付面積，出荷量，作付面積当たりの出荷量（平成22年）

順位	作付面積（ha）	出荷量（万本）	出荷量/作付面積（万本/ha）
1	熊本県（103.0）	熊本県（2,440）	愛知県（625）
2	福島県（54.0）	和歌山県（1,420）	和歌山県（553）
3	和歌山県（25.7）	福島県（520）	静岡県（469）
4	北海道（18.2）	愛知県（348）	長崎県（404）
5	高知県（12.5）	北海道（327）	福岡県（353）
全国	256.0	6,130	240

（農林水産省：『平成22年産花きの作付（収穫）面積及び出荷量』，2011より作成）

4．アルストロメリア

1）種類と分類

(1) 主な種類

アルストロメリア（*Alstroemeria* L.）は，APG分類によると，ユリ科に近縁のユリズイセン科 Alstroemeriaceae の植物である．単子葉植物で，3枚の外花被片と3枚の内花被片を持つ左右相称の子房下位花であることから，かつてはヒガンバナ科に分類されたり（エングラー体系），ユリ科に分類されたり（クロンキスト体系）していた多年生の草本植物である．アルストロメリア科の植物はメキシコから南米にかけて5属約160種が分布しており，その多くは乾燥地帯に自生しているが，一部は熱帯雨林や低湿地にも自生している．

アルストロメリア属（*Alstroemeria* L.）は南米に約60種，つる性のボマレア属（*Bomarea* Mirb.）は中南米に約100種，レオントキール属（*Leontochir* Phil.）と一年生草本のタルタリア属（*Taltalia* Ehr. Bayer）がチリ北部に各1種，シケンダンツィア属（*Schickendantzia* Pax）はボリビア，ペルー，アルゼンチンに1種分布する．染色体数は，アルストロメリア属が2n＝16，ボマレア属とレオントキール属は2n＝18である．わが国で切り花として利用されているのはアルストロメリア属の改良品種が多い．

アルストロメリア属の植物が最も多く自生しているのは南米のチリで，海岸地帯から標高3,000mの山岳部にかけての幅広い地域に31種が分布している．次いで，ブラジル，特にアマゾン東部とブラジル高原に多くの野生種が自生しており，この中には湿地帯に自生する種類も見られる．この他，ボリビア，ペルー，パラグアイ，ベネズエラ，アルゼンチンにも自生するが，チリ原産種に比べて詳細が不明な種類が多い．

(2) 原産と来歴

アルストロメリア属の主な種としては，*A. aurea* Graham，*A. ligtu* L.，*A. pelegrina* L.，*A. pulchella* L.，*A. caryophyllaea* Jacq. などが知られている．その中

図 3-27　アルストロメリアの野生種
左上：ペレグリナ，右上：オーレア，
左下：プルケラ．

で最も早くヨーロッパに導入されたのはペルーからチリの海岸地帯の低地に自生するペレグリナ（*A. pelegrina* L.，図 3-27）で，スウェーデン人の Claus von Alstroemer が 1754 年にスペインで見つけた南米産の美しい植物の種子をリンネに送り，1762 年に *A. pelegrina* L. と命名された．本種は温暖な地域に自生しているので耐寒性は弱いが，花は美しく，花の直径（花径）が 7 ～ 8cm と大きいことから，今日の園芸品種育成の重要な親として利用された．花被に特徴的な明赤紫色の大きな斑点を持っている．日本には 1926 年に導入された．

オーレア（*A. aurea* Graham = *A. aurantiaca* D. Don）はチリの標高 200 ～ 1,800m 地帯に自生し，耐寒性が強い．花は鮮黄色あるいは橙黄色で，花径は 3 ～ 4cm とやや小さい．他種との交雑が比較的容易な種類で，ペレグリナとともに今日の品種の親となっている．日本にはペレグリナと同様，1926 年に導入された．

リグツ（*A. ligtu* L.）はチリ，アルゼンチンの標高 0 ～ 800m 地帯に自生しており，変種間の交雑による品種（リグツ・ハイブリッド）が育成されている．日本には戦後に交雑品種系統が導入された．

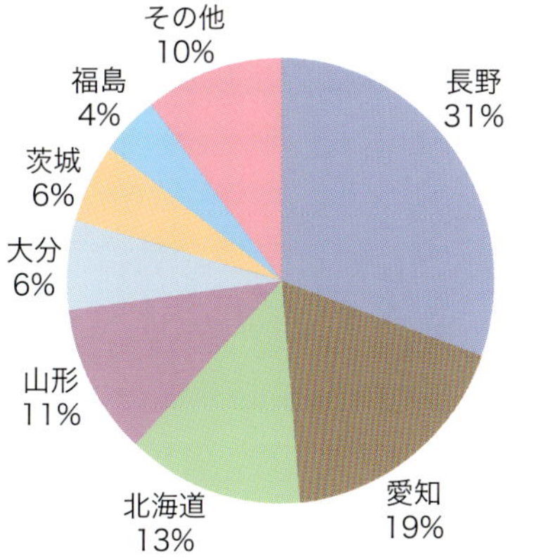

図3-28　アルストロメリアの主産地
（農林水産省：『平成 22 年産花き生産出荷統計』より作図）

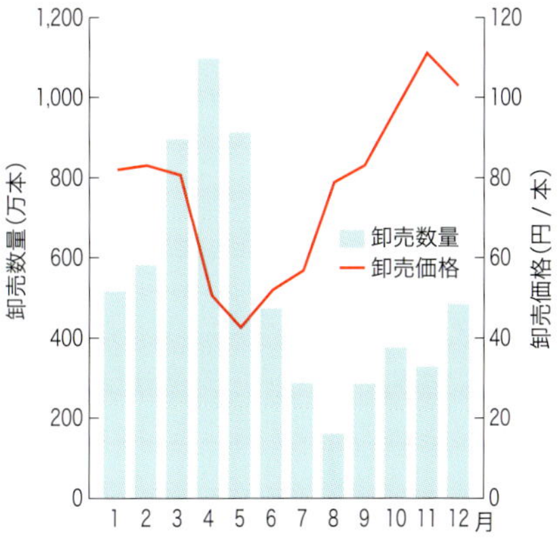

図3-29　主要卸売市場の月別卸売数量と卸売価格
（農林水産省：『平成 20 年花き流通統計調査報告』より作図）

プルケラ（ユリズイセン，*A. pulchella* L.）はブラジル原産で，花被片は濃赤色で先端部が緑色，花は筒状で花径が 1cm と小さく，チリ原産の種（ペレグリナ，オーレアなど）とは形状が異なる．非常に強健で，耐寒性，耐暑性があり，繁殖力も強いことから，暖地では野生化した群落が見られる．日本には 1877 年と，アルストロメリアの中では最も早く導入された．

日本での営利栽培の歴史は浅く，1960 年代に千葉県や長野県でオーレアやリグツといった野生種およびその選抜系の栽培が開始された．1976 年に長野県上伊那地方でリグツ・ハイブリッドの生産が始まり，1979 年にはオランダ育成の四季咲き性品種が導入されてから，日本の各地で切り花生産が本格化した．

2010 年の切り花生産量は約 6,000 万本，生産面積は 9,860a で，長野県，愛知県，北海道，山形県，大分県が主産地となっている（図 3-28）．周年にわたって出荷されているが，春季（3 ～ 5 月）の出荷量が最も多く全体の 45%を占め，高温となる 7 ～ 9 月の出荷量は少ない（図 3-29）．

(3) 主な品種（群）の育成経過

アルストロメリアは種間雑種が難しい植物である．その中で，最初の営利栽培品種となった‘オーキッド’（別名‘ウォルター・フレミング’）は野生種間（来歴不明）の自然交雑種（二倍体）である．その後，1950年代にいくつかの野生種間の交雑による品種育成が開始された．初期の代表的品種である‘レジナ’はペレグリナとオーレアの交雑種(二倍体間の交配により生じた偶発的三倍体品種)であるとされる．

品種育成は，オランダの種苗会社が中心に種間あるいは品種間の交雑によって進められたが，交雑実生苗は栄養繁殖しやすく，無断繁殖もされやすいことから，その育成経過はほとんど明らかにされていない．交雑育種で成熟種子が得られる組合せは限られているが，今日では交配1～3週間後に胚珠培養を行うことによってさまざまな雑種の育成が可能となっている．育成された品種は不稔となることが多いことから，交配で育成された個体に放射線照射することによる花色などの突然変異体の作出も積極的に行われ，多数の品種が育成された．

品種育成が活発化した1980年代にオランダで育成された品種は，

①オーランチアカ（オーレア）タイプ（野生種のオーレアに由来）．

②オーキッドタイプ（‘オーキッド’に由来）．

③カルメンタイプ（‘カルメン’（別名‘レッドバリー’）の枝変わりと後代）．

④バタフライタイプ（チリ原産種とブラジル原産種との種間交雑品種）．

⑤タッセンタイプ（種間交雑品種間の交雑による品種）．

⑥ハイブリッドタイプ（種々の種間交雑品種間の交雑による品種）．

の6つのグループに分類された．しかし，1990年以降はハイブリッドタイプが中心となっており，今日では前記①～⑤の呼称が使われることは少ない．ハイブリッドタイプはさまざまな野生種間の交雑によって育成された品種群とされているが，その来歴は明らかにされておらず，生育・開花特性は品種により大きく異なっている．

今日では，品種改良によって，青色を除く多彩な花色の品種が育成されている．わが国ではピンク系品種の生産量が最も多く，次いで白，黄，複色系品種が多く栽培されている．主要品種としては，‘レベッカ’（図3-30），‘オルガ’（図3-30），‘バージニア’，‘エベレスト’，‘ミクスチャ’，‘アモール’，‘レモン’などがある．切り花用の営利品種は，花径6～8cm，草丈は短い品種で0.8～1.2m，長い品種で1.4～1.8mである．1m^{2}当たりの年間採花本数は，少ないもので160～180本，多いもので240～280本程度（オランダ育成地のデータ）

図 3-30　アルストロメリアの園芸品種
左上：レベッカ，右上：オルガ，左下：リグツ・ハイブリッド，
右下：ミヤケストレイン・カリオフィラエア・ハイブリッド．

とされるが，わが国での採花本数はオランダより少ない傾向にある．

その他の主な品種群は次の通りである（図 3-30）．

矮性品種…草丈 25 ～ 35cm の矮性種で，主に 6 ～ 8 号鉢仕立てで春に出荷される．プリンセスシリーズなどがある．

リグツ・ハイブリッド…以前は別種とされていたリグツの変種のハエマンサやチレンシスなどの種内交雑によって育成された系統の総称で，1970 年代に導入された‘ドクターサルタース・ハイブリッド’もこの 1 系統である．鮮明で透明感のある花色は人気が高かったが，一季咲き性が強いことから生産量は大きく減少している．突然変異により，花被片にスポットがない品種群（ミヤケストレイン・スポットレス）が育成されている．この中には花被片が退化し，緑色と白色の包葉のみとなった‘グリーンコラール’という品種もある．

ミヤケストレイン・カリオフィラエア・ハイブリッド…ブラジル原産の野生種

（*A. caryophyllaea* Jacq.，*A. pulchella* L. など）間の交雑により育成された小輪の品種群で，前記①～⑥のオランダ育成品種と異なる形態をしており，芳香を有する品種もある．‘メイプリスタ’，‘スポッティーレッド’などの品種がある．

（4）形態的特徴

アルストロメリアでは地下茎が発達して多肉質の根茎となり，細根と肥大根（貯蔵根）を着ける（図 3-31）．肥大根の形態は種によって異なり，オーレアは細長いのに対し，プルケラは短く卵円形である．肥大根にはデンプンが多く含まれており，食用として利用されることもある．

根茎から発生する地上茎には，環境条件によって先端に花蕾を着ける開花茎と，葉のみで花蕾を着けない栄養茎があり，両者は混在することがある．野生種の地上茎は春～夏の開花後休眠に入り枯死する種類もあるが，オーレアのような常緑種では夏に開花が終わったあとに栄養茎が発生し続ける．

多くの野生種，園芸品種では葉が葉柄部で 180° ねじれて，通常，葉の裏面と呼ばれる背軸側が表（太陽面方向）を向いている．このため，気孔は葉の向軸側（表面）に多く分布しているので，気孔は地表面方向に多く向いていることになる．葉は全緑で切れ込みがなく，多少厚いものもある．

花芽が形成されると，花序軸の頂端部に総苞が形成され，各総苞片にカタツムリ形花序が形成される．花被片は 6 枚の左右相称花である．外花被片はやや大きく，内花被片の上 2 枚には条斑（スポットと呼ばれる条線状の模様）があることが多い．アルストロメリアの花被片からは，これまでに 15 種類のアントシアニンが同定されている．外花被片の主要アントシアニンは，赤色品種ではシアニジン 3- ルチノシドあるいは 6- ヒドロキシシアニジン 3- ルチノシド，赤紫色品種では 6- ヒドロキシデルフィニジン 3- ルチノシド，紫色品種ではデルフィニジン 3- ルチノ

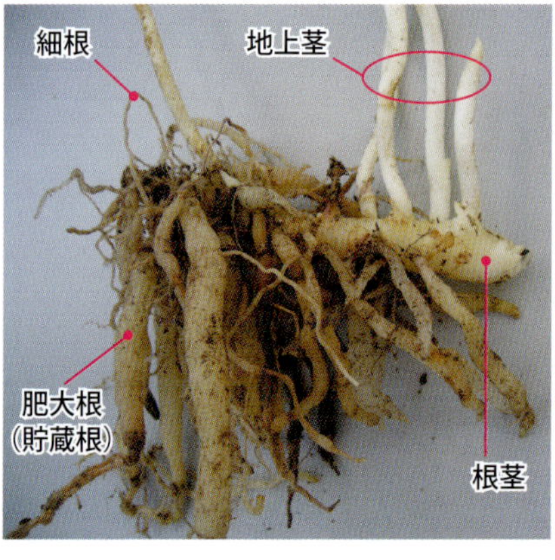

図 3-31　オーレアの地下部の様子

シド，黄赤色系品種では 6- ヒドロキシペラルゴニジン 3- ルチノシドあるいは 6- ヒドロキシシアニジン 3- ルチノシドで，黄色や白色品種にも微量のアントシアニンが含まれている．いずれの品種においても，条斑は暗紫色で，その主要アントシアニンはシアニジン 3- ルチノシドである．

雄蕊は 6 本ある．雄蕊先熟で，開花後数日かけて順番に開葯する．花柱は開花時に短いが，開花後徐々に伸長し，開葯が終わった頃に柱頭が 3 裂して成熟する．子房は下位で 3 室，蒴果を形成し，種子は球形である．野生種は同一種との交配で容易に結実するが，種間の交配では途中で胚珠の発育が停止して，種子が得られない場合が多い．

2）生理生態的特性

(1) 花芽形成と開花

アルストロメリアは，地下にある根茎が低温を感受すると花芽を形成する．このため，自生地では冬期間の低温に遭遇して花芽を形成し，春～初夏に一斉に開花する．花芽形成に有効な温度は 2 ～ 15℃（品種によっては 20℃）で，適温条件であれば連続して花芽を形成する性質があり，常緑性のオーレアは自生地によっては周年にわたって開花する．‘レジナ’では，十分な低温に遭遇した株を地温 5℃あるいは 10℃で栽培すると連続して開花するが，地温を 15℃，20℃，25℃と高くした場合，地温が高いほど早期に開花が停止する．

開花に必要な低温と，その処理期間は品種によって異なる．ポット苗を定植前に 2℃で低温処理し，その後，花芽形成に不適な 20℃で栽培した場合，一季咲き性が強い‘レジナ’が開花するためには 9 週間以上の低温処理期間が必要である．一方，中間型の‘カルメン’は 6 週間，四季咲き性の強い‘ウィルヘルミナ’は 3 ～ 6 週間の低温処理で開花する．また，‘レジナ’は 18 週間低温処理しても 20℃に移してから 1 ～ 2 ヵ月後に開花しなくなるが，‘カルメン’と‘ウィルヘルミナ’は 6 ～ 9 週間低温処理しただけでも 3 ヵ月以上継続して開花し続ける（表 3-8）．低温として作用する上限温度も品種によって異なり，‘レジナ’は 15℃，‘カルメン’は 17 ～ 18℃，‘ウィルヘルミナ’は 19 ～ 20℃と，品種改良が進み四季咲き性の強い品種ほど低温感応の上限温度が高い傾向を示す．また，‘レジナ’は 15℃以下の低温遭遇時間が毎日 6 時間程度であっても花芽を

表 3-8　植付け前の低温処理期間と開花との関係

品種名	低温処理期間(週)	採花本数(本) 11月	12月	1月	合計
レジナ	0	0	0	0	0
	3	0	0	0	0
	6	0	0	0	0
	9	7	2	0	9
	12	6	1	0	7
	15	6	1	0	7
	18	9	0	0	9
カルメン	0	0	0	0	0
	3	0	0	0	0
	6	0	5	2	7
	9	6	5	7	18
ウィルヘルミナ	0	0	0	0	0
	3	0	2	0	2
	6	2	10	6	18
	9	4	8	15	27

低温処理は2℃で行い，その後，最低夜温20℃条件で栽培．（土井元章ら，1998より作成）

形成する（図3-32）．発生する地上茎の総数は15℃以下の低温遭遇時間が0時間のとき最も多く，低温遭遇時間が長くなるほど少なくなるが，開花茎が増大するとともに，発生する地上茎の総数に占める開花茎の割合が大きくなる．

花芽形成と開花には地温が大きく影響する．例えば，‘レジナ’を用いて，気温を25℃あるいは18℃とし，地中冷却を14℃として育てると，気温の高低にかかわらず連続して開花するが，地中冷却を行わないと途中で開花が終了する．開花しなくなる時期は気温の高い25℃区が早い．

日長の影響を見ると，長日処理によって開花が早まり，採花本数も増加する．逆に短日（8時間日長）では開花が遅れ，採花本数が減少する．日長を10～24時間にすると，‘オーキッド’，‘レ

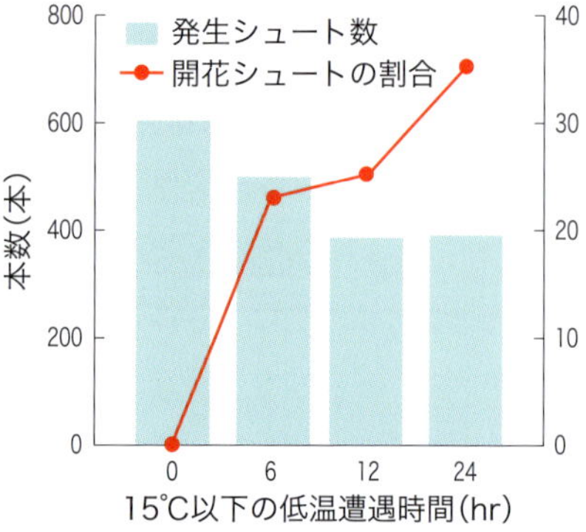

図3-32　1日当たりの低温遭遇時間が開花に及ぼす影響
（土井元章ら，1998より作成）

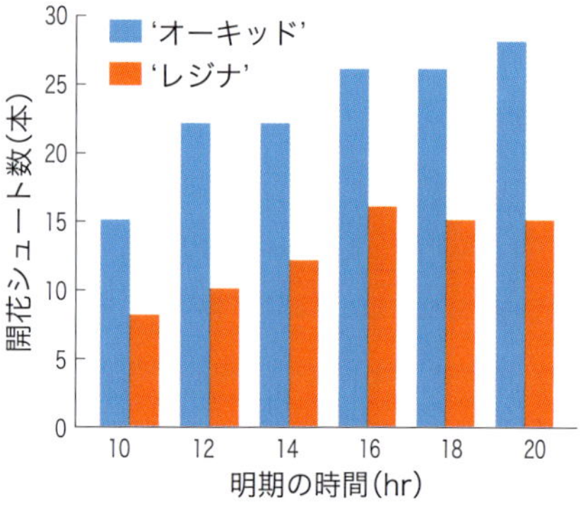

図3-33　日長が開花に及ぼす影響
（Lin, W. C. and Molnar, J. M., 1983より作成）

ジナ’ともに，16時間以上の日長で採花本数が増加する（図3-33）．暗期中断を白熱灯や赤色灯で行うと，遠赤色灯を用いた場合より開花時期は早まるが，採花本数への影響は認められない．冬季日照不足となる地域では，高圧ナトリウムランプによる補光（16時間日長）が効果的で，‘オーキッド’では30％程度，‘レジナ’では20％程度，採花本数が増加する．

(2) 地上茎の形成と根茎の成長

地上茎は，花蕾を着ける開花茎と，花蕾を着けない栄養茎に区別される．地上茎の発生総数は高温条件で増加し，25℃では15℃に比べ1.5～2倍の地上茎が発生する．発生した地上茎は，15℃以下では大部分が開花茎になるのに対し，20℃以上で栄養茎の比率が高まり，25℃ではほぼすべてが栄養茎となる（図3-34）．栄養茎は光合成産物のソースとして重要であり，地下部の成長も促進する．このため，地下部の消耗を防ぎながら収穫を続けるためには，開花茎と栄養茎が適度に混在していることが望ましい．地温を花芽形成の上限付近で管理したり，日中の地温を花芽形成の上限以上にすると，栄養茎が多くなる（図3-32）．

地下部の根茎と肥大根の生育には温度の影響が大きく，地温と気温を13℃または21℃として育てると，気温に関わりなく地温13℃で地下部の乾物重が大きくなる．地温が21℃の場合は，気温を13℃と低くすることで地下部の生育が促進される．短日は地下部の生育を抑制する傾向を示す．

(3) 越　冬　性

アルストロメリアは北海道などの夏季冷涼な地帯では初夏から晩秋まで開花するので，花壇用花卉としても利用できる．花壇用としては露地での越冬性を有することも重要である．札幌市で露地の越冬性を調査したところ，野生種ではオーレア，リグツ，プレスリアーナが耐寒性が強く，100％露地で

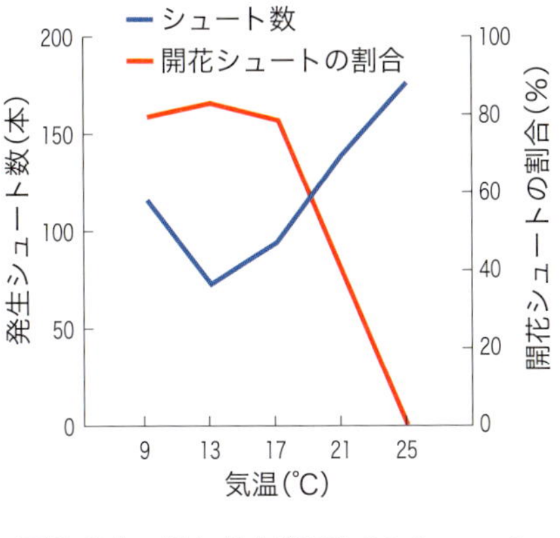

図3-34　異なる気温下でのシュート発生数
（Vonk Noordegraaf, C., 1975）

越冬したのに対し，ペレグリナ，マジェンタ，マグニフィカは露地での越冬が困難であった．種間雑種で育成された品種においても，オーレアやリグツを片親に用いたものは越冬率が高く，耐寒性の弱いペレグリナやバーシカラーを子房親とした品種はすべて枯死した．

3）生産と流通

(1) 繁殖と苗生産

繁殖は，実生繁殖，根茎を用いた株分け，組織培養によって行われる．切り花用品種の大部分は育成者の権利保護のために種苗特許が取得されているので，苗を購入しても（栽培契約を結んでいることが多い），株の増殖や分譲，あるいは育種的利用が禁じられている．契約期間は 4 年程度で，その後も引き続いてその品種を栽培する場合は更新料を支払う必要がある．苗はセルトレーあるいはポット苗として供給される．

実生繁殖…野生種の増殖は実生で行われる．ペレグリナの種子の発芽適温は 15 ～ 20℃で，7 ～ 10 日で発芽する．5℃あるいは 25℃では発芽が抑制される．一方，プルクラ（*A. pulchra* Sims）の種子の発芽適温は 10 ～ 15℃と低く，20℃以上では発芽しにくい．種皮の一部を削り取る剥皮処理を行うと，発芽が早まり発芽率も高まる．貯蔵されて休眠中の種子は低温処理（5℃）によって発芽が促進される．

株分け…地上茎が多数発生した根茎を分割する方法で，はじめに地上部を切り取ってから，根茎の先端部を傷付けないよう掘り上げ，古い根茎や根を除去する．通常は春あるいは秋の植替え時に行うが，3 ヵ月間隔で掘り上げ，株分けを行うこともある．

組織培養による大量増殖…株分けは増殖率が低いことから，大部分の切り花用品種では組織培養による大量増殖が行われている．4 週間ごとの増殖率は 4 ～ 7 倍とされるが，品種によって異なる．培養には根茎の腋芽が用いられることが多い．この場合，腋芽が土中にあるため滅菌を十分に行う必要がある．初期培地としては，MS 培地にショ糖 3％，BA 2 ～ 4mg/L を加えたもの，その後の発根培地としては BA を除いて NAA 0.5mg/L を加えたものを基本とし，品種や培養部位によってホルモン組成を変える．

(2) 栽培方法と作型

春植え栽培（3～4月定植）では8月以降，秋植え栽培（9月定植）では翌年の2月以降に採花が始まる．その後は，契約期間中の据え置き栽培で採花を続ける．品種によっては据え置き3～4年目に開花茎が細くなり，採花本数が減少することがあるので，その場合は2年で掘り上げ，株分けと改植を行う．

夏季の地中冷却栽培…わが国では，夏季の高温のため地温が花芽形成の上限を超えることから，地中に埋設した循環パイプで冷却水を流し，地温を15～20℃に下げ，花芽形成を促進させる地中冷却栽培が普及している．装置は，水を冷やす冷却機，水をためるタンク，循環ポンプ，循環パイプより構成される．冷却機は10a当たり7.5馬力程度の能力が必要である．循環パイプにはハウス建築用の直径25mmのパイプやビニルホースを用い，株を挟むように2本のパイプやビニルホースを深さ5～10cmに埋設する．

地中冷却の効果としては，年間採花本数の増加，単価の高い秋～冬季の採花本数の増加，切り花品質の向上などがある．しかし，地中冷却の効果は品種間差が大きい．茨城県の例では，‘レジナ’や‘ビエンナ’は地中冷却によって採花本数が大幅に増加するが，‘レッドバリー’，‘アモール’，‘アマンダ’，‘ネバダ’はほとんど増加せず，‘ウィルヘルミナ’のように減少する品種もある．

夏季冷涼な北海道においても地中冷却の効果が認められ，‘ティアラ’，‘ピンクトライアンフ’，‘ラパーズ’，‘ロジタ’は地中冷却によって採花本数が増加し，花蕾数が増加する．しかし，‘アモール’と‘ウィルヘルミナ’のように効果が明らかでない品種もある．

冬季の地中加温栽培…冬季地温が低いと地上茎の発生数が減少することから，地中冷却に用いた循環パイプに温水を流して地温を14～16℃に高めると，採花本数が増加し，切り花品質が向上する．地温が高いほど地上茎の生育が促進され開花も早まるが，地温が高すぎると栄養茎の比率が多くなることから，品種の特性に応じた温度設定を行う必要がある．

補光栽培…冬季日照不足となる地域では，光合成を高める目的で高圧ナトリウム灯による補光を行うと，到花日数が短縮され，花芽の枯死（ブラスチング）が軽減される．地中加温と組み合わせることにより，補光の効果が大きくなる．

長日処理栽培…‘レジナ’や‘オーキッド’では，16時間程度の長日処理によって採花本数が増加する．‘レベッカ’は，16時間日長で開花が早まるものの採花本数が減少するので，14時間日長がよいとされる．暗期中断を行うと，‘アモール’や‘ピンクトライアンフ’，‘ラパーズ’では採花本数が増加するが，‘ティアラ’は変わらず，‘ウィルヘルミナ’は減少するなど，品種間差が大きい．近年育成された品種は12～14時間日長が適切とされるが，電照の効果が明瞭でない品種も多い．

摘蕾による開花調節…7～8月の高温期は切り花の品質が低下するとともに需要も減少することから，この時期に摘蕾処理（蕾が確認できた開花茎について，花序の付け根から手で摘み取る）を行う．そうすると，9月以降の採花本数が増加するとともに，切り花長が長くなり，花蕾数や茎径が増加するなど，切り花品質が向上する．5～6月に摘蕾処理を行うと7～8月の採花本数が増加するが，高温期の採花による株の消耗のため，秋の採花本数が減少することがある．

リグツ系品種の開花調節…リグツ系品種は一季咲き性が強く，無加温栽培では5～6月に集中して開花する．冬季の加温温度を5～10℃に高めることで開花が1～2ヵ月早まり，電照による開花促進効果も認められる．さらに，6月に根茎を掘り上げ，5℃で60日程度低温処理を行ったのち秋に定植し，冬期間加温と電照を行うと，2～3月の採花が可能となる．年内開花のためには，低温処理前に30℃で高温処理を行うと採花本数が増加し，切り花品質も優れる．高温処理期間は4月から1ヵ月程度とし，密閉したハウス内で株を据え置いたまま電熱線とトンネルを用いて処理を行う．高温処理によって強制休眠させた株を掘り上げ，5℃で60日低温処理を行って休眠打破後の7月に定植すると，11月からの採花が可能となる（表3-9）．根茎が大きいほど採花本数が増加する傾向が

表3-9　低温処理前の高温処理がリグツの採花に及ぼす影響

高温処理温度	低温処理温度	採花開始日	採花本数（本／株）				切花長（cm）	切花重（g）
			11月	12月	1月	合計		
30℃	5℃	11月13日	4.5	5.5	4.5	14.5	111	25
20℃	5℃	11月13日	3.0	1.0	2.0	6.0	101	35
無	5℃	11月13日	4.5	2.5	1.0	8.0	82	21

（鈴木亮子ら，2001より作成）

あり，早期に開花する作型ほど大きな根茎が必要となる．加温促成栽培では20g以上，冷蔵加温促成栽培では25g以上，年内出荷栽培では30g以上の根茎を用いることが望ましい．

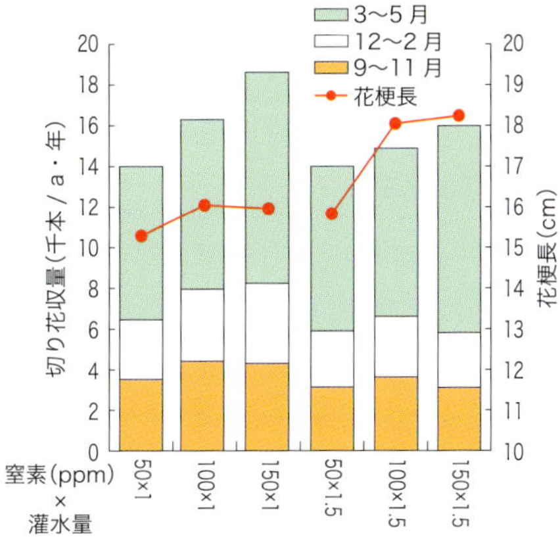

図3-35 液肥濃度，灌水量と，時期別切り花収量および花梗長
（神谷勝己ら，2006）

栽培管理方法…定植は90〜100cmの畦に2条植え（条間45cm×株間50cm），あるいは60cmの畦に1条植えとする．4年程度の据え置き栽培となるため，50cm以上深く耕すとともに，有機質資材を十分に施用して排水性や通気性の改善を図る．

施肥は，基肥として10a当たり窒素10kg，リン酸20kg，カリ15kgを施用し，その後，年数回〜月1回の割合で追肥する．養液土耕を行う場合は，灌水量を1.5〜2.1L/m^2・日（高温期は2.1〜2.8L），液肥の窒素濃度を100〜150ppm（高温期は50〜75ppm）に管理することで，切り花の収量や品質が向上する（図3-35）．灌水量が少ない場合は，地上茎の総発生数が少なくなり，草丈が短くなりやすい．逆に灌水量が多いと，地上茎の総発生数は増加するが，軟弱になりやすい．

夏季は，換気ならびに30〜50％の遮光資材を用いて室温の低下を図る．冬季は二重被覆とし，夜温8〜15℃，昼温20℃程度で管理する．地上茎の発生から開花までの日数は，施設内の日平均気温が12℃の場合に70〜90日，15℃の場合に45〜60日，18〜20℃の場合に35〜40日程度となる．

地上茎の総発生数の多い品種では，過繁茂によって茎が細くなったり，下葉の黄化，茎の曲がりなど，品質の低下が起こりやすいので，弱小茎を中心に月1〜2回程度間引きを行って光環境の改善を図る．過度に間引きを行うと光合成産物の蓄積が減り，採花本数の減少や品質の低下が起こりやすくなる．

(3) 主な病害虫

アルストロメリアの病害としては，ウイルス病，灰色カビ病，疫病，白絹病，菌核病，根茎腐敗病，害虫としてはオンシツコナジラミ，スリップス，アブラムシ，ナメクジの発生がみられる．日本国内においてアルストロメリアで発生が認められているウイルスは9種類あり，特にアルストロメリアモザイクウイルス（AlMV）が単独感染もしくは他のウイルスとの重複感染する．AlMVとキュウリモザイクウイルス（CMV），ソラマメウイルトウイルス（BBWV）などが重複感染すると，株の萎縮，奇形によって生育がきわめて不良になる．ウイルスの伝搬はスリップスやアブラムシによって行われるので，防除を適切に行う．

(4) 収穫後生理と鮮度保持

標準的な切り前は1番花がほぼ開花した状態であるが，高温期はやや早めとする．収穫は開花茎を引き抜いて行い，吸水性を確保するため茎の緑色部で切り戻す．根茎が損傷しやすい品種では，地際近くで開花茎を切り取って収穫する．

アルストロメリアのエチレン感受性は花卉類ではやや低い部類に入り，トルコギキョウやキンギョソウより感受性が低い．しかし，採花や調整中に受粉や花の損傷によるエチレン生成が起こらないよう，ていねいに扱う必要がある．また，流通段階で他の作物や切り花が発生するエチレンにさらされないように注意する．老化に伴う現象としては，葉の黄化や傷み，花被片の退色や萎凋，花被片や雄蕊の落下，蕾の枯死などが見られる．葉の黄変の防止にはジベレリンやベンジルアデニンが効果的で，花被片の落下を防止するSTSと併せて前処理を行う．アルストロメリア専用の鮮度保持剤が市販されており，クリザールメリアの場合は200倍に希釈し，10時間程度の処理を行う．

切り花の日持ちは2～3週間程度と比較的長く，2番花，場合によっては3番花まで開花する．切り花の日持ちは高温条件で短くなるので，できるだけ低温流通を図り，涼しい場所で観賞する．糖を含む後処理剤を処理することで蕾の開花が促進される．

アルストロメリアの茎葉や花にはチューリポサイドAというアルカロイドが含まれており，汁液が皮膚に付着するとかぶれ症状を起こす．花束などに触れる程度ではかぶれることはほとんどないが，収穫や下葉の除去など，汁液に触れる作業を行う場合はゴム手袋を着用する．

5．デルフィニウム

1）種類と分類

(1) 原産と来歴

デルフィニウム属（オオヒエンソウ属，*Delphinium* L.）はキンポウゲ科の約200～300種からなる属である．ヨーロッパ，アジア，北アメリカなど，北半球の温帯の他，一部は中央アフリカの山岳地帯に分布し，多くは多年草であるが，一年草や二年草もある．属名はギリシャ語のdelphis（イルカ）に由来し，蕾の形に因む．17世紀前半の園芸書にはすでに八重咲き品種の記述があるが，本格的な育種が始まったのは19世紀半ば以降である．現在栽培されているデルフィニウムの園芸品種の成立には，エラータム種（*D. elatum* L.）とグランディフロラム種（*D. grandiflorum* L.，オオヒエンソウ，異名として*D. grandiflorum* L. var. *chinense* Fisch. ex D. C.を持つ）を中心に，数種の原種が関わっている．

育種の中心は初めフランスにあったが，19世紀後半にはイギリスに移り，大型で長大な花穂を着けるエラータム系の交配種を中心に4,000以上もの品種が育成された．20世紀になるとアメリカで品種改良が盛んとなり，1930年代にカリフォルニアでエラータム系のパシフィック系品種が発表された．この系統は，丈夫であることに加え，播種から開花までの期間が短く，一年草として扱えるという特徴があった．それまでのエラータム系品種の繁殖は栄養系が主流であったのに対し，パシフィック系品種は種子繁殖の可能な代表系統として，のちの種子系品種の発展に大きく寄与した．

一方，大輪のエラータム系品種とは別に，やや草丈が低く，一重の花をまばらに着ける‘ベラドンナ’と呼ばれるタイプのデルフィニウムが19世紀後半に出現した．‘ベラドンナ’の起源は明らかでないが，のちの交雑実験によって四倍体のエラータム（2n = 32）と二倍体のグランディフロラム（2n = 16）との交雑によって生じたものと考えられている．初期のベラドンナタイプのデルフィニウムは三倍体のため不稔であったが，のちに染色体の倍加によって六倍体が生まれて稔性を持つようになり，種子系のベラドンナ系品種が作られた．

デルフィニウムは従来，デルフィニジンを基調とした青色～紫色系の品種が主体であったが，北米原産の赤色のカーディナーレ種（*D. cardinale* Hook.）およびヌディコーレ種（*D. nudicaule* Torr. et. A. Gray）とエラータム系との交雑が1953年にオランダで始められ，ユニバーシティ系と呼ばれる赤色系品種が作出された.

デルフィニウムは耐寒性は強いが暑さに弱く，切り花にするとすぐに萼片が離脱することから，以前は日本では冷涼地の庭園用に利用が限られていたが，STSによる鮮度保持技術の開発によって，1985年から切り花としての生産が始まった．東京都中央卸売市場における平成22年のデルフィニウム切り花の取扱い数量は1,035.7万本で切り花全体の約1.1％（取扱い品目中16位），取扱い金額は約9.1億円で切り花全体の約1.5％（同10位）を占めている．切り花生産の増加に伴い，欧米で育成された品種の他に，日本の民間や公的研究機関などが育成した品種も増えている．園芸品種の成立に関わった原種は本来多年草であるが，今日の日本で栽培される品種は園芸上，一年草として扱われることが多い.

一般にチドリソウ（千鳥草）の名で知られる一年草のヒエンソウ（*Consolida ambigua*（L.）P. W. Ball et Heyw.）やルリヒエンソウ（*C. regalis* S. F. Gray）は，以前はデルフィニウム属に分類されていたが，現在ではヒエンソウ属（*Consolida* S. F. Gray）として扱われる．英語の一般名であるラークスパー（larkspur）はデルフィニウム属とヒエンソウ属の両方に使われるが，日本ではラークスパーというとチドリソウを指し，デルフィニウムと区別される.

(2) 主な系統と品種の特徴

現在，一般的に栽培されている園芸品種はエラータム系，シネンシス系，ベラドンナ系，およびユニバーシティ系の4グループで，その他いくつかの原種やそれらとの交雑種が栽培されている（表3-10）．国内に流通しているデルフィニウム切り花の平成21年における構成比は，エラータム系が約25％，シネンシス系が約67％，ベラドンナ系が約8％となっている.

エラータム系…ヨーロッパからシベリアにかけて分布するエラータム種を基本とし，欧米で古くから発達したデルフィニウムの代表的品種群である（図3-36a)．葉はやや浅裂し，大型で長大な花穂を形成する．草丈は60cm～2m

に達する．花は大輪の八重咲きが主で，青～紫色が花色の中心であるが，白やピンクなどもある．栄養繁殖によって繁殖および維持される系統（栄養系）と，種子によって繁殖および維持される系統（種子系）がある．日本で栽培されている系統は主に種子系で，草丈の高いパシフィック系と，草丈の低いリトル系，および両者の中間の F_1 系がある．

シネンシス系（グランディフロラム系）…シベリア，中国北部～モンゴルにか

表 3-10　デルフィニウムの主な系統および品種

	主な系統および品種		特　性	繁　殖
エラータム系 2n ＝ 32	パシフィック系	‘ブルーバード’(青)，‘キングアーサー’(濃紫)，‘ガラード’(白)，‘サマースカイ’(淡青)	高性， 八重	種子系
	リトル系	‘ブルーフォンテンズ’，‘ブルースプリングス’，‘マジックフォンテンズ’	矮性， 八重	種子系
	F_1 系	キャンドルシリーズ，オーロラシリーズ，スピアーシリーズ，‘シリウス’(薄紫)，‘ガンマアーミー’(淡青)	八重	種子系
シネンシス系 2n ＝ 16	‘ブルーバタフライ’(青)，‘スカイブルー’(淡青)		一重	種子系
	‘ブルーミラー’(青)，‘ハイランドブルー’(青)		一重， 距なし	
ベラドンナ系 2n ＝ 24，48	‘フォルカフリーデン’(青)，ワルツシリーズ		一重	栄養系
	‘ベラドンナ’(淡青)，‘ベラモーサム’(濃青)			種子系
ユニバーシティ系	‘プリンセスカロライン’(ピンク)，‘レッドカロライン’(赤緋)		八重	栄養系
原種系	ザリル（黄） カーディナーレ（赤緋） ヌディコーレ（橙赤）		一重	種子系

図 3-36　デルフィニウムの主な品種

a:エラータム系，b:シネンシス系，c:距がないシネンシス系品種，d:ベラドンナ系‘フォルカフリーデン’．（写真提供:David Bassett 氏(a)，勝谷範敏氏(b, c)，菅原　敬氏(d)）

けて分布するグランディフロラム種から発達した品種群である（図3-36b，c）．シネンシスの名称は異名の *D. grandiflorum* var. *chinense* による．エラータム系より小型で草丈は40～70cm位，葉は深裂し，よく分枝する．一重咲きで，淡青色を中心に白から濃青色のやや小輪の花をまばらに着ける．シネンシス系の切り花はスプレー状のため，距があると絡みやすいことから，近年は距がない品種が主流になっている．

ベラドンナ系…エラータム種とグランディフロラム種との交雑によって生じたと考えられ，*D.×belladonna* hort. ex Bergmansの学名が用いられる（図3-36d）．三倍体で不稔の栄養系と，六倍体で稔性を持つ種子系がある．エラータム系とグランディフロラム系の中間的な形態を示すが，一重咲きである．

ユニバーシティ・ハイブリッド系…エラータム系デルフィニウムに，カリフォルニア原産の赤色のカーディナーレ種や橙赤色のヌディコーレ種，イラン原産の黄色のザリル（*D. semibarbatum* Bienert ex Boiss.，キバナヒエンソウ，＝*D. zalil* Aitch. et Hemsl.）などを交雑してできた黄色～赤色の品種群である（図3-37）．この交雑はオランダのワーゲニンゲン大学のレグロ博士によって1953年から始められたが，エラータム系が四倍体であったのに対し，これらの原種は二倍体であったので，コルヒチン処理で倍加することによって交雑に成功した．これらの交配種は不稔であることと，挿し芽のためのシュートが得られないことから，すぐには普及しなかったが，1980年代後半に組織培養による増殖が可能となってから，切り花生産に利用されるようになった．

図3-37　ユニバーシティ系品種の育成親となった原種
a：ヌディコーレ，b：カーディナーレ，c：ザリル．（写真提供：勝谷範敏氏）

(3) 形態的特徴

種子は発芽後，数～十数枚の葉を展開したのち主軸が伸長（抽苔）し，その先に総状花序，または分枝して複総状花序を形成する．根はやや多肉質でひげ根状に発生するが，ザリルのように肥大して塊根状となるものもある．葉は葉柄を伴い，掌状に切れ込む．エラータム系では，下位の茎葉は有毛であるが，上位ではほぼ無毛となる．

花序は，エラータム系では主軸が特に発達して数十から百以上の小花を密に着けるのに対し，シネンシス系ではよく分枝し，主軸と側枝のそれぞれに数輪の小花をまばらに着ける．切り花生産において，エラータム系では側枝の花序を取り除いて主軸の大きな花序を商品とするのに対し，シネンシス系では側枝の花序を発達させるために，発蕾の段階で主軸の花序を摘除することが多い．

小花は小花柄を持ち，その基部に苞葉（bract）が1枚，小花の付け根付近に小苞葉（bracteole）が2枚着生する（図3-38）．花は左右相称で，着色して花びらのように見える5枚の萼片と，萼片より小さい8枚の花弁がある．花弁のうち，外見上認められる大きさにまで発達するのは向軸側（上側）の4枚で，背軸側（下側）の4枚は非常に小さく目立たない．最も向軸側の2枚は上花弁と呼ばれ，距を形成し，その中に蜜が分泌される．最も向軸側の萼片（図3-38の萼片2）も距を形成し，上花弁が形成する距を包み込む．上花弁に隣接した2枚の花弁は下花弁と呼ばれ，毛で覆われる．花弁は，その色が萼片の色と異なることが多く，「目」（eye）またはbeeと呼ばれる．欧米の庭園用デルフィニウムでは，「目」が暗色の品種（図3-36a）も多いが，切り花の形質としては好まれないので，日本で栽培されているほとんどの品種は「目」が白もしくは萼片と同系色である．シネンシス系およびベラドンナ系のほとんどは一重咲きであるが，エラータム系では八重咲きが多い．八重咲きでは萼片が13枚となり，花弁は6～8枚前後が発達する．一方，シネンシス系の距がない品種は花弁を欠く．

雄蕊と，雌蕊の離生心皮はらせん状または輪生状に配列する．雄蕊は1つのwhorl（輪）当たり8本ずつ着生し，エラータム系およびシネンシス系の栽培品種の多くは24～32本前後である．雌蕊では心皮が3～5枚で離生する．デルフィニウムは雄蕊先熟で，開葯は開花前か開花と同時に起こり，柱頭は開花数日後に

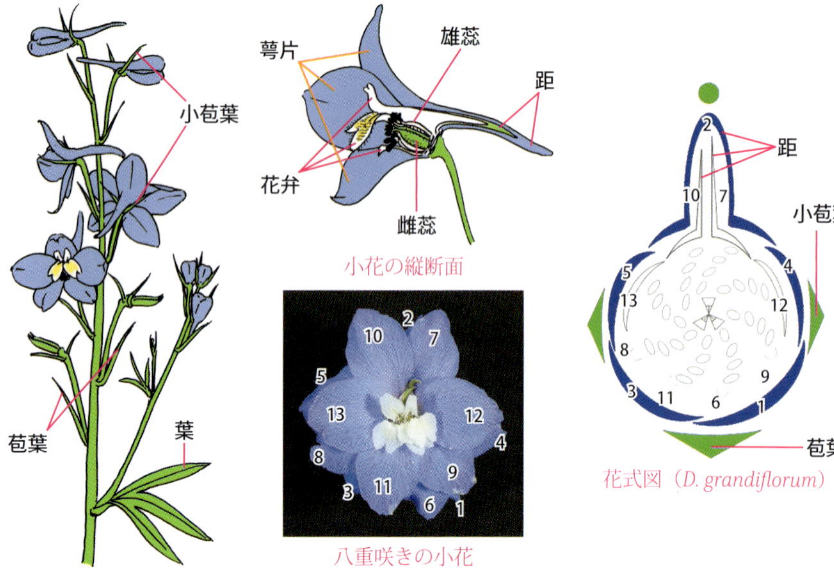

図 3-38　デルフィニウムの花序と小花の構造
写真中の数字は萼片の分化の順序を示す．花式図中の数字は萼片と花弁の分化の順序を示す．1～5：萼片，6～13：花弁，花弁 7，10 の距は萼片 2 の距に包まれる．（花式図は Jabbour，F. et al.：Ann. Bot.，2009 による）

成熟するが，栽培品種では雌雄同熟に近いものもある．袋果を形成し，1 枚の心皮当たり約 10～25 個の種子を生産する．

抽苔後，主軸の基部地表付近に側芽を形成し，主軸の開花後，環境条件によってはロゼットを経過したのちに伸長して開花する．茎の基部地表付近は分枝を繰り返して，次第に株立ち状（叢生状）となる．

2）生理生態的特性

(1) 発　　芽

嫌光性種子とされるが，現在栽培されている品種では光条件にあまり影響されない．一部の原種系を除いて 15℃から 25℃の範囲で発芽し，昼温 20℃，夜温 15℃で最も発芽率が高い．昼温 30℃，夜温 20℃を越えると発芽率は著しく低下する．温度が低いと発芽が遅く不揃いになりやすいので，播種後 4 日まで 25℃程度の高温に置いてから，涼温に置いた方が発芽揃いはよくなる．適温では 10 日ほどで子葉が展開し，25 日後までに発芽は完了する．

（2）生育温度と花芽誘導条件

冷涼地の原産なので，生育適温は比較的低く，耐寒性は強いが耐暑性は弱い．

エラータム系はおよそ本葉 4 枚展開時までが幼若期に当たり，それ以上葉を展開すると花芽形成が可能な花熟状態に達する．花芽形成は高温と長日によって誘導される．日平均気温がおおむね 20℃以上になると花芽形成が促進されるようになり，25℃になると著しく促進される．一方，日長は花芽形成に量的に作用し，短日条件でも一部開花するが，20 時間日長まで日長が長くなるに従って開花が促進される（図 3-39）．このように，デルフィニウムは他の花卉と比較してより長い日長で開花が促進されるが，これは原産地が高緯度地域であることと関係していると考えられる．

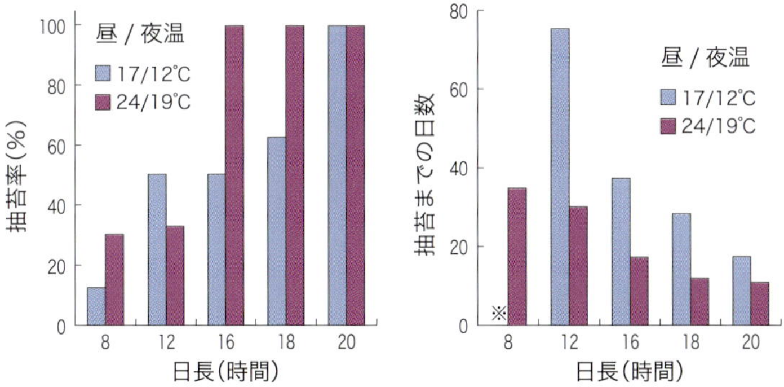

図3-39　エラータム系デルフィニウムの抽苔率（左）と抽苔までの日数（右）に及ぼす日長と温度の影響

品種‘クリア・スプリングス’，展葉数 4 ～7 枚の苗を処理. ※：データなし.（Kikuchi, K. et al.：J. Japan. Soc. Hort. Sci.，2000 より表をグラフに改変して引用）

（3）花芽形成と花序の発達

花芽形成の開始に伴い，抽苔を開始する．節間が伸張して抽苔が外見的に認められる頃にはすでに小花を分化し始めており，茎の伸長とともに花芽形成が進行する（図 3-40）．小花の数は，抽苔時の植物体の大きさ（展葉数）に大きく関係する．発芽後すぐに，展葉数が少ないうちに花芽形成して抽苔すると，小花数が著しく

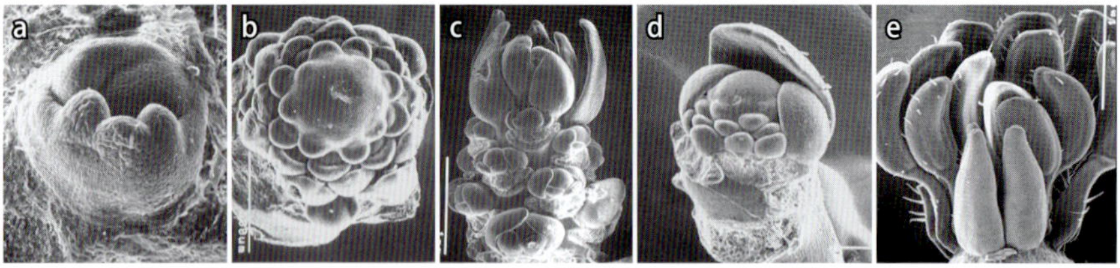

図 3-40　エラータム系デルフィニウムの花芽発達過程
a：栄養成長，b：小花原基形成，c：萼片形成，d：花弁形成～雄蕊形成，e：雌蕊形成．
品種：ブルースプリングス．（写真提供：勝谷範敏氏）

少なくなる（早期抽苔；図 3-41，3-44）．発芽後十分に時間を経過し，展葉数が多くなってから抽苔させると小花数が多くなる．したがって，小花数を増やして花穂のボリュームを確保するためには，花芽形成開始までに一定以上の栄養成長期間を確保する必要がある．

(4) ロゼットの形成と打破

ロゼット化は涼温・短日条件で誘導される．ロゼット性は，エラータム系で強くシネンシス系で弱いが，近年はロゼット性の弱いエラータム系品種も育成されている．トルコギキョウと異なり，デルフィニウムでは，幼苗期に高温に遭遇しなくても涼温・短日条件に置かれるとロゼット化する．ロゼット化すると，葉の展開を続けるが，抽苔および開花が困難となる．ロゼット化した株をその後高温長日条件で栽培するとやがては開花するが，節間の短縮や花序の巨大化，帯化などの奇形が発生する（図 3-42）．そのため，ロゼット化しやすい環境条件下で品質のよい切り花を得るには，いったん低温に遭遇させてロゼットを打破してから開花させるか，最初からロゼット化を防ぐ処理を行うことが必要となる．

図 3-41　早期抽苔したデルフィニウム（エラータム系）
小花が数輪しか着かず商品価値がない．

ロゼット化を防ぐには，おおむね 18 時間以上の長日処理を行う．15 時間程度の日長では，昼温が高くても夜温が 20℃以下になるとロゼット化することがある．

ロゼット化した場合，ロゼット打破に有効な低温域は 10℃以下である．品種にもよるが，エラータム系のロゼット性の強い品種でも，おおむね 10℃以下に 1,000 時間，5℃以下に 600 時間遭遇すれば打破される．実際の栽培では，最低気温 5℃以下の自然低温に 30 ～ 40 日程度遭遇させることが目安となる．

図 3-42　ロゼット化した株に開花したデルフィニウム（エラータム系）

花序の節間が短縮し，ときには帯化して商品価値を失う．（写真提供：勝谷範敏氏）

3）生産と流通

(1) 苗　生　産

エラータム系，ベラドンナ系，シネンシス系はいずれも種子繁殖が行われることが多いが，従来の固定品種は形質にばらつきが多く，生産上問題となっていた．最近はこの問題を克服するために，F_1 品種が多く育成されている．受粉後 30 日ほどで種子が成熟するが，採種後常温で保管すると発芽率が大きく低下するので，乾燥剤とともに冷蔵庫で保管する．

図 3-43　デルフィニウムの挿し穂（シネンシス系）

栄養繁殖は株分けで行うこともできるが，栄養系品種は主に挿し芽で繁殖される．抽苔前または抽苔開始直後のシュートを基部から切り離し，挿し穂とする（図 3-43）．木化した部分から切除し，発根促進剤（オキシベロン）を併用すると発根数が増加する．培地はパーライトが最適である．

ユニバーシティ系や栄養系の一部は組織培養による繁殖が行われている．

(2) 播種期と生育開花反応

前述のように，デルフィニウムは高温長日条件で開花が促進され，涼温・短日条件でロゼット化が誘導される．このため，春から初夏（1～6月）に播種した場合，播種期が遅くなるほど発芽してから高温長日条件に遭遇するまでの期間が短くなって，小花数が少なくなるので，商品価値のある切り花は得られない（図3-44）．一方，8月以降に播種した場合，定植後間もなく涼温・短日条件に遭遇するのでロゼット化し，開花は翌春になる．したがって，自然開花の場合，商品性のある切り花が得られる期間は4月から6月に集中する．これより開花期をずらせるには，夏季は涼温育苗（冷房育苗）による早期抽苔の防止，秋～冬季は長日処理によるロゼット化の防止がポイントとなる．

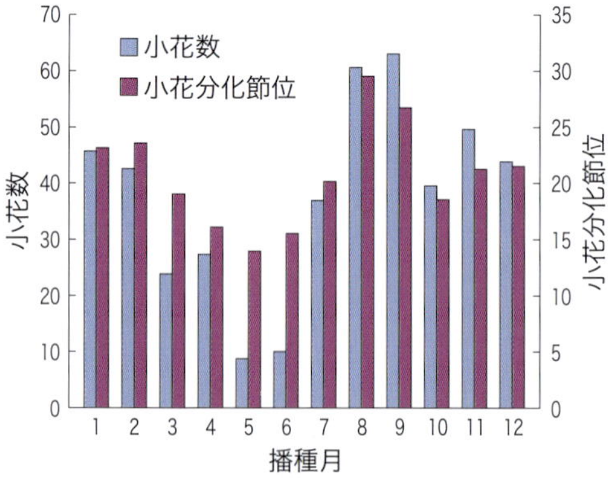

図3-44　播種期の異なるエラータム系デルフィニウムの小花数と小花分化節位

品種‘ブルースプリングス’を無加温ハウスで栽培．（勝谷範敏・池田好伸：園学雑，1997より表をグラフに改変して引用）

(3) 作　　型

夏～秋に開花させる作型は寒冷地で，年末から春にかけて開花させる作型は暖地で行われる．ここではエラータム系を用いた作型を中心に述べる（図3-45）．

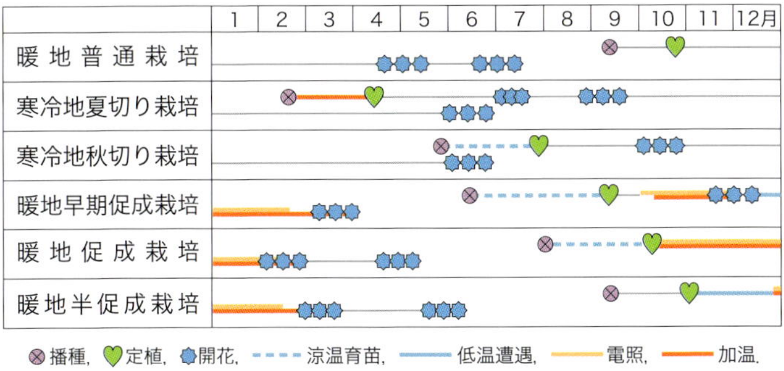

図3-45　主な作型（エラータム系）

暖地普通栽培…9～10月に播種し，冬季ハウス内で無加温栽培して4～5月に出荷する作型である．晩秋から初冬にかけてロゼット化するので，十分，冬季の低温に遭遇させてロゼット打破することが必要である．寒冷地では秋に播種すると，冬の到来が早く，翌春の花芽分化までに十分な成長を見込めないので，主に暖地に適する作型である．

寒冷地夏切り栽培…2～3月に播種し，7月に出荷する作型である．1番花を収穫したあと，夏季の高温に置かれるので，9月に開花する2番花の品質が低下しやすい．寒冷地では，株を据え置いて翌年も採花することが可能である．

寒冷地秋切り栽培…5～6月に播種し，9～10月に出荷する作型である．寒冷地でも夏季の高温は早期抽苔を誘導するので，涼温育苗を行う．

暖地早期促成栽培…5月下旬～6月に播種し，11～12月に出荷する作型である．育苗期は高温期に当たるので，早期抽苔を避けるために9月上旬までは涼温で育苗する．また，9月下旬以降は短日期に入るので，長日処理を行ってロゼット化を防止する．2番花を開花させるには，1番花の採花後いったん自然の低温に遭遇させたうえでロゼットを打破してから，加温および電照する．

暖地促成栽培…7月下旬～9月に播種し，9～10月に加温を開始して，1～3月に出荷する作型である．定植後すぐに短日期に入るので，長日処理を行ってロゼット化を防止する．

暖地半促成栽培…9月に播種し，12月中～下旬まで無加温で栽培して自然の低温に遭遇させたあと，加温および電照して，3月に出荷する作型である．10月以降にロゼット状態に入るので，ロゼット打破するために十分に低温に遭遇させることと，それまでに十分成長させて葉数を確保しておくことが必要である．そのためには播種時期を早めて8月下旬に行うか，低温に遭遇させる前に一時期加温を行って成長を促す．

シネンシス系を用いた促成栽培…エラータム系とほぼ同じであるが，シネンシス系はロゼット性が弱いので，9月以降に播種しても低温遭遇させずに加温および電照して，11～3月に開花させることができる．ただし，10月までは電照を早めると抽苔が早まって十分な小花数が得られなくなるので，抽苔してから電照を開始する．低温短日期でも，1番花採花後の温度をやや高め（15℃以上）にして電照を行うと，低温に遭遇させなくても2番花を咲かせることができる．

(4) 栽培管理

播種…通常288～512穴のセルトレイで育苗する．発芽勢はあまりよくないので，前述のように播種後4日まで25℃程度の高温に置いてから涼温に移す．

涼温育苗…高温期には早期抽苔を防ぐために，遮光を行うと同時に涼温で育苗する．夜間冷房されることが多いが，終日冷房や高冷地での育苗も行われる．冷房の場合，夜間の設定温度は10～15℃とする．抽苔を防ぐには短日処理を組み合わせると効果的である．涼温の期間は，高温期に定植する場合は本葉が6～7枚程度，定植の時期が高温期を過ぎる場合は4～5枚程度以上の葉が展開するまで涼温で育苗する．

定植…弱アルカリ性の土壌を好むので，土壌pHは6.0～6.5の範囲に調整する．元肥は，窒素，リン酸，カリウムとも，10a当たり10～20kgとする．窒素過多になると茎葉の軟弱化や花茎の肥大化を招く．定植が高温期に当たるときには，早期抽苔を防ぐため，定植の10日ほど前から遮光ネットを張ると同時に土壌に十分な灌水を行っておき，地温が低い状態をつくっておく．

加温と電照…ロゼット化を防止するために，白熱電球により18～20時間日長になるように明期を延長する．加温の設定温度は最低気温13℃程度とする．

(5) 主な病害虫

立枯れ病，白絹病，うどんこ病，灰色かび病などが主な病害で，その他，軟腐病，茎腐萎凋病（*Fusarium oxysporum*），半身萎凋病（*Verticillium tricorpus*），斑点細菌病（*Pseudomonas syringe*），苗立枯病（*Pythium aphanidermatum*）などが発生する．主な害虫はヨトウムシ，ハダニ類である．

(6) 収穫後生理と鮮度保持

デルフィニウムは，花序を株から切り離すと，すぐに萼片や花弁に離層が形成されて離脱（落花，または花ぶるいと呼ばれる）する花弁離脱型花卉である．離脱にはエチレンが関与している．エチレンに対する感受性は比較的高く，10 μl/L の濃度のエチレンに 24 時間処理すると離脱が著しく促進される．小花は自己触媒的なエチレン生成を示すが，エチレンは主に雌蕊と花托で生成され，カーネーションやトルコギキョウなどの花弁萎凋型花卉で見られるような花弁からのエチレン生成の上昇は起こらない（図 3-46）．デルフィニウムの萼片の離脱には，花托で生成されるエチレンが特に重要な役割を果たしていると考えられている．

採花後の萼片および花弁の離脱を回避するためには STS 処理が必須である．採花後，無処理では数日しか日持ちしないのに対し，STS を処理すると日持ちは 1 ～ 2 週間に延長する（図 3-47，3-48）．デルフィニウムは他の花卉に比べて日持ち延長に有効な銀含量の範囲が広い．切り花の重量に対しておおむね 2 ～ 3 μmol/100g FW 以上の銀含量で日持ち期間が最大に達し，それ以上に銀を多く吸収させても効果は変わらない．この銀含量に達するための処理時間の目安は STS 濃度 0.4mM で 1 時間，0.2mM で 8 ～ 24 時間である．処理時間が長くなると次第に銀の小花への輸送割合が減るので，処理濃度を高めとして銀が小花に移行しやすい間に終了することが望ましい．銀吸収量が多すぎると過剰障害を起こし，20 μmol/100g FW 以上になると下葉が褐変または萎凋する．

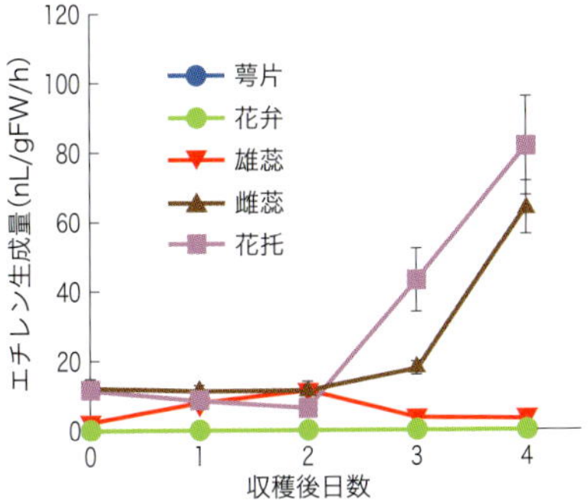

図3-46　小花の各器官からのエチレン生成量

品種：'ベラモーサム'（ベラドンナ系）．（Ichimura，K. et al.：Postharvest Biology and Technology，2009）

STS 以外のエチレン阻害剤は，日持ち延長に効果がないものが多い．例えば，ACC 合成酵素の阻害剤であるアミノオキシ酢酸（AOA）はデルフィニウム

図 3-47　STSの効果（シネンシス系）
左：処理区，右：無処理区．（写真提供：勝谷範敏氏）

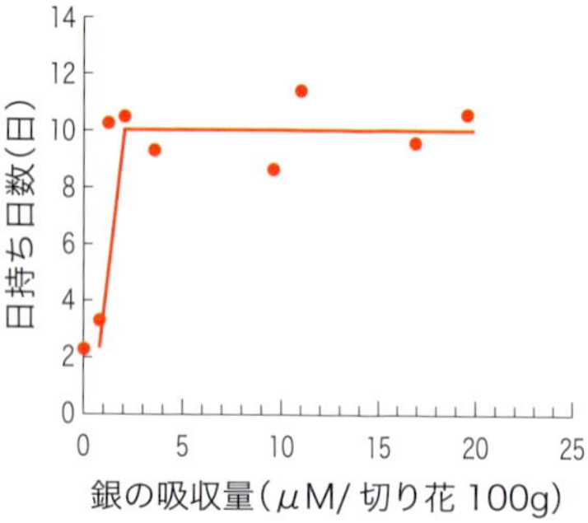

図3-48　銀の吸収量と切り花の日持ちとの関係
（宇田　明ら，1994）

の日持ちに効果がなく，エチレン作用阻害剤1-メチルシクロプロペン（1-MCP, 1-methylcyclopropene）は日持ちを有意に延長するが，その効果はSTSより劣る．

デルフィニウムの花序は総状花序であるから，同一花序内において，上位の小花が開花しきらないうちに下位の小花が成熟してエチレンが放出されるようになる．この段階になってからSTSを処理しても効果が期待できないので，花序の1/4～1/2程度の小花が開花した時点で採花してSTSを処理する．

萼片・花弁の離脱はSTS処理によって防ぐことはできるが，萎れは糖質の減少に伴う細胞の浸透圧低下によって起こるので，STS単独処理では萎れを抑制できない．STSにスクロースなどの糖質を組み合わせて処理するとSTS単独処理よりも日持ちを延長できるが，その効果はトルコギキョウに比べて小さい．

第4章

花木類・鉢物類・苗物類

1．花　木　類

花木とは，観賞価値のある花を咲かせ，庭木，鉢物，切り花または切り枝として利用される樹木を意味する．この他にも，美しい実，新緑，紅葉，帯化した枝を観賞する樹木，鉢物として室内で観賞する樹木なども花木に含めることがある．代表的な花木類として，バラ（☞ 第 2 章 2.）の他，アジサイ，ツバキ，ツツジなどがある．

1）アジサイ

(1) 原産と来歴

南北アメリカおよびアジア原産のユキノシタ科の樹木で，約 40 種あり，そのうちの約 25 種が日本に自生している．多くは低木であるが，蔓性の種類もある．花は装飾花（花弁に見える 3 ～ 5 枚の萼片と，中心に雄蕊と，結実しない雌蕊を持つ）と目立たない両性花からなり，ガクブチ型または穂状の花序となる．わが国で古くから栽培されている球状の花序を着ける手毬型をしたアジサイ（*Hydrangea macrophylla*（Thunb.）Ser. f. *macrophylla*）は，ガクアジサイ（ハマアジサイ *H. macrophylla*（Thunb.）Ser. f. *normalis*），ヤマアジサイ（サワアジサイ *H. macrophylla* Ser. subsp. *serrata*）およびエゾアジサイ（*H. macrophylla* subsp. *yezoensis*）などのガクブチ型の花序を持つ種類から変化したものである．花色は淡青色から濃青色，桃色から赤色および白色が多い．

日本のアジサイが 1840 年から 1900 年頃にかけて，フランス，ドイツ，オランダ，ベルギーなどに渡り，多くの品種が作出されてハイドランジア（西洋アジサイ）と呼ばれ，逆輸入されている．その多くは日本の在来種よりも矮性で，着花性，花色および花形に優れるが，凍らない程度の保温が必要なため，寒冷地では庭木としてよりも，鉢物としての利用が多い．

(2) 種類と品種

アジサイ（*Hydrangea macrophylla*（Thunb.）Ser. f. *macrophylla*）…日本全国に分布している．花序は手毬型で，球状の散房花序．後述のガクアジサイから変化したものといわれる．

ガクアジサイ（*H. macrophylla*（Thunb.）Ser. f. *normalis*）…ハマアジサイとも呼ばれる．伊豆，神奈川などに分布している．花序はガクブチ型で，直径10～20cmの散房花序と，その周縁に3～4cmの装飾花から構成されている．園芸品種にフイリガクアジサイの‘Maculata’がある．

ヤマアジサイ（*H. macrophylla* Ser. subsp. *serrata*）…サワアジサイとも呼ばれる．日本全国に広く分布し，朝鮮半島南部にも自生している．ガクアジサイに比べて全体的に小型で，枝も細く，皮目がない．葉は先が尾状にとがり，光沢に乏しく，表裏に毛茸を散生する．花序は直径4～10cmの散房花序で，装飾花は白色または淡青色，ときに紅色もある．花序がほとんど装飾花だけとなった品種‘マイコアジサイ’の他，‘シチダンカ’，‘ベニガク’，‘アマギアマチャ’などの品種がある．

西洋アジサイ（*H. macrophylla* f. *hortensia*）…ハイドランジアとも呼ばれ，日本では促成鉢として3～6月に出荷される．花序の形態により，球状で装飾花のみを着ける品種群のホルテンシア系（手毬型）と，中心部に稔性花を，周縁部に装飾花を着ける品種群のレースキャップ系（ガクアジサイ型）とに大きく分けられる．アジサイの中で園芸品種が最も多く作出されている．

ノリウツギ（*H. paniculata*）…日本全国に分布している．大きな円錐花序を着けることで，他の日本産アジサイと区別される．円錐花序に装飾花を多く着ける‘ミナズキ’や‘ベニノリノキ’などの園芸品種がある．

カシワバアジサイ（*H. quercifolia*）…北アメリカ東南部に分布している．葉は長さ8～25cmと大きく，通常5裂する．花序は白色の装飾花の混じる散房花序で，長さ15～25cmの円錐状となる．葉の形と紅葉も好まれる．八重咲きとなった園芸品種も導入されている．

アメリカノリノキ（*H. arborescens*）…北アメリカ東部から東南部に分布している．花序は手毬型．花序の直径は5～10cmで，多数分枝し，白色の両生花を密に着ける．園芸品種に‘アナベル’がある（図4-1）．

図4-1　アメリカノリノキの園芸品種‘アナベル’

(3) 生育と開花習性

庭木用の在来品種は小苗で売られることは少ないので，植付け後，3年以内に開花することが多い．花芽は新鞘の頂芽や腋芽頂端部に，多数の小花を持つ花序として形成される．アジサイにおいて，挿し木後3年目の秋～冬の2年生枝に花芽を着ける場合には，翌年の夏に開花するが，2年生枝に花芽を着けない場合には翌年の夏も枝は伸び続け，秋～冬に枝の先端と節に花芽を着け，4年目の夏に開花する（図4-2）．

ハイドランジアでは挿し木後，年内に新梢の先端に花芽を着け，翌年の夏に開花する（図4-3）．自然条件下では10～11月に花芽形成を開始し，萼片形成期で越冬して，春に新鞘の成長が開始したのち，再度発達を続けて6月に開花する．

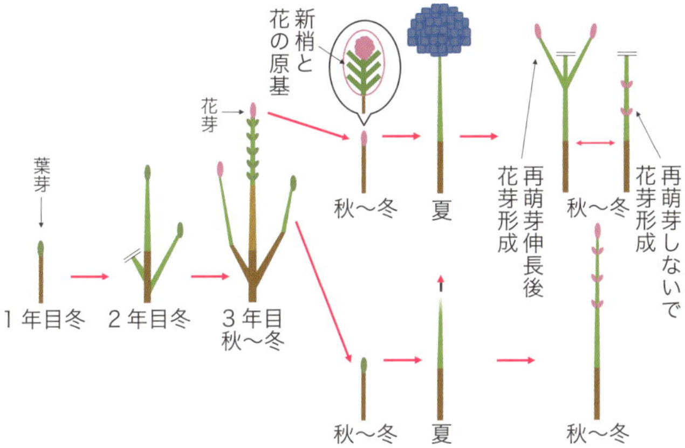

図4-2　アジサイの開花習性

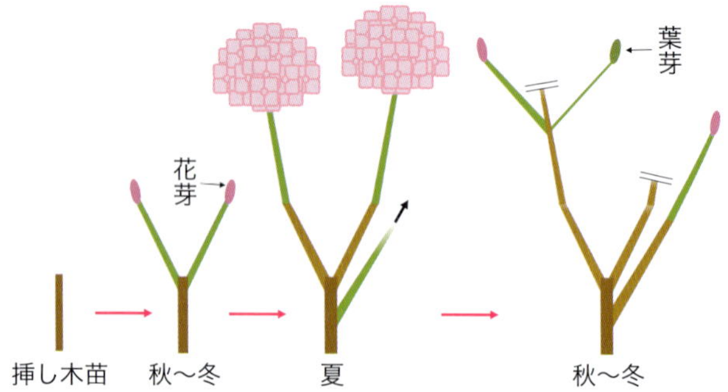

図4-3　ハイドランジアの開花習性

花芽形成は主に温度に影響され，その適温は 10 ～ 18℃であり，これより高くても低くても開花が遅れる．花色は土壌 pH によって影響され，青色の種類では pH が低くなると鮮やかな青色，赤色の種類では pH が高くなると桃色や赤色が強くなる．

(4) 繁殖方法と栽培方法

繁殖は種子繁殖または栄養繁殖で行われる．種子繁殖は育種に利用されるのが一般的である．両性花を用い，5 ～ 6 月に交配し，11 月に種子を得る．種子は微細で，光発芽性がある．栄養繁殖は挿し木が一般的である．5 ～ 6 月の緑枝挿しが効率的であるが，休眠枝挿しも可能である．腋芽に花芽の着いていない緑枝先端部を利用する天挿し法，その直下の木化していない部位を利用する管挿し法がある．いずれの方法でも，葉からの蒸散を抑えるために葉を半分に切除し，水揚げ後，鹿沼土などの用土に挿す．発根剤やミストが利用されることもある．約 20 日で発根するので，その後ポットに移植する．発根と同時に腋芽も動き出すので，薄い液肥でさらに発根を促す．また，遅くとも 7 月下旬までに 2 ～ 3 節残して摘心する．これ以降の摘心では花芽が着かなくなる．

庭木の場合，西洋アジサイは一般に耐寒性に欠けるので，寒冷地では日本で育成された品種を用いる．赤・桃色系品種では用土を弱酸性に保ち，窒素が多くてカリウムの少ない肥料を用いるが，土のアルカリ化によって鉄欠乏による葉の黄化が生じやすいので，キレート鉄などを施用する．青色系品種では用土を酸性に保ち，窒素よりもカリウムの多い肥料を施用する．白色系品種では肥料の使い分けをする必要がない．日陰でも十分育つ植物であるが，日当たりが悪いと花着きが悪くなるので，半日以上日が当たり，適度に湿り気のある場所を選ぶ．

2）ツ　バ　キ

(1) 原産と来歴

アジアの温帯から熱帯にかけて分布するツバキ科の樹木で，100～200種ある．その多くは雨量の多い所に分布する常緑の高木または低木であるが，耐寒性も強い．日本に多く自生し，園芸品種の育成親の中心となった種には，九州から太平洋沿岸部を青森県まで分布するヤブツバキ（*Camellia japonica*），雪の多い日本海側の新潟，富山の山間地に分布するユキツバキ（*C. japonica* subsp. *rusticana*），ヤブツバキとユキツバキが交雑した中間種がある．さらに，山口県から四国，九州，沖縄にかけて分布するサザンカ（*C. sasanqua*）には，ツバキとの交雑種も見られる．耐寒性はやや劣るが，外国における育種親として重要なものには，中国の雲南省からベトナムにかけて分布するトウツバキ（*C. reticulata*），サルウインツバキ（*C. saluenensis*），金花茶（*C. chrysantha*）などがある．

(2) 種類と品種

日本ではヤブツバキから園芸品種が発達したので，基本的には一重の茶花向きの花形が主流で，花色も白色や桃色が多い．ツバキの園芸品種は古くから作出され，現在も残っている品種が多い．『椿花集』（1879）によると，名花といわれるものを俗に「七木」，「五木」，「三木」と評価することが江戸時代末期から行われていた．「七木」とは‘見驚’，‘鶏の子’，‘漣’，‘緋縮緬’，‘春日野’，‘限り’，‘沖の浪’で，本来はこれに‘玉垂’を加えて「八木」が原形である．「五木」とは‘春の台’，‘羽衣’，‘唐錦’，‘釣篝’，‘後瀬山’，「三木」とは‘藻汐’，‘日暮’，‘和歌浦’である．これらは江戸ツバキと呼ばれるが，この他，‘岩根絞’，‘酒中花’，‘光源氏’，‘覆輪京牡丹’や，葉を観賞する‘金魚椿’がある．

一方，京都では‘初嵐’のような茶花に向く白玉ものが尊重され，古い園芸品種の大木が残っている．京ツバキの「五木」とは，‘侘助’，‘有楽’，‘五色八重散椿’，‘熊谷’，‘紅辛子’であるが，‘卜伴’，‘昭和侘助’，‘加茂本阿弥’，‘曙’，‘菱唐糸’なども代表的な京ツバキである．この他，各地の城下町には，‘太郎庵’

や‘西王母’をはじめとする多くの茶花に向く園芸品種がある．また，北陸地方においては，ユキツバキとヤブツバキの種間雑種として育成された‘雪小国’，‘桜貝’などがある．

18世紀初めに中国と日本からヨーロッパへ渡ったツバキからは，交雑によって多数の園芸品種が作出されている．近年，中国系ツバキと交配されて育成された品種が世界的に多くなり，花形や花色に特徴のある品種が増加している．

(3) 生育と開花習性

花芽形成期は，早い品種で6月上旬，遅い品種で9月上旬である．早い品種では，6月までに伸長を停止した新鞘の頂芽の，最外部の鱗片の腋芽に花芽形成する（図4-4）．品種により，2～3個の鱗片の腋芽に花芽形成するものもある．一度伸長停止した枝でも，花芽形成後に枝先が萌芽し，再伸長する枝には花芽を着けにくい．花芽は次第に発達して鱗片を押し開いて外部に現れ，頂芽を側方に押しやるので，頂芽に花芽形成したように見える．開花期は，早生種で10月上旬，極晩生種で翌年5月になる．

ツバキは暖地性の木本植物であるため，低温乾燥条件で落葉しやすい．耐寒性のあるヤブツバキでも，－13℃では枯死する．生育適温は20～30℃である．花芽形成のためには最低15℃以上，できれば18℃以上が必要である．25℃以上で花芽形成期が早くなり，着花数が多くなる．一方，花芽の発達には20℃以

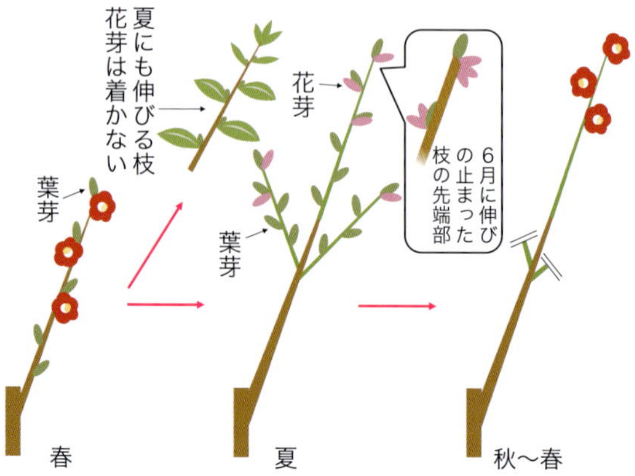

図4-4　ツバキの開花習性

下の温度が必要で，25℃以上では花芽が枯死しやすい．半日陰で成長と開花が良好である．日長反応は品種により異なるが，一般に成長と花芽分化は長日で促進され，花芽発達は短日で促進される．

(4) 繁殖方法と栽培方法

繁殖は種子繁殖または栄養繁殖で行われる．種子繁殖は育種を目的とする以外ほとんど行われず，園芸品種の苗木の繁殖は挿し木や接ぎ木などの栄養繁殖で行われる．品種の多いツバキでは，正確な品種名が明らかなことに価値があるので，挿し木や接ぎ木用の穂木の採取時にはラベルに品種名を記載するなど，十分な注意が必要である．

挿し木…一般的な露地挿しの場合は6～7月の梅雨時期と9月の彼岸頃が適期である．挿し木は，新梢伸長初期を除けば周年可能である．挿し穂には当年枝を用い，天挿しおよび管挿しともに10cm程度に揃えて切り，葉を3枚以上着けて下葉を除く．挿し木床は深さが9cmの育苗箱に微塵を除いた鹿沼土と赤土や川砂などを入れ，葉が重ならない程度の間隔で挿してから，十分灌水し，その後は乾燥しないように随時灌水する．また，蒸散を抑えるためにビニルフィルムなどで被覆して湿度を高め，寒冷紗などで遮光する．挿し木後，早い品種で最低1～2ヵ月，遅い品種で約半年後に発根苗が得られる．その後，ポットなどに移植して肥培管理する．一方，発根率を高め，発根個体数の確保のために，ミスト挿しが行われる．この方法は7月下旬～8月上旬の緑枝挿しで，挿し穂は8～10cmとして，発根促進剤NAA 100ppm水溶液に6時間浸漬する．電気葉とパソコンを連動させて，適時に灌水を行うと，ほぼ100％の発根率となる．

接ぎ木…呼び接ぎ，切り接ぎなどが行われる．台木には一般的にサザンカやヤブツバキの実生3年生以上の苗が使われるが，タチカンツバキ（*Camellia*×*hiemalis* cv. Tachikantsubaki = *Camellia sasanqua* cv. Hiemalis）の実生3～4年生苗を台木にすると接ぎ木後の成長が早い．接ぎ木は，温室では1～2月から行い，ハウスでは3～4月に行う．接ぎ木後は，透明なポリ袋で覆うか，ハウス内に入れて，接ぎ木部に水滴が溜まらないように注意して空中湿度を高める．新芽が伸長し，葉が展開してきたら，徐々に外気に慣らすため，ポリ袋を切り取り，ハウスの換気に努める．新葉が完全に展開して硬くなったら，ポットに苗を移植する．２年目以降の花芽付き苗で出荷する．

露地への定植…日のよく当たる場所で，夏に西日の当たる場所や冬に寒風が当たる場所は避け，肥沃で通気性がよく，保水性の優れた場所に定植する．定植は冷涼地で３～５月，暖地で９月に行う．

3）ツ　ツ　ジ

(1) 原産と来歴

日本で一般にいわれているツツジ（*Rhododendron* spp.）とは，ツツジ科ツツジ属ヤマツツジ亜属ツツジ群アザレアシリーズに分類されるツツジ類（azaleas）を意味しており，常緑性で葉裏，枝および子房に腺状鱗片を持たない無鱗片シャクナゲ亜属の無鱗片シャクナゲ節に分類されるシャクナゲ類（rhododendrons）と区別される．ツツジ群アザレアシリーズとは，ヤマツツジ節，オンツツジ節，レンゲツツジ節を含む分類群である．したがって，ヤマツツジ亜属のヤマツツジ節から改良されたサツキとヤマツツジ節のタイワンヤマツツジからヨーロッパで改良されたアザレアを含めて，ヤマツツジ亜属のヤマツツジ節（常緑性で，日本および中国を中心に自生し，欧米には自生しない），オンツツジ節（落葉性で，枝先に３～５枚の葉が着く．日本中心に自生し，一部中国にもある），レンゲツツジ節（落葉性で，枝先に花芽と葉芽が別々に着き，花数が多い．北半球に広く自生し，特に北アメリカに多い）から発達した園芸品種群をツツジと呼んで栽培し，なかでもクルメツツジやヒラドツツジのように独特の園芸品種群として発達しているツツジがある．ヤマツツジ，オンツツジおよびレンゲツツジは，日本各地の山野に自生しており，これらの種の交雑により江戸時代以降，園芸的に重要なツツジの園芸品種が多数作出された．園芸品種の親となった代表的なツツジとして，キリシマ，クルメツツジ，ミヤマキリシマ，ヒラドツツジ，ケラマツツジ，タイワンツツジ，サタツツジ，マルバツツジなどがある．

比較的刈込みに強い種類は生け垣，大型になる種類は庭木や公園木として利用される．また，芽吹きのよい種類や小型に仕立てることのできる種類では鉢物や盆栽として利用されている．特に，盆栽として利用されるサツキなどは，一時期かなりのブームとなり，投機対象となったことがある．ここでは，シャクナゲ類や，常緑性，落葉性の野生種のツツジ類以外の，日本国内で扱われている代表的な園芸品種群について述べる．

(2) 種類と品種

クルメツツジ…キリシマ（*R.* ×*obtusum*）とサタツツジ（*R. sataense*）との雑種，またはキリシマとミヤマキリシマ（*R. kiusianum*）およびヤマツツジ（*R. kaempferi*）との雑種とされる常緑性のツツジである．名前は，江戸時代末期の久留米藩士・坂本元蔵によって品種改良された園芸品種群（Kurume Azalea hybrids）に由来している．クルメツツジは，1918 年（大正 7 年）にハーバード大学の E. H. Wilson によって 50 品種がアメリカに紹介されたことがきっかけとなって，今日のアメリカやヨーロッパで庭木として利用されている．クルメツツジは品種が多く，樹形，伸長性，花色，花形，葉形，葉色などの変異が多く，多花性で耐寒性があり，また早生でコンパクトに育つため，庭園樹，鉢花あるいは切り花として利用されている．庭木用の園芸品種として‘麒麟’，‘宮城野’，‘今猩々’などがあり，鉢植え用としては‘いろは山’，‘思の空’，‘常夏’などがある．

ヒラドツツジ…長崎県平戸は江戸時代に貿易港として栄えた町で，温暖多湿な気候であることから，渡来したツツジや自然実生苗も生育するのに適している所である．沖縄のケラマツツジ（*R. scabrum*）や中国産のタイワンヤマツツジ（*R. simsii*）が早くから紹介されて武家屋敷の庭園に植栽されていた．これらの外来種と日本原産のモチツツジ（*R. macrosepalum*），キシツツジ（*R. ripense*）の間で自然交雑が起こり，多くの変異個体が平戸の武家屋敷に植栽されていた．したがって，ヒラドツツジは遺伝的には雑多な集団である．これらの雑種個体から，1951 年（昭和 26 年）以降に選抜されたものがヒラドツツジ（Hirado Azalea hybrids）である．ヒラドツツジの母体は主としてケラマツツジであるため，樹形，葉形，花形ともに大型である．性質はきわめて強健で，公園樹や街路樹として利用される．主要な園芸品種として‘天祥’，‘桃山’，‘谷間の雪’などがある．

サツキ…日本に自生する *R. indicum* の和名はサツキ（皐月）であるが，この *R. indicum* とマルバサツキ（*R. eriocarpum*）などの近縁他種との交雑から生まれた園芸品種群（Satuki Azalea hybrids）の総称もサツキと呼ばれている．花形や樹形は他のツツジ類と違いは認められないが，開花期が異なることで区別される．すなわち，サツキは 5 ～ 6 月のいわゆる五月の候に開花するのに対して，他のツツジはそれより早い３～４月に開花する．江戸時代初期にはすでに品種分化しており，丈夫で栽培が容易であるため，庭木や盆栽として流行を繰り返しながら発達してきた．品種数はきわめて多く，花色，花形の変化が多く，耐寒性のある常緑性のツツジである．サツキは突然変異による花色の変化が多く，それが多数の園芸品種を分化させる原因となっている．現在，サツキの園芸品種数は２千とも５千ともいわれている．主要な園芸品種としては‘貴公子’,‘晃山’,‘金采’,‘華宝’,‘好月’などがある．

アザレア…1810年頃にヨーロッパに渡ったシナサツキ（*R. simsii*），リュウキュウツツジ（*R. mucronulatum*），サツキツツジ（*R. indicum*）などの交雑によって，ベルギーとオランダで育成された温室促成鉢物用の園芸品種群で，育成地の名を付けてベルジアン・アザレア（Belgian Azalea hybrids）ともいわれている．花は大輪の八重咲きがほとんどであり，花色は多彩で鮮やかな色のため，ツツジの仲間では最も華麗である．若木でも開花しやすく，樹形はやや立性であるが，矮性の常緑花木である．一般に，耐寒性と耐乾性はないため温室鉢花として扱われる．花色が多彩で鮮やかなため，庭木への利用も考え，近年クルメツツジやサツキとの交配により，耐寒性のある品種の作出も試みられている．主要な園芸品種としては‘朝日’，‘王冠’，‘暁山錦’，‘アンブロシア’，‘ホワイト・シェーメ’などがある（図4-5）．

エクスバリー・アザレア…1800年代以降のヨーロッパにおいて，日本原産のレンゲツツジ（*R. japonicum*）を主体にして，中国原産のシナレンゲツツジ（*R. molle* var. *molle*）やヨーロッパ原産のキバナツツジ（*R. luteum*），あるいはアメリカ原産の *R. occidentale* などを交配して多くの落葉性ツツジの園芸品種が育成された．中でも，イギリスで新しく改良された園芸品種群がエクスバリー・アザレア（Exbury Azalea hybrids）と呼ばれている．花色は鮮やかで多彩，花の大きさは大輪である．耐寒性が強いため，ヨーロッパでは庭木に広く利用されている．

図4-5　アザレア

夏の高温多湿に弱いレンゲツツジの性質が入っているため，日本の暖地では西日の差さない排水のよい土地を選んで植える必要がある．主要な園芸品種としては‘ゴールデン・サンセット’，‘バレリーナ’，‘ベリーローズ’，‘ホット・スパー・レッド’などがある．

(3) 生育と開花習性

種類や品種にもよるが，自然条件下では一般に4月末から5月にかけて開花し，その後，新梢が伸長して，充実した新梢先端部に花芽を形成する．花芽は高温条件で形成され，最低15～16℃が必要とされる．自然条件下での花芽形成は6

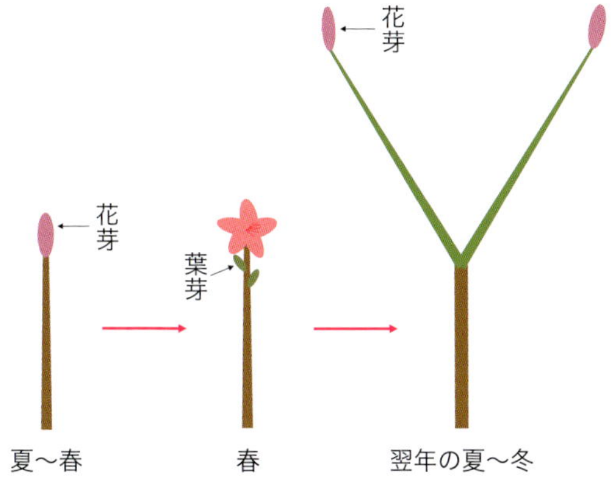

図4-6　クルメツツジの開花習性

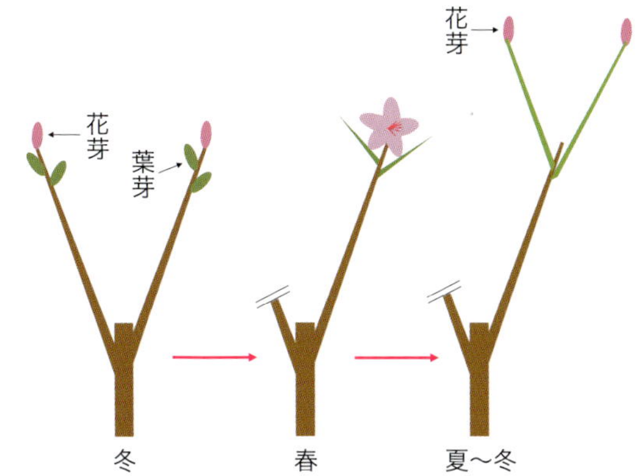

図4-7　レンゲツツジの開花習性

月下旬から7月上旬に行われる．

クルメツツジにおいては，開花最盛期からおよそ70日後に花芽分化する．花芽分化から形態的に花芽が完成するまでは40～45日程度で，8月上旬には雌蕊形成期に達し，9月中旬に花粉や胚珠が形成される．日長条件が花芽分化と発達に及ぼす影響については温度条件ほど明らかでないが，短日条件で花芽分化が早いといわれている．長日条件では花芽分化が遅延し，栄養成長を続ける芽が多くなり，花芽分化よりも花芽発達に促進的であるとの報告が多い．CCC，SADH（B-ナイン），ホスホンなどの成長抑制物質（矮化剤）は，新梢の伸長を抑制して花芽分化を早め，頂芽だけでなく腋芽にも花芽を分化させ，花数を増加させる．花芽形成の完了した9月中旬から10月中旬に休眠に入る．冬季低温に遭遇して休眠から覚醒するのに有効な温度は0～12℃で，適温は4～7℃程度である．正常な開花に必要な低温遭遇期間は30～40日程度である（図4-6）．

一方，落葉性ツツジであるレンゲツツジにおいては，苗の大きさ，樹齢によって，開花まで3～5年を要する．開花期はクルメツツジより若干早い4月中・下旬である他は，開花齢に達した株においてはクルメツツジとほぼ同様の開花習性を示す（図4-7）．

（4）繁殖方法と栽培方法

繁殖は挿し木繁殖が一般的である．春に伸びた新梢の先端5～10cmを切り取り，山砂や鹿沼土の単用，あるいはピートモス，パーライト，バーミキュライトなどを混合した用土に挿す，いわゆる緑枝挿しが最も発根率がよい．挿し木後は蒸散防止のためにポリシートなどで覆うかミストを利用し，直射日光と風雨を避けた場所で管理する．種類や温度によるが，普通1～2ヵ月で発根する．およそ2年間株を養成し，春か秋に苗木として出荷される．ツツジの根は細根が多く浅根性であるため，乾燥害や過湿害を受けやすいので，有機物などを投入し土壌改良しておいた排水のよい，灌水の容易な場所に深植えを避けて定植する．ツツジは酸性を好む（自生地のpHは4.5～5.5の酸性土壌）ので，石灰資材によるpHの矯正は行わない．また，肥料やけを起こしやすいので，追肥は少量ずつ3～9月まで数回に分けて行い，乾燥防止，雑草防止をかねたマルチを行う．

2．鉢　物　類

鉢に植えられて室内で観賞される植物を鉢物類という．観賞の対象が花だけでないものも含み，原産地に近い気候の地域においては庭木用の花木として利用されることもあるが，わが国では一般的に鉢で栽培して観賞される．代表的な鉢物類として，シクラメン，プリムラ，ポインセチアなどがある．

1）シクラメン

(1) 原産と来歴

シクラメン（*Cyclamen* spp.）は，合弁花植物の中のサクラソウ科の植物で，塊茎からなる球根植物である．ヨーロッパから北アフリカおよび中近東の地中海沿岸部原産である．地中海沿岸部には約 20 種が自生している．シクラメンの名前は，ギリシャ語で螺旋を意味するキクロス（kyklos）に由来する．原種シクラメンの花は種子形成後に花梗が螺旋状に巻くが，現在の園芸品種では，このように強い螺旋状には巻かない．これは，現在のシクラメンの大部分がシクラメン・ペルシカム（*Cyclamen persicum*）に由来しているためと考えられる．

シクラメン・ペルシカムの園芸品種の作出は 1870 年代にヨーロッパを中心に行われ，今日に至っている．なかでも 1910 ～ 1920 年代にドイツ，イギリス，オランダで作出されたサーモンピンク系品種は，その後の品種育成にかなり大きく影響している．

シクラメンの園芸品種は，冷涼な気候のヨーロッパを中心に育種が行われてきたため，日本の高温多湿な夏季に栽培することは容易でなかった．そこで，日本の気象条件に応じた育種が進み，過酷な夏の暑さと高湿度に耐えうる性質を持つ優れた形質の品種が育成されている．

(2) 種類と品種

日本に流通している品種のほとんどが，*C. persicum* の改良品種である．現在の園芸品種は二倍体品種と四倍体品種である．二倍体品種は新しい品種作出に貢献しているが，四倍体品種には古いタイプのものが多い．

国内で栽培されているのはほとんどが二倍体品種である．二倍体品種の代表的なものは，“作曲家シリーズ”に代表されるパステル系の品種群である．これらの品種群の名前は花色を表す程度に過ぎず，多くの固定品種や F_1 品種で占められている．一方，四倍体品種には代表的なものとして‘バーバーク’，‘ビクトリア’，‘ハーレカイン’（図4-8），‘シルバーエッジ’，‘フリンジ’などがある．最初これらは系統名であったが，海外で育成された系統名の種子から国内で選抜されて，前記の品種として流通している．

固定品種と F_1 品種があり，その他に，最近では組織培養による栄養系品種が生産される．それぞれの品種は花の大きさで，大輪系，中輪系，小輪系などに分けられている．標準的な花の形のノーマル，波うちや切込みの花冠裂片を持つフリンジ，雄蕊の全部または一部が花冠に変化した八重咲き，萼が花冠化したワーリーギグタイプ，花冠の表面中央部に鶏冠状の突起を持つクレスト咲きなどに分けられる．花色では花の形がノーマルで赤，白，ピンクおよび紫の基本花色タイプ，新しい花色として注目された黄色系，‘あけぼの’に代表されるフレームタイプ，‘ピアス’（図4-9）に代表される移り紅タイプ，ライトピンクタイプ，‘ビクトリア’に代表される覆輪タイプ，および‘ハーレカイン’に代表されるストライプタイプなどに分類される．この他に，葉の斑紋や香りを楽しむ品種，屋外にも植えられるガーデンシクラメンがあって，流通量も多くなってきている．

図4-8　シクラメン‘ハーレカイン’

図4-9　シクラメン‘ピアス’

(3) 生育と開花習性

シクラメンは球根植物であるが，他の球根植物と異なり，園芸品種の栽培では

図4-10　シクラメンの発芽過程

種子から育てられることが多い．播種時期は，平均気温が 17 ～ 20℃になる 9 月下旬から 10 月上旬（関東以北）である．その理由は，園芸品種の発芽適温が 17 ～ 20℃と狭く，これ以上の温度でも，これ以下の温度でも発芽が遅れるためである．発芽適温でも芽が出揃うまで 1 カ月を要する．初めに胚軸が伸長し，その基部が肥大して塊茎を形成し，形成された塊茎から初生根が発生する．その後の生育は図 4-10 のように進む．塊茎の肥大とともに上胚軸が伸長し，種皮を破って子葉が地上に現れる．その後，生育適温下では塊茎の肥大成長とともに普通葉が増加する．品種にもよるが，大体 10 枚以上の葉数になる頃に花芽が形成され，開花が始まる．この頃は 8 ～ 9 月に当たり，高温で蒸し暑い時期であるため，冷涼を好むシクラメンは成長が緩慢になる．9 月に入って冷涼になると成長も急に活発になり，葉数の増加とともに花数の増加が順調に進み，11 月下旬頃から，出荷できる草姿の開花した鉢花になる．

(4) 繁殖方法と栽培方法

商業的には，大きなボリュームの 6 号鉢仕立てでは 11 月下旬，5 号鉢仕立てでは 12 月下旬までに播種する必要がある．ガーデンシクラメンやミニシクラメンでは，4.5 号鉢で 1 月下旬，2.5 号鉢で 3 月上旬までに播種する．

発芽適温は 17 ～ 20℃である．嫌光性種子であるから，発芽まで暗黒下に置く．播種用土は排水がよく，通気性のよいことが望ましく，気相率 20％程度のものを用いる．一般に，200～288穴のセルトレイを使用する．品種によって発芽に要する日数は異なるが，おおよそ1ヵ月かかるので，定期的に発芽状況を確認して，日に当てるタイミングに注意し，徒長させない．

本葉は播種後60日頃より展開するので，この時期から光に当てるが，強光による葉焼け防止のため，30％程度の遮光下で栽培し，徐々に光に慣らしていく．温度は最低15℃に保つ．生育を見ながら，また底面給水栽培などの栽培方法により，緩効性肥料か液肥を用いる．

鉢上げする時期や回数は，仕上げ鉢の大きさによって異なる．6号鉢の場合，2.5号→3.5号→4.5号→6号鉢へと，4回程度の鉢替えが行われる．2.5号鉢への鉢上げは播種後100日前後で，本葉2～3枚の頃に行う．しかし，コストを削減する必要性から最初の鉢上げを本葉5枚以上になった頃に行うことが多い．3号→4.5号→6号仕上げ鉢や，3号→5号仕上げ鉢などが多くなっている．セルトレイ育苗は根鉢ができやすく，育苗期間が長いと苗が老化しやすいので，根がトレイに回りきる前に鉢上げすることが必要である．

光合成速度は15～20℃で最大になる．光飽和点は3～5万lxであるから，25℃以上の晴天日には気温と日射量に応じて30～50％の遮光が必要である．従来，施肥管理は葉色や芽の状態を観察して行われてきたが，最近では葉柄の汁液分析結果に基づいて施肥する方法が行われている．生育に伴い，株の中心にある成長点部に光を当てて葉と花芽の分化を促し，葉柄を徒長させずに株と鉢のバランスを調整する葉組み作業と，枯れ葉取り作業が行われている．これらの作業は9～11月に4～5回ほど行われる．

発蕾の認められた10月頃に，開花を揃えるため，ベンジルアデニン（BA）50ppmとジベレリン（GA_3）0.5～1ppmの混合液を散布するが，処理時期と濃度を間違うと奇形花が発生する．

病気には萎ちょう病，葉腐れ細菌病，灰色かび病，炭そ病，害虫にはホコリダニ，アザミウマがある．発生した場合，初期のうちに薬剤散布で抑える．

出荷は5号鉢で5～10花，6号鉢で20花前後咲いた頃に行う．出荷前に葉の配置を揃え，老化した花や葉の摘除，病害虫の防除，薬剤による葉や鉢の汚れを入念にチェックする．

2）プリムラ

(1) 原産と来歴

プリムラ（*Primula* spp.）とは，合弁花植物のサクラソウ科プリムラ（サクラソウ）属の植物で，原種や種間雑種およびそれらの園芸品種を含めてプリムラ類と総称している．プリムラ属には400種以上含まれるが，流通しているものは数種に過ぎない．多年草であるが，耐暑性の弱いものが多いので，鉢物類としては，普通，一年草として扱われる．プリムラ類の原種の大部分はヨーロッパからアジアの温帯～亜寒帯に広く分布しており，その中心はヒマラヤから雲南にかけての地域である．北アメリカや，ごく少数であるが南米，北アフリカやジャワ島にも分布する．日本には20種程度自生している．

商業的に栽培されているものの大半は，温帯に自生していたわずかの種と，その種間雑種に由来する品種群である．高山性の亜熱帯～寒帯原産の種は，一部が趣味的に栽培されているに過ぎない．

(2) 種類と品種

鉢物として栽培されている種としてはアウガンサス亜属（Subgenus *Auganthus*）のうち，アウガンサス節の *P. praenitens*，オブコニコリステリ節の *P. obconica*，モノカルピカエ節の *P. malacoides* が大部分であり，*P. sinensis*（＝ *P. praenitens*），*P. auricula* およびその種間雑種や，*P. vialii*，*P. japonica*，*P. sieboldii*，*P.*×*kewensis*，*P. denticulata* などがわずかに栽培されている．オブコニカの花茎には4～6cmの花を多数着ける．花色は赤，桃，青，紫，白などを基本として，‘うつり紅’，‘うつり紫’，‘アプリコット’などがある．この種では葉の表裏，花茎，葉柄，萼などの表面に毛茸が生じ，毛茸の先端からは人によって「かぶれ」を起こすアルカロイドのプリミンが分泌されるので注意を要する．マラコイデスは花径2～3cmの小さな花を多数着ける（図4-11）．その花色は桃，紫，白などで，複色があり，富士系品種が代表的である．さらに，日本原産のサクラソウ（*P. sieboldii*）やイギリス原産のオーリキュラ（*P. auricula* とその種間雑種に由来する品種群）などは商業的な重要性は低いが，愛好家によって古くから栽培され，独特な美意識のもとに育種され，また突然変異個体を維持してきたもので，趣味

図 4-11　プリムラ・マラコイデス

園芸および園芸文化史的な観点から見て重要なグループである．

もう1つ商業的に重要なグループとして，プリムラ亜属（Subgenus *Primula*）があげられる．*P.*×*polyantha* はこの亜属のプリムラ節に属する *P. elatior*，*P. veris*，*P. vulgaris* などの間でできた種間雑種の総称である．花径は5～7cmで，花色は赤，桃，青，紫，黄，白，複色系など多彩で鮮やかである．同じ亜属のジュリア節との間でできた雑種群が，ジュリアン（*P.*×*julian*）またはジュリアン・ハイブリッドという名前で市販されて重要な品種群になっている小型種で，ロメオ系，ジュリエット系など多彩な品種があるが，園芸的にはポリアンサの中に含めて取り扱われることも多い．

（3）生育と開花習性

プリムラ類は多年生草本で，耐寒性が強く，根茎で越冬する．一般に草丈は低く，花茎，花序まで含め50cm前後の高さにしかならない．葉は根出してロゼット状を呈し，有柄または無柄であり，円形，卵形，倒卵形，楕円形，長楕円形，倒被針形，ヘラ形などの形があり，全縁または掌状に浅裂し，葉縁に鋸歯があるものと，ないものとがある．

根出葉の間から花茎を伸ばし，上部に散形花序を着ける．種によって花序が数段になり，輪生するものや，多数の小花を総状に着けるものもある．花色は白，ピンクおよび赤が主であるが，紫，青色や黄色の花を着ける種もある．低地に自生する種は春に，高山性の種は夏の雪解けとともに開花するものが多い．主な園芸品種について見ると，マラコイデス（*P. malacoides*）の花芽は10～13℃の低温にあうと分化し，やや温度が高い場合は短日条件で分化する．オブコニカ（*P. obconica*）の花芽は20℃程度で分化し，長日は発達を促進するが，低温を必要としない．ポリアンサ（*P.*×*polyantha*）の花芽は10℃以下では日長に関係なく分化するが，温度が高いときは長日が促進的に働く．

花は合弁花の 5 数性である．萼は鐘状または漏斗状で 5 裂する．花冠は高盆状か鐘状で 5 裂し，花筒部は萼よりも長い．花冠裂片の先端は 2 裂するものが大部分であるが，全縁や不規則に浅裂するものもある．雄蕊は 5 本であるが，短い花糸が花筒の半ば，または先端に着生する．雌蕊は 1 本で子房は上位，球形または卵形で 1 室，独立中央胎座に多数の胚珠が着生する．果実は球形または円柱形のさく果となって，上部で 5 裂する．本属には異形花現象が見られ，雄蕊と雌蕊の位置から，基本的に短花柱花（スラム型，thrum-eyed）と長花柱花（ピン型，pin-eyed）の 2 型に分けられ，個体ごとに花柱型が決まっている．

（4）繁殖方法と栽培方法

プリムラ属の植物はいずれも多年草であるが，耐暑性の弱いものが多く，普通，一年草として扱われる．園芸的に重要な品種は，通常，種子繁殖されている．サクラソウのような日本古来の古典園芸植物は，根茎を分けて繁殖されている．サクラソウやカッコソウ（*P. kisoana*）などの一部の種では，切れた根から植物体を再生する性質を持っているので，この性質を利用して繁殖されている．最近では，組織培養による種の維持や増殖も試みられている．

プリムラ属の種子は登熟直後の休眠が深いので，一定期間乾燥貯蔵後，吸水させ，およそ 5℃の低温で数ヵ月保存してから，10 ～ 20℃で播種する．播種時期は 5 ～ 6 月頃である．一般に，25℃以上の高温では発芽が阻害されやすい．休眠打破には，50 ～ 100mg/L のジベレリン水溶液に 1 晩浸漬すると，種や品種によって有効な場合がある．本属の種子は大部分が好光性であるために，覆土は種子が隠れる程度か，全くしない．鉢上げは定植鉢に，普通，1 本植えにする．過湿に注意し，生育に合わせて十分に灌水する．冬季は 7 ～ 10℃程度の範囲で，5℃以下にならないように保温する．十分な光は必要であるが，夏季は 40％程度の遮光をして，できるだけ涼しくする．

3）ポインセチア

（1）原産と来歴

ポインセチア（*Euphorbia pulcherrima*）は，メキシコ高地原産のトウダイグサ科トウダイグサ属の常緑性低木である．鮮やかに着色する苞を観賞する目的で栽培される．温室内で栽培すると分枝しながら生育し，数年で5m以上になるが，寒さに弱い．日本では12月に苞が緋赤に着色するので，クリスマスには欠かせない鉢花となっている．利用方法に応じ，高さを調節して出荷されているが，普通，5～6号鉢に仕立てる．

ポインセチアはアステカ王朝（1428～1521年頃）の時代から栽培され，輝くような苞の色を清純のシンボルとして，赤紫色の染料を採り出して染め物に，乳白色の樹液を解熱剤として利用していたようである．

1825年に，当時アメリカの駐メキシコ大使であったポインセット（J. R. Poinsett）が初めてアメリカに導入したので，ポインセチアと呼ばれるようになった．鉢物として脚光を浴び出したのは1960年代以降のことである．この時期にアメリカで‘ポール・エッケ’，‘ミケルセン’，‘ヨーダー’をはじめ，主要な園芸品種が公的機関で盛んに育成された．ドイツをはじめとするヨーロッパでも盛んに育種が行われている．なかでも‘ミケルセン’は，観賞期間が長く，鉢物用として利用できる画期的な品種であった．この系統からピンクやホワイトの苞を持つ品種が現れた．その後，日本も含め，各国から多様な品種が発表され，今日に至っている．日本には明治中期に導入されたが，本格的に脚光を浴びるようになったのは1970年代初めである．アメリカでは鉢物の種類別生産量で常にトップの座を占めていて，日本ではアメリカに数年遅れてブームが到来している．

(2) 種類と品種

現在用いられている品種は，ポインセチアが大きく普及した1960年代以降に作出されたものである．

ヘッグ系…耐寒性の強いヨーロッパ系品種群．ノルウェーで育成された品種が多い．‘ダイヤモンド’，‘ディバ･スターライト’，‘ビンタースター’，‘フェミーナ’，‘トップ・ホワイト’などの品種がある．

グートビア系…非常に分枝がよく，生育早く，高温下で花芽形成しやすく，比較的低温でも生育を続ける性質を持つ品種群．ドイツで育成された品種が多い．‘エミー’，‘V-10･マーブル’，‘アンジェリカ’，‘ドロシー’，‘レジーナ’，‘マーベラ’，‘ステフィー’などの品種がある．

エッケ系…濃い緑色の葉と濃い紅色の苞を持つもの，葉や苞が立ち性でシャープな印象を与えるもの，ずんぐりした形態の大型のもの，苞に波状のウェーブがあるものなどからなる品種群．アメリカで育成された品種が多い．‘リロ’，‘ピンク’，‘ペパーミント’，‘レッドセイルズ’，‘フリーダム’，‘ジングルベル’（図4-12）などの品種がある．

図 4-12　ポインセチア・エッケ系の‘ジングルベル’

グロス系…肉厚のずんぐりした苞を持つ，大型で濃色の葉からなる品種群．フランスで育成された品種が多い．‘サプジビ’，‘グスポム’，‘グロアブル’，‘グロホワイト’，‘グロスター’，‘グロジビ’，‘サプジジル’などの品種がある．

（3）生育と開花習性

生育適温は昼温 30℃，夜温 15℃であり，寒さに弱く，霜にあうと枯死する．最近，ノルウェーで育成された寒さに強い品種群のうち，代表的な園芸品種の‘アネット・ヘッグ’は 5℃でも落葉しないが，10℃以下になると生育が緩慢になる．一方，暑さに対しては非常に強く，35℃の高温でも旺盛に生育する．最低10℃程度の温度があれば越冬する．

典型的な短日植物で，花芽形成のための限界日長は 12.5 時間であるが，温度が高いと短くなる．したがって，高温下ではより短い短日を与えなければならない．品種によって早晩性に差があるが，一般に日本では自然条件下で 10 月頃に花芽が形成する．花芽形成には夜温 15 ～ 20℃，9 時間日長で認められる．花は苞の内側にあり，目立たず，全く観賞価値がない．観賞するのは，花の周囲に形成される着色した苞である．

（4）繁殖方法と栽培方法

ポインセチアは遺伝的形質が固定されていないため，育種目的で種子繁殖を行う以外は挿し木繁殖される．促成栽培において，越冬株は春にならないと新梢を生じないので，早期の採穂は効率が悪い．したがって，早期に良質な挿し穂を確保するためには越冬温度を高温に維持しなければならないが，ロイヤリティ契約や植物特許が登録されているので，繁殖が制限される．このような背景から，ポインセチアで苗分業が進んだ．

挿し木は，夜温 20℃前後にし，茎頂 6 ～ 7cm から挿し穂を採取して，通気性のよい清潔な土を用いて行う．クリスマス頃に開花させるには 7 月に挿し木を行う．挿し穂の切り口から白い汁液が出るので，よく洗い流してから挿し木する．発根後は生育を見ながら，主に緩効性の液肥を施す．販売時の鉢の大きさや仕立て方により，定植鉢に 1 本植えか，数本植えにする．鉢上げ後は 1 週間ほど半日陰に置き，植替えによるストレスの回復を待つ．約 15 日後に，本葉 5 ～ 6 葉残して摘心するか，1 本仕立ての場合は摘心しない．摘心後萌芽し始める頃に，CCC（サイコセル）の 2,000ppm 液か，パクロブトラゾール（ボンザイ）の 50ppm 液を散布して草丈と草姿をコンパクトに整える．伸びやすい品種では数回散布することもある．処理時期が遅れると苞が小さくなることがある．灌水は温度の高い時期に蒸散も多いので十分行うが，生育後半の出荷時期には気温も低くなるので，過湿によって根腐れしないように灌水量を少なくする．

典型的な短日植物で，高温下でより強い短日処理が必要となる．わが国の自然条件下では品種によって早晩性が異なるが，普通，10 月より花芽が形成される．ポインセチアの短日処理では厳密な暗黒が要求される．新聞が判読できる程度の暗さでもよいキクの場合と異なり，ポインセチアでは短日処理の途中で処理が中断された場合，開花期が極端に遅れる．9 時間日長の短日処理を，40 ～ 60 日行うと開花が促進される．短日処理中は夜温 20℃以下になるように換気する．生育後半は夜温 15℃以下にならないように加温が必要である．短日処理後は十分に光に当てることが苞の発育と発色に重要である．

土壌 pH は 5.5 ～ 6.5 がよく，これより高いと鉄，マンガン，亜鉛欠乏を，これより低いとカルシウム，マグネシウム，モリブデン欠乏を生じやすい．窒素の吸収形態が他の植物と異なり，硝酸態窒素を好む．害虫としてはオンシツコナジラミ，タバココナジラミが多発しやすく，灰色かび病，根腐れ病などの病気も発生しやすい．出荷適期は苞が品種特性を表し，十分に伸長して，中央の花が 1 ～ 2 個開花した頃である．

3．苗 物 類

苗物類とは，セルトレイなどに播種してから，仕上げポットで栽培するか，花壇，コンテナなどに植えられる植物を指す．一年草や二年草が主である．代表的な苗物類として，パンジー，サルビア，ペチュニアなどがある．

1）パンジー

(1) 原産と来歴

スミレ科スミレ属のパンジー（*Viola* spp.）（図 4-13）には，ヨーロッパ原産の *Viola tricolor* を中心にして改良されたといわれている大輪系パンジーと，ピレネー山脈原産の *V. cornuta* を中心に改良された小輪で多花性の小輪系パンジー（ビオラ）の 2 つのグループがある．しかし，最近では大輪系と小輪系との交雑による園芸品種が多く作出され，厳密に区別することは困難である．現在の園芸品種の成立に関わったその他の原種には *V. lutea*，*V. altaica*，*V. calcarata* などがある．

大輪系パンジーが日本に入ってきたのは 1864 年頃とされる．世界で初めての F_1 品種が 1960 年に日本の種苗会社から発表され，1961 年にはパンジークラブが結成されて，世界各国から多くの品種が集まった．1965 年には日本の種苗会社の育成した巨大輪 F_1 品種‘マジェスティック・ジャイアント’がアメリカの All American Selection（AAS）に入賞して以来，日本はパンジーの品種改良で世界をリードし，F_1 品種を各国に輸出している．

図 4-13　パンジー

一方，小輪系パンジー（ビオラ）の品種は，1862 年にスコットランドのジェームズ・グリーヴが，イギリスのトムソンが育成した花径 4cm 以上，平滑で丸く，ブロッチ斑の入る花弁を持ち，主に挿し芽で維持する系統のショーパンジーと *V. cornuta* を交雑して育成したことから始まっているとされる．極小輪の耐寒性のある品種群は，タフティドパンジーと呼ばれる．1990 年には，わが国の種苗会社から初めての F_1 ビオラのベビーシリーズが発表されて以来，各社より多くの F_1 品種が育成されている．最近では，秋に咲き，冬季間も開花し続けて，春まで咲くパンジーの巨大輪品種 LR（ロングラン）シリーズなどが育成されている．

（2）種類と品種

開花の日長反応によって分類すると，夏播きで秋から咲き始めて短日条件でも咲き続ける中日性品種群と，春にならないと開花しない長日性品種群に分けられる．花径によって分類すると，10cm を超える巨大輪品種群，8 ～ 9cm の大輪品種群，5 ～ 6cm の中輪品種群，5cm 以下の小輪品種群，およびビオラに分けられる．

固定種としては，花径 7 ～ 8cm の大輪のスイスジャイアント系，花径 7cm のフランス系品種のシャイロンジャイアント系，花径 4 ～ 5cm のクリア・クリスタル系，花径 2 ～ 3cm のビオラ・プリンセス系，花柄が太くよく伸びる切り花用品種などがある．

F_1 品種としては，最近の品種はほとんどこのタイプで，日長の影響を受けずに咲く中日性タイプである．例えば，中輪で花の中心部の色が異なる，いわゆる目ありのマキシムシリーズ，ベッダーシリーズ，目なしのニュークリスタルシリーズ，クリーンシリーズ，また大輪系で目ありのリーガルシリーズ，インペリアルシリーズ，目なしのマンモスシリーズがある．

（3）生育と開花習性

パンジーの種子は採種後 1 ～ 2 ヵ月間休眠するが，休眠覚醒後は容易に発芽する．発芽適温は 17 ～ 25℃と幅が広いが，25℃で発芽揃いがよい．発芽後は適度な温度や日長条件で一定の生育後，花芽を形成し，開花する．花芽は本葉 5 ～ 6 枚頃に形成し，温度と日長条件がよければ，分枝と花芽の形成を繰り返す四季咲き性の草花である．品種間で差はあるが，一般に生育適温は 10 ～ 20℃で，高い夜温は花数を増やすが，花径が小さくなる．

(4) 繁殖方法と栽培方法

パンジーは夏季冷涼な地域で多年草化するが，わが国では夏の高温で夏枯れすることから，秋播き一年草として扱われる．したがって，作型としては秋播き早春出しが基本となっている．温暖地では霜除けによって早春出しの作型，寒冷積雪地域では融雪後の春出しの作型となっている．早春に咲く早咲き系品種群と，春に一斉に咲き出す晩生の品種群が利用される．春出しの作型では，8 月下旬から 9 月中旬にかけて播種して 2 ～ 3 月に出荷する．冷涼地では 10 ～ 11 月，暖地では 11 ～ 3 月に出荷している．

1990 年代になってから，秋に花壇苗として販売できる品種が育成され，パンジーの消費イメージを一変させた．秋出しの作型では，7 月 10 日頃から 10 日おきに 8 月 20 日頃まで播種すると，12 ～ 16 週くらいで開花するので，10 月上旬から 12月下旬まで連続して出荷できる. 秋植えパンジーは, 秋に花を楽しみ, 冬には少ない開花数であるが花のない時期に楽しめ，春になると従来の春植えよりも早く，より多くの花を楽しめる．

苗の安定供給にはセル成型苗の普及によるところが大きい．288 ～ 406 穴のセルトレイを使用し，用土は市販の専用用土を用いるか，ピートモス，バーミキュライト，パーライトを 7：2：1 の割合で混合し，pH を 5.5 ～ 6.5 に調節した用土を用いる．セルトレイに播種後は軽く覆土して十分灌水する．催芽は 15 ～ 20℃で行い，発芽後は苗が揃うまで遮光されたハウス内で栽培し，その後は光に当て通風をはかり，できるだけ涼しく（20℃くらい）保ち，灌水も控えめにして，徒長を防ぐ．高温期の徒長防止には矮化剤を使用する．

2）サルビア

(1) 原産と来歴

サルビア（*Salvia* spp.）はシソ科の合弁花植物で，多くは半耐寒性の一年草または多年草であり，生育条件がよければ亜低木や低木になることもある．温帯，熱帯を通じて 500 種以上が広く分布しており，特に地中海沿岸部およびメキシコに多く，日本でもアキギリ（*S. glabrescens*），コトジソウ（*S. nipponica*），アキノタムラソウ（*S. omerocalyx*）など, 10 種 3 亜種が自生している．主に花壇用に栽培されるが，切り花，香辛料，薬用に利用されるものもある．

サルビア属は世界に広く分布するが，園芸種のサルビア *S. splendens* はブラジル南部の原産で 1822 年に発表され，同年にイギリスに伝わった．原産地では低木状の多年草であるが，一年草に改良されて温帯での栽培が可能になっている．日本へは明治 20 年代以降に渡来したらしく，明治 19 年（1886）の小石川植物園の植物目録には，サルヒヤ（香辛野菜のセージ *S. officinalis*），ベニノサルヒヤ（北米産のベニバナサルビア *S. coccinea*）の名があるが，現在のサルビア *S. splendens* の名はない．昭和に入って普及し，花壇に欠かせない花となっている．

(2) 種類と品種

品種の数で最も多く，普通，サルビアと呼ばれている *S. splendens* 系の品種は以下のように分類されている．

高性品種…‘ボンファイヤー’（緋赤色．晩生品種．強健．図 4-14），‘ウィオラケア’（紫色．花序が長い），‘ホワイト’（白色大輪．中生品種）などがある．

中矮性品種…‘アメリカ’（草丈 40cm．緋赤色．照葉．極早生品種），‘ハービンガー’（緋赤色．花序が長い．照葉．極早生品種）などがある．

矮性品種…‘カレビニエール’（濃緑色の光沢葉．大輪．早生品種．スカーレット．ホワイト．ピンク．バイオレットの花色），‘ホット・ジャズ’（緋紅色．花序が長い．大筒の多花性．照葉．早生品種），‘セントジョーンズ・ファイヤー’（極矮性．緋紅色．極早生品種），‘ロイヤル・パープル’（極矮性．明紫色．強健），‘サー

図 4-14　サルビア‘ボンファイヤー’

図 4-15　ブルーサルビア

モン・ピグミー'（鮭肉色．極早生品種）などがある．

この他に，ベニバナサルビアと呼ばれる *S. coccinea* 系の濃緋色の種類，ブルーサルビア（図 4-15）と呼ばれる *S. farinacea* 系の藤青色および白色の花色を持つ種類がある．

(3) 生育と開花習性

日本で花壇用として最も普通に栽培されているサルビアは *S. splendens* である．原産地では草丈が 1m にもなるが，日本では 60cm 前後で，春播き一年草として夏から秋の花壇に用いられる．茎は無毛で，よく分枝する．葉は卵形，歯状縁，長さ 5 ～ 9cm で，花序は長さ 15cm 以上になり，30 花ほどを着ける．花色は鮮紅色が主であるが，園芸品種には紫，桃，白色などの花があり，低温期ほど花色が鮮やかになる．

開花は短日条件で促進される．'ハービンガー' は短日条件のみで開花し，'ボンファイアー' は短日条件下で多く開花する．しかし，'セントジョンズファイヤー' は日長に関係なく開花する．また，アメリカのポール社の試験では，草丈の高い晩生品種は日長が短くなる夏の終わりに咲く短日植物で，草丈の低い早生品種は長日期の真夏に咲くことが示されている．

(4) 繁殖方法と栽培方法

S. splendens 系の発芽・生育適温は，もともと熱帯原産の植物であるため，20 ～ 25℃であり，発芽には 7 ～ 8 日を要する．しかし，30℃以上の温度になると発芽率が極端に低下し，生育も鈍り，花色は退色する．また，15℃以下の温度では発芽しない．好光性種子である．

播種から育苗期間の管理が一年草の中で特に難しい種類に属する．標準発芽率は 50％と低いので，少し厚播きにする．初期生育は遅く，幼苗時は土壌の過湿や通気不良でむれると苗立ち枯れ病が発生しやすいので，消毒した用土を用いるとともに灌水を控え，間引きをするなどして予防する．適温に保って生育を促すことも予防につながる．苗の草丈が 12 ～ 13cm 以上になると生育が優れ，栽培が容易になる．用土は弱酸性の有機質土壌であれば生育旺盛に推移する．リン酸肥料の肥効の高い，いわゆるリン酸型の植物である．

播種から鉢上げまで3～4週間，鉢上げから出荷まで7週間を要する．暖地では春先から初夏に，冷涼地では初夏から夏にかけて需要がある．そのため1～3月播きで4～7月出荷，3～4月播きで6～7月出荷，5～6月播きで8～10月出荷などの作型がある．*S. coccinea* や *S. farinacea* のように徒長しやすい種では，花穂が見え始めた頃にビーナインの250～300倍液を散布する．

害虫はアブラムシ，オンシツコナジラミ，ハダニが発生しやすい．

3）ペチュニア

(1) 原産と来歴

ペチュニア（*Petunia* × *hybrida*）は，ナス科の半耐寒性の多年草であるが，園芸的には一年草として扱われる．ブラジル南部，アルゼンチン，ウルグアイ，パラグアイ，チリ，ボリビアなどに約33種，メキシコに2種が分布している．植物体全体に粘毛があり，草姿は直立するかまたは這い，分枝して成長する．多くの花色，草姿を持ち，また開花期が長く，栽培しやすいことから，今日では春から夏にかけての花壇，コンテナ，ウインドウボックス，鉢花用として用いられ，最近では匍匐性のタイプが緑化用として用いられている．

1834年に *P. axillaris* と *P. violacea* との種間交雑がイギリスで行われ，その後多くの品種が生まれた．1800年代末までにはイギリス，ドイツ，フランスで改良が進み，八重咲き，大輪，矮性などや，いろいろな花色，花形，草姿のものが作出された．1925年にはほとんどの実生苗が八重咲きの花を持つ個体となる「オールダブル」という F_1 品種群が日本で完成し，1934年には「ビクトリアス・ミックス」がAll American Selection（AAS）に入賞して，日本から各国に輸出されるようになった．第二次世界大戦後，F_1 の一重咲き品種が多く出回ったので，1960年代には固定品種がほとんど姿を消した．

(2) 種類と品種

現在栽培されているペチュニアのほとんどが F_1 品種である．

a．花の大きさと花形による分類

大輪一重咲き系統…現在の主流品種となっている．花径7～9cm．花冠裂片の形が平弁と波状弁がある．ファルコンシリーズ，ウルトラシリーズ，ドリーム

シリーズおよび巨大輪のタイタンシリーズなどがある．

小輪一重咲き系統…多花性で，雨に強いので，花壇用として栽培面積が増加している．花径 5 ～ 6cm．バカラシリーズ，プライムタイムシリーズ, ミラジュシリーズ, カーペットシリーズ，ポロシリーズ，パールシリーズなどがある．

図 4-16　サフィニア

大輪八重咲き系統…花径 7 ～ 10cm の完全八重咲き系統．ジャイアントビクトリアシリーズ，ブーケシリーズなどがある．

小輪八重咲き系統…花径 5 ～ 6cm．デュオシリーズなどがある．

b．花色による分類

単色花系統…レッド，コーラル，サーモン，ローズ，ピンク，ラベンダー，ブルー，スカイブルー，マジェンタ，ホワイト，イエロー，ブラックなどの色の品種がある．

複色花系統…星咲き，網目状咲き，覆輪咲き，逆覆輪咲き，絞り咲きの品種がある．

近年，匍匐性の新しい原種（*P. axillaris*）を導入して，これまでにない多花性，耐病性, 耐雨性, 耐暑性を有している栄養繁殖性品種が育成され, 1989 年に‘サフィニア’が発売された．‘サフィニア’（図 4-16）は南米のペンジュラタイプの野生種（*P. pendula*）と種子繁殖性の園芸品種とを交雑したものである．

(3) 生育と開花習性

ペチュニアの葉は互生し，着花後に発生する上部の側枝では対生となる．葉は全縁である．実生苗の主枝の頂端に 1 個着花したのち，花は葉腋から発生した側枝の頂端に 1 個着花する．開花に対しては相対的長日植物（量的長日植物）なので，高温長日下でよく開花するが，節間が伸びて基部からの分枝が少なくなる．一方，低温短日下では開花しにくいが，節間が詰まって基部からの分枝が多くなる．このような生態的特性を利用すると，低温短日の冬季に育苗を行い，基部分枝の多い節間の詰まった苗を作って，長日期となる3～4月に開花させると良質な苗となる．また，高温長日の夏季の育苗では到花日数は短くなるが，分枝数の少ない間延びした草姿の苗となる．

開花適温は20～25℃であるが，極早生品種では秋の短日期に10℃の温度下においても，花数は少なくなるが開花を続ける．短日期の開花促進には，白熱電球によって3～4時間の電照（長日処理）を行うと周年開花させることができる．

（4）繁殖方法と栽培方法

本来は半耐寒性の多年草であるが，栽培上は一年草として扱われる．したがって，種子繁殖が主である．最近，栄養繁殖性の‘サフィニア’などと同様に，挿し芽で増殖する方法もとられている．この場合，加温されたハウスなどで親株を越冬させて，挿し芽を採取する．

4～6月出荷では9～12月に播種，5～8月出荷では1～3月に播種，7～12月出荷では4月に播種する作型がとられている．播種用土には，市販のものを用いるか，バーミキュライト，ピートモス，パーライトなどを混合し，pH6.5，EC 0.5～0.7に調整した用土を用いる．ペチュニアの種子は好光性種子なので，播種後覆土はしない．発芽適温は20～25℃で，発芽まで1週間を要する．発芽後2週間で本葉1～2枚になり，3号鉢に鉢上げし，30日内外の育苗で本葉6～7枚の頃に4号鉢に植え替えるか，戸外の花壇に霜の心配のなくなった4月上旬以降に25cmの株間に定植する．その後およそ1ヵ月で開花する．低温短日条件でロゼット化し，長日条件で伸長して開花する．栽培温度として10～14℃以上必要である．徒長防止のため，乾燥気味に栽培管理して，ハウス換気に努め，十分に日光に当てる．また，徒長しやすい品種には本葉8枚時にビーナインの250～400倍液を散布する．

病害として，立ち枯れ病，灰色かび病があり，害虫として，アブラムシ，スリップス類，オンシツコナジラミが多い．

第5章

ガーデニングの教育理念

1．フレーベルの花壇と教育理念

ドイツのライプチッヒにつくられた市民農園団地・シュレーバー協会は，子どもたちの情操教育を目的として設立されたことは『園芸学』と『野菜園芸学』（文永堂出版）で紹介した通りである．そこではフレーベルの「さあ私たちの子どもらに生きようではないか」という標語が掲げられているが，市民農園とフレーベルとの関係についてはあまり知られていない．

私たちが自然を心からよく知り，自然とふれあうことで自身のやりたいことを見出していくことは，豊かな人間形成のために非常に重要である．市民農園や花壇は充実した人間形成のために必要な素材であり，ガーデニングの行為に際して必要な素材である．その根本的な理念についてはドイツのフレーベル（Friedrich Wilhelm August Fröbel，1782 ～ 1852）の思想にさかのぼることができる．

フレーベルとは，Kindergarten という言葉と施設をつくり，幼児の人間形成を花壇園芸を通して図ろうとした人である．今日では Kindergarten による幼児教育法が世界中に広まり，例えば英語で kinder-garden，日本語で幼稚園と翻訳されて，世界中の国々に定着している．日本では，恐らく他の国々においても，主としてお遊戯や積み木遊びや童謡を重視した幼児教育が行われているが，フレーベルの幼児教育において最も重要な手法は花壇園芸であることはあまり意識されていない．なお，花壇や市民農園において行う作業行動，作業行為について説明するとき，花壇づくりという言葉を用いても，菜園づくりとか庭づくりなどという言葉を用いても，英語の gardening という意味を適切に表す日本語が見られないので，本章ではガーデニングと表している．

本章をまとめるに当たってフレーベルに関する資料を探したところ，園芸学的視点の資料は見られず，ほとんどが教育哲学的分野のものであったので，本章は『フレーベル全集』（小原國芳・荘司雅子（訳），1976）などを参考にした．そのせいか，説明がやや硬い表現になったのは，やむを得ない．前記参考資料の翻訳者の 1 人，荘司雅子（1909 ～ 1998）とは，奈良女子高等師範学校（現在の奈良女子大学）を卒業したのち，広島文理科大学（現在の広島大学）に進学してフレーベルの幼稚園教育を研究した人である．その後，広島大学の教授や，「日本ペスタロッチー・フレーベル学会」の設立に貢献した人として有名である．

図 5-1　フレーベルの恩物と呼ばれる積み木
（写真提供：金浜耕基氏）

1）世界最初の幼稚園の誕生

フレーベルは世界最初に子どもの遊具として積み木を考案し，幼稚園を創設した教育学者である．フレーベルは自らが考案した積み木（図 5-1）などを用いた教育の実践の場として，近隣から子どもたちを集めて 1939 年 6 月にドイツ中央部の山間の小さな町ブランケンブルグに「幼児教育指導者講習所」を設立し，実習施設として「遊びと作業の施設」を

図 5-2　遊びと作業の施設
のちに Kindergarten（幼稚園）と改称された．（『フレーベル全集』，玉川大学出版部，1976）

図 5-3　現在のフレーベル幼稚園
「さあ，私たちの子どもらに生きようではないか」と書かれている．（写真提供：金浜耕基氏）

図 5-4　世界最初の Kindergarten（子どもたちの菜園）
（『フレーベル全集』，玉川大学出版部，1976）

図 5-5　フレーベル博物館下にあるフレーベル幼稚園の菜園
（『フレーベル全集』，玉川大学出版部，1976）

付設した（図 5-2，5-3）．1840 年に「遊びと作業の施設」はキンダーガルテン（Kindergarten，子どもの園）と改称された．キンダーとは幼児，ガルテンとは菜園，花壇，楽園，花園などのことである．自然の園で万物が神の恵みのもとに調和と統一によって生き生きとしてその本質を伸ばしているように，幼児はこのキンダーガルテンで生き生きとその本質を伸ばしていかなければならないというのがフレーベルの考えである．わが国では，明治 9 年に創設された東京女子師範学校の初代園長となった関信三（1843 ～ 1880）が Kindergarten を「幼稚園」と訳して今日に至っている．

キンダーガルテンでは晴れた日に屋外で遊び，園内に設けられた花壇や菜園でガーデニングをしたり，散歩や自然環境に関わる活動が非常に大切にされていた．そこでは，子どもが自然にふれあうことができるように，自然に満ちた環境と施設（庭）が提供されていた（図 5-4，5-5）．

2）ペスタロッチーの影響とフレーベルの世界観

フレーベルは 1782 年，ドイツ中央部のシュバルツブルグ＝ルドルシュタット侯国の牧師の家に生まれた．さまざまな職業を転々とするが，教育者としての重要な契機となったのはフランクフルト・アム・マインにあったペスタロッチー主義模範学校の設立者グルーナーとの出会いである．フレーベルは，1805 年から 2 年間ここに滞在し，教師として働いた．ペスタロッチー（1746 ～ 1827）はスイスの教育学者で，知的，身体的，道徳的諸力の調和的発達の原理を説き，人間教育の構想の中に自然と調和して自然の歩みに沿って教育課程を構築するというアイデアを考案した人である．フレーベルはこの思想に魅了されていき，その後ペスタロッチーの思想を受け継いでいくことになる．だがその一方で，ペスタロッチーの学園で目にする教育では，実際に有機的な関連が見られないこと，学習が機械的な教え込みになっていたことなどに疑問を持った．フレーベルの観点からすれば，教育の内容と方法は教育の目的から導き出されなければならず，さらにその目的は人間の使命と本質の実現についての理論によって根拠付けられなくてはならないと考えたのである．そして，人間の使命と本質について，われわれの目の前に広がるさまざまな事象は，一見ばらばらに見えるかもしれないが，背後には必ず統一に向かう傾向があるという世界観を得た．そのような世界観に基づくときに，教育の目的とは，何よりもまず，世界の諸事情の背景にある統一的な法則の認識とその表現へと人を導くことであるとした．

ドイツのブランケンブルグに移り住んだフレーベルは，幼児期の子どもの教育に，恩物と呼ばれる積み木を用いた遊びを通して，人間教育に思索と実践的教育を集中させていった．恩物とは，ドイツ語で神の贈り物を意味するガーベ（die Gabe）に由来する．当初フレーベルは，恩物さえあれば子どもはそれと遊ぶことで自動的に彼が想定するような世界の捉え方へと導かれると思っていたようであるが，次第に，遊びを指導する教育者の役割が重要であると考えるようになり，Kindergarten を設立した．また，ごく幼い時期の子ども，乳児の教育にも精魂を傾けた．そして，父母がそれを用いて幼い子どもに語りかけ，働きかけることを念頭にした絵図入りの本『母の歌と愛撫の歌』（1844）を出版した．いずれにおいても，フレーベルにあっては，遊びは世界の諸事情の背後にある統一的な法則へと，子どもをごく幼い時期から導くものであった．

3）幼稚園における庭の必然性

フレーベルは，人々が自然について関心を持ち，ふれあうことが幸福感を与え，自分自身を発展させていくための基礎であるとした．とりわけ，自然の生成，発展と人間の成長発達とを比較して観察する機会を与えることが Kindergarten の本質であり，その本質を実現させる手段の１つとして Garten（庭）が必要であると述べている．

庭が幼稚園にとって必要であるという考えは，このような幼稚園の理念や思想からだけでなく，社会的，市民的な共同生活の理由からも現れてくる．子どもは早い段階から個人として認められ，一人前の人間としても認められ，生まれたときから社会の一員として周囲から認められて取り扱われるべきであるから，子どもは，そのようなものとして自分自身を認識し，それを行為によって示さなければならないという考えである．そこで，幼稚園には必然的に「1つの庭」が必要になる．さらにこの庭の中に子どもたちの個人個人の庭や小さい花壇が必要になる．それを囲むようにして「共同の庭」を作って保護し，安心感が与えられるように工夫しなければならない．すなわち，幼稚園の庭では，子どもたち1人1人の庭は共同の庭によって取り囲まれなければならない．

庭は自然と作物との関係や，共同の世話や，個人と共同との関係が明瞭に現れる所である．したがって，1つの庭で共同の世話をすることを通して，個別的なものと統一的なもの，部分と全体との間の相互作用が，より美しく，より生き生きと，またよりはっきりと現れてくるのである．

つまり，子どもたちはただ共同の庭に囲まれているだけでなく，自分自身で発展性が必要であり，幼稚園として教育的であり，教訓的でなければならない．さらに，幼稚園の庭では，作物や植物に関して子どもたちは発展的でなくてはならないし，教育的，教訓的でなければならないのである．

このような発展的，教育的，教訓的なことは，子どもにとっては子どもが幼稚園の本質である自然の生成や発展と，自分の発達を比較観察することによって行われる．このことは，具体的には子ども自身の対象物である作物や植物が交互に比較されることによって示されるのである．幼稚園における子どもたちの庭は，このような空間配置によって，個人と共同との関係を理解させようとするものである．

4）フレーベルの幼稚園における子どもたちの庭

(1) 幼稚園の庭の設計と使用法

これらの理念を取り入れて，フレーベルは幼稚園における子どもたちの庭を以下のように設計した．

①子どもたちの庭は，長方形の形が最も適切である．円形や楕円形も排除され

るものではないが，多くの子どもたちがいる場合には，長方形の方がふさわしい．

②子どもたちの庭は，「共同の部分」と「個々の部分」との２つの部分で構成されなければならない．

③共同の部分は「個々の部分」を取り囲み，いわば保護する部分であり，「個々の部分」は取り囲まれる部分である．

④子どもたちの庭においては，人間の生活に必要な広い畑で栽培される畑作物と，狭い土地で栽培される園芸（庭）作物が栽培されるべきである．こうして共同の土地は，「園芸作物用の土地」と「畑作物用の土地」とに分けられる．

⑤「園芸作物用の土地」は，さらに花園と菜園に分けられる．

⑥「畑作物用の土地」は，油料作物，穀物，豆類，球根類，かぶら類，青菜類，飼料用作物のための土地に分けられる．

⑦土地が広い場合は，子どもたちに，より広い土地を与えることができるし，子どもに１人ずつ，１区画の土地を与えることもできる．しかし，子どもたちが多いときは，小さな土地を２人の子どもに共同で与えることもできる．幼稚園で２人ずつ一緒になることも協調性を教えるという観点からはいいことである．

（2）幼稚園の庭における子どもたちの活動

「共同の部分」と「個々の部分」とに分けられた幼稚園の庭では，次のことに留意して子どもたちの活動が行われなければならない．

子どもたち１人１人に渡された小花壇には，子どもたちが希望するものを好きなように植えることができる．また，子どもたちは自分の思うように植物を取り扱ってもよい．それによって子どもたちは，植物は細心にそして合法則的に取り扱わなければならないということを，自分の取扱いから経験する．このことは，共同の庭の作物においても同じである．作物に十分な注意を払えば，子どもたちはその作物が種子から芽生えて生育し，開花し，結実する過程を通って再び種子になるまでの発達過程を観察することができるのである．そのために，共同の土地の播種，もしくは植付けの際に，子どもたちにはさまざまな作物の種子を見せたり，並べて置かせたりして，共通の特徴と異なった特徴を見つけ出させる．そうすれば，子どもたちはさまざまな作物の名前を覚えたり，その種子を識別したりすることができるようになる．種子が熟したあとに集められ，冬に利用するための分と，翌年の春に再び植え付けるための分に分けて貯蔵する．他の所で育てられた苗がこれらの庭に移植される作物についても，比較し，観察させる．

個々の小さな庭もしくは小花壇を清潔に保持すること，絶えず良好な状態を維持することについては，子どもたち1人1人に配慮させなければならない．しかし，共同の庭の維持については，全員が共同して，あるいは何人かで一緒になって交代制でできれば一定の日に世話をさせる．

作物を眺めたり観察する際に，それらの名前を子どもたちの心に浮かばせるようにするために，作物の名前を子どもたちが遊びや作業を通じて読めるように，板に書いて立てておくとよい．

もしも，各々の子どもたちの小花壇に子どもたちの名前が付いていれば，その成果は作物の名前を書いておくことと同様によいことである．どの子どもも直ちに自分の友人の花壇を見つけ出す．そして，どの子どもも自分の花壇に立っている名前によって，自分がその花壇をこれまでいかにぞんざいに取り扱ってきたか，あるいは注意深く取り扱ってきたかに応じて，正当な無言の賞賛か，あるいは正当な無言の非難かを受けるのである．さらによいことには，文字の知識および読み方の劣っている子どもは，その記号から名前を見つけ出そうと努める．

(3) フレーベルの庭の区分と庭での活動の具体例

フレーベルは，上記の（1）および（2）で述べてきたことが，願わくば表現と実行に関する限り，図5-6の理解に役立って欲しいと願っていた．

図5-6の庭は，12人または24人の子どもたちを想定して設計されたものである．小花壇の数を庭の縦あるいは横の方向に増やしていけば，子どもたちの人数分の小花壇をつくることができる．ここでは，1人あるいは2人の子どもに対して4平方フィート（1.44m^2）の小花壇が当てられている．境界幅は2フィート（0.6m）であり，その縦の長さは花壇に植えられる種類の数に応じて等分されている．この設計図においては，それぞれの作物の種類に対して，連続した方向に1フィート（0.3m）ずつ当てられている．

Aの側の共同の部分は畑作物に，Bの側の共同の部分は園芸作物に当てられる．

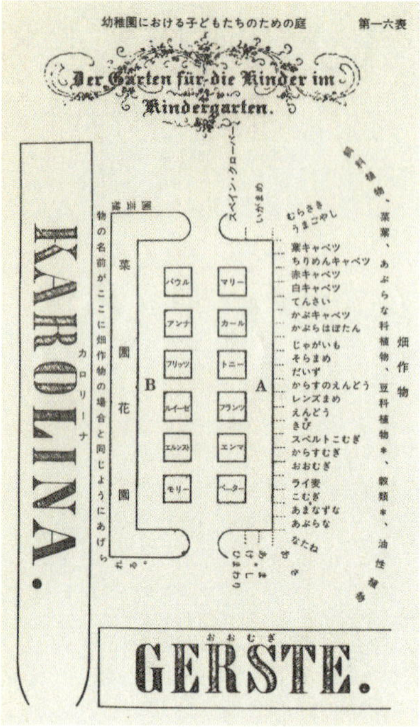

図 5-6 フレーベルの幼稚園における子どもたちの庭の設計図

1人1人の子どもたちの庭の周囲にはさまざまな植物が植えられており，植物園としての意味も持っている．(『フレーベル全集』，玉川大学出版部，1976)

幼稚園においては，合目的的に秩序立てられた全体の中で，子どもたちの小さな庭や小花壇のためにこれ以上大きな空間を設けることは困難なので，道幅はできるだけ小さく設計されている．このようにして庭全体は，縦がわずか25フィート（7.6m），横はわずか14フィート（4.3m）にすぎない．しかし，本道には少なくとも2.5フィート（76cm）の幅を見積もるのが適切である．

子どもの名札は，普通，幅が約1.5インチ（3.8cm），長さは1.5～4.5インチ（3.8～11.4cm）がよいであろう．植物の名札も同様である．それぞれの名札の厚さは1/4インチ（0.6cm）である．このような名札は，作物の種類と子どもの人数分必要である．また，もし子どもに藪の様子を教えたいと思うならば，園を取り囲んでいる生垣によってそれをすることができる．すでに数年間存続している幼稚園では，子どもたちの知識をいっそう高めるために，3年目および4年目に栽培植物の代わりに野生の植物の種子を播いてもよい．

(4) 幼稚園の庭の意義と効果

子どもは，幼稚園の庭での活動を通して，庭全体に対する概観と明瞭な洞察によって記憶力が強められる．例えば，場所の記憶，事物の記憶および名前の記憶，また特性の記憶，時間の記憶も，作物およびそれらの世話のさまざまな発展段階を通じて強められるのである．

しかし，これらのすべてによっても，幼稚園の庭の意義と効果は，決して論じ尽くされてはいない．子どもがこの庭において真の家庭生活，真の市民生活の1

つのモデルを認めるように，子どもはそれぞれの対象物の生成，成長，凋落を通して，すなわち，その対象物が1個のもの（種子や苗など）から発展して再び1個のもの（種子など）に立ち返ることを通じて，よりよい理解と，より正しい把握のための1つの法則性を見出すのである．

そして，子どもたちは，洞察を持ち経験をつんだ人々の十分な指導のもとでのみ，彼らの小さな庭の世話を通して，また作物の注意深い世話を通して，早い発達段階からこの予感に到達することができるのである．

5）幼稚園の庭における子どもたちの情緒の高まり

認識に伴って心情を高める目的で種播きと苗の植付けを共同的なもの，祝祭的なものにするとよい．これに，なおいっそうこういった表現と印象とを与えるために，幼稚園の教師は植付けのときに意味付けをし，それと同様に子どもたちを鼓舞する次のような歌をそえてやるとよい．

「さあお庭にゆきましょう　わたしたちの種子を播きに
　あたたかい空気が谷にみちると　種子は緑の芽を吹き花を咲かせます」

あとになって，種子が発芽し植物が成長すると，成長段階に応じて以下のような歌をそえるとよい．

「さあお庭にゆきましょう　わたしたちのかわいい植物を見に」

子どもたちの精神と認識，心情と感情，いな，実際的活動的な生活全体に及ぼすこのような自然および作物の世話と感化と影響に関しては，実際，もはやこれ以上一言も述べる必要はない．というのは，このような全体の中心に立ち，こうして全体の中において，また全体から成長する者は，何人も真に全体を捉えるに違いないからである．それゆえに，庭を持っている親は，子どもに，小花壇の世話のために十分な空間を与えることを決して躊躇してはならない．親はこれによって，自然を配慮した単純で一致した指導のもとで，子どもたちに内面的な道徳的な高揚と強化のための1つの源泉を提供することになる．

ささやかな窓辺の花園や植木鉢の世話でさえ，子どもにとって道徳的感化の1つの純粋な源泉である．自然の恵み豊かな影響に早くから心と感覚を開いている人に対して，自然の作用は，最も素朴な植物を通じてすら，きわめて教育的である．

6）婦人と若い女性への幼稚園の啓発

1840年の幼稚園計画では，「ドイツのすべての婦人と少女が就学年齢までの子どもの生活の全面的保護のための一般的施設をともに創設し，運営するために招かれる」，と述べている．そして，まずキンダーガルテンの趣旨を各家庭に知らせ，国全体の家庭をキンダーガルテン化することを企てた．すべての家庭の母親や若い女性が乳幼児の生活と指導法を十分理解することが急を要する問題であった．

すなわち，幼児教育の指導者の養成こそが最も重要なことであった．そこで，フレーベルは「一般ドイツキンダーガルテン」を創設して指導者を養成しようと計画した．1840年6月28日，グーテンベルグの印刷技術発明400年記念祭の日に「一般ドイツキンダーガルテン」の創立記念式が行われた．フレーベルは自ら式辞を述べ，幼児教育と指導者養成の必要性を講演し，聴衆に大きな感動を与えた．フレーベルのこの講演は婦人たちに呼びかけたものである．フレーベルの講演ののち，彼が考案した遊具を使って子どもたちを遊ばせ，参加者一同にその創造的な遊具の魅力を実演して見せた．こうして1840年6月28日は，世界におけるキンダーガルテン創立の記念すべき日となった．1840年は，ドイツに現存する最も古いクラインガルテンであるヨハニスタール・クラインガルテン団地が設立された1832年と，フレーベルの標語を掲げるシュレーバー協会が設立された1864年の間の年である．このことは，シュレーバー協会の3代目の指導者ゲゼルがそこに子供用の花壇を設置した動機は，ベルリンにあったプロテスタント系の教会附属幼稚園でフレーベルの花壇園芸教育を学んできた

図 5-7　『母の歌と愛撫の歌』から「小さな庭師」
ユリの花と，じょうろで水をやるしぐさの子どもが描かれている．(『フレーベル全集』，玉川大学出版部，1976)

ことがきっかけであるといわれていることと，時代的に矛盾がないことを示している．フレーベルはその後も宣伝活動を続け，主な都市でキンダーガルテンの建設に協力して回った．フレーベルは，幼稚園の普及は何よりもまず女性保育者の指導にあると思い，ドイツの婦人や若い女性に協力を呼びかけた．フレーベルは幼稚園だけでなく，家庭での教育活動にも女性に大きな期待を抱いていた．それゆえ，ずっと以前から母親向けの著作を計画し，1844年『母の歌と愛撫の歌』として出版した．この内容は1ページ全体を使った，母親と遊ぶ子どもを描いた版画に詩が付いたもので，それに説明と音符の付いた歌が添えられている（図5-7）．

7）わが国における幼稚園の始まりと庭

明治維新以降，欧米の制度の積極的な導入が図られるようになり，就学前の幼児のための保育施設の意義が意識されるようになった．日本人に幼稚園の必要性を認識させる契機になったのは，明治初年の欧米教育視察であった．明治6年（1873）のウイーン万博に関わった近藤真琴（1831～1886）はドイツやオーストリアの幼稚園の見聞を通して，幼稚園が労働に従事する父母の子育てを助けるのみならず，遊びやガーデニングによって幼児の教育を行い，就学後の学業の向上にも成果をあげていることを知り，幼稚園設置の必要性を説いた（『澳国（オーストリア）博覧会見聞録別記・子育の巻』，明治8年）．ヨーロッパの託児所としてはフレーベルの幼稚園（ここでは童子園（どうじえん））について述べ，国民皆学を目指す明治5年（1872）の学制には，就学前の幼児を対象とする規定が盛り込まれた．明治8年（1875）東京女子師範学校が設立され，2代目校長（摂理）中村正直（1832～1891）が附属幼稚園の開設を企画して，文部大輔の田中不二麿は幼稚園開設の伺いを三條實美（さねとみ）太政大臣にあげた．保育法の検討，園舎の建築が進み，明治9年（1876）11月16日，東京女子師範学校附属幼稚園が開園した（図5-8）．フレーベルが1840年にドイツのブランケンブルグに世界最初の幼稚園（Kindergarten）を開設してわずか36年後に東洋で最初の幼稚園が開園したことになる．参考までに，明治13～14年の第3代校長（摂理）は，福羽逸人（☞『園芸学』）の養父・福羽美静（よししず）である．

わが国において実際に設けられた幼児教育施設として最も早いものは，明治

図 5-8　日本で最初の幼稚園
東京女子師範学校附属幼稚園，現・お茶の水女子大学附属幼稚園.（お茶の水女子大学図書館所蔵）

8年12月に京都上京第30区第27番組小学校に開設された幼稚遊嬉場であるが，間もなく廃止されたらしい．ここはすでに，フレーベル流の幼稚園を規範として設けられたといわれている．次いで設けられたのが，明治9年（1876）11月創設の東京女子師範学校附属幼稚園である．ここでは，フレーベル式の教育を受けたドイツ人クララ・チーテルマン（Clara Zittelmann，1858 ～ 1941）を主席保母として採用し，フレーベルの幼児教授法を初めて日本で実施し，子ども本位，自然に親しめと教えた．すなわち，フレーベルの恩物（いわゆる積み木）の使い方や唱歌と遊戯に加えて，幼児1人ずつ3尺四方の菜園で行ったガーデニング教育がある．このことは，大阪府から東京女子師範学校附属幼稚園に派遣されて保育科を卒業したのちに，明治12年（1879）に開園する大阪府立模範幼稚園の開設者となった氏原鋹（ちょう）の日記でも紹介されている．

クララは ベルリン生まれのドイツ人で，その当時ドイツに留学していた松野礀（はざま）（1847 ～ 1908）と知り合い，明治9年（1876）に来日して結婚し，松野ク

図 5-9　玉川学園幼稚部前のフレーベル像

ララと名乗った人である．松野磵とは，明治3～8年（1870～1875）にドイツに留学して帰国後，東京山林学校の初代校長，林業試験場の初代場長などを歴任した人である．

その後の幼児教育に大きな足跡を残した人物として，東京女子師範学校（現・お茶の水女子大学）の倉橋惣三（そうぞう）（1882～1955）と玉川学園の小原國芳（1887～1977）がいる．倉橋惣三は自らを「園丁（えんちょう）」と名乗った．園丁とは，植物園の園丁と庭師と幼稚園の園長（主事）との語呂合わせで，植物園の園丁がそれぞれの草木の性に合った世話をして庭に美しく花を咲かせるように，幼稚園をそれぞれの子どもの能力（素質）をいかして伸ばす場としての園丁になりきるという思いが込められていた．日本幼稚園協会の中心人物として，子どもを1人の人間としてその子どもらしさを尊重し，ありのままに受け入れることを基本姿勢とした．特色は，時間をかけた自由で自発的な遊びを重視し，幼稚園はそのための場であるとした．教師の役割は上から引っ張る教育ではなく，十分に準備をしたうえで子どもに寄り添い，子どもが生活に結び付けられるように，さらに先に進むために手を貸し示唆を与えるなど，誘導するというものである．倉橋惣三が1つの幼稚園教育にじっくりと関わり続けたのに対し，小原國芳は私学を舞台に幼稚園を含む学校運営のための諸事業を次々に手がけつつ，教員・保育者養成によりいっそうの力を注いでいった（図5-9）．両者に共通するのは学術的な論文，具体的事例やエッセーを載せる月刊雑誌を持ち，その中で互いに交流を持ちながら理想をわかりやすく語りかけたことで，その後の教育会や社会に影響を与え続けることになった．

図5-10　幼稚保育図
幼稚園の庭で子どもたちが花を栽培している様子．（部分．武村千佳画．お茶の水女子大学図書館所蔵）

このように，フレーベルの思想は日本幼児教育に大きな影響を及ぼし，教育方法においては草創期の日本の学校教育実践を支える教育法として活用されてきた（図

図 5-11　学級園の手入れ
「よいことは　みんなで　そうだんして」と題された学級園での草花の手入れの様子が描かれた道徳の教科書．フレーベルは願わくば花壇の形は長方形とすること，花壇と花壇の間に道を設けること，立て札を立てることを説いているが，その思想にほぼ沿った形で描かれている『生活指導道徳教育掛図』(1958)．（玉川学園教育博物館所蔵）

5-10，5-11)．自由な遊びを通しての人間教育の理念は，養成課程を通しての教職の基礎原理として現場の教師によって伝えられて，多くの教育者や教育学者たちを鼓舞し，鼓吹した．さらに，その教育思想の中で，人間が自然にふれあい，成長していく場として庭の存在が欠かせないことを重視し，花などを植えて栽培すること（ガーデニング）の意義を唱えた人物であることを忘れてはならない．

ガーデニング教育が幼児の人間形成に及ぼす多面的効果について，わが国においては，明治 22 年に設立され，昭和 20 年まで活動した近代園芸の普及，教育団体である日本園芸会（☞ 第 5 章 2. と 4.）でたびたび話題として取りあげられ，フレーベル式の幼稚園教育と，シュレーバー式のクラインガルテン教育として紹介されて一部で実施され，幼稚園と小学校に設置される花壇として定着したものの，その理念を知ることなく活用されていないように思われる．人間形成とは，ある時期までに完成するというものではなく，一生続く命題である．人間形成の場として最適な施設はガーデニングの場であるということは，ガーデニングは幼児だけに必要なのではなくて，児童にも生徒にも，そして大学生にも，さらには青年にも老人にも必要なものであるということを意味している．そのような理解のもとに，ドイツ流のクラインガルテンがわが国においても広く普及して，豊かな人間形成を図ることが容易にできる社会になることが期待される．本書で学んだ方々にはこの機会を契機として，今日唐突に始まった体験学習の場などを通して普及されることを期待したい．

2．ガーデニング教育の導入と発展

今日の園芸学においては，園芸作物の生産に関わる技術的課題だけでなく，市民農園や園芸療法などを通した人間形成に関わる教育学的な課題も取り扱われている．園芸の技術的課題に関する歴史や総説については，園芸学会編集の『園芸学全編』（昭和 48 年）と『新園芸学全編』（平成 10 年）を初めとして，いくつか発行されているが，園芸の人間形成に関わる教育学的な課題について紹介されることはあまりない．しかし，時代を少しさかのぼってみると，このような話題が何度か取りあげられていたことがわかる．

1）市民農園の教育理念

市民農園は家庭菜園とも呼ばれ，英語では small garden や allotment garden という言葉に相当し，ドイツ語では Kleingarten という言葉に相当する．Kleingarten（クラインガルテン）の歴史や理念については，『園芸学』や『野菜園芸学』（文永堂出版）などで紹介した通りである．その中で，クラインガルテン（図 5-12）の設立理念にはいくつかあって，その 1 つに子ども達の情操教育があり，Kindergarten の設立理念をルーツとしていたことは本書の「第 5 章 1.」で解説されている通りである．その中で，広場で子ども達に花壇園芸（ガーデニング）を行わせるという教育手法は，Kindergarten の創始者でドイツの教育学者フリードリヒ・フレーベルによって提唱されていたことが明らかにされている．Kindergarten は当初は「子どもの庭＝子どもの楽園」という意味であったが，次第に「幼稚園」という教育機関の名称に変わっていった．今日では Kindergarten による幼児の教育方法が世界中に広まって，例えば英語では kinder-garden，日本語では幼稚園という言葉に翻訳され

図 5-12　ヨハニスタールクラインガルテンのオープンガーデン

て，幼児の教育機関として定着している．

フレーベルの幼児教育においては，積み木などの遊具と，童謡と遊戯とともに，花壇園芸も人間形成を図るうえで重要な教育手法であることについてはわが国にも明治維新直後に伝えられていたが，幼稚園教育が実践され，普及していく過程で花壇園芸教育の取組みが次第に薄れていったものと見られる．その結果として今日では，フレーベルが Kindergarten（子どもの庭＝子どもの楽園）という言葉に込めた意味はほとんど意識されなくなったものと見られる．ましてや，わが国において，フレーベルの幼児教育がクラインガルテンあるいは市民農園と関連があることについて意識されることはほとんどなかったものと思われる．

わが国の園芸学において，今日でも市民農園の歴史や意義について解説されることは少ないし，解説される場合であっても，大人の余暇活動として取り組まれる実践例が紹介されるにすぎないことが多い．しかしながら，明治・大正時代までさかのぼって調べてみると，ときどき話題になっていたことがわかる．その1つには『園芸学』で紹介したように，森鷗外の『独逸日記』と『衛生新篇』があるし，その他にも，明治22年から昭和20年まで続いた，近代園芸の教育普及団体であった「日本園芸会」の機関誌『日本園芸会雑誌』（明治22～38年）と『日本園芸雑誌』（明治38年～昭和20年）などの記事がある．

（1）イギリスの市民農園

大正15年に発表された「家庭園芸の現在および将来について」（『日本園芸雑誌』，三木泰治著）と題する論文において，イギリスの市民農園運動の様子が紹介されている：「戦前，自国において消費する43パーセントの食糧しか生産しえなかった英国は，国を挙げて食糧の生産に努力し，都市付近においてこの問題の解決に資せんがためにアロットメントガーデンの都市自治体によって建設せらるるもの著しく多きを加えたのであった」．さらに，「英国のオックスフォード，ケンブリッジ等の如く，3戸に1戸の割合をもって郊外に家庭園を有し，木曜日の午後と日曜日とには家族相携えて半里ないし1里の郊外に出かけ，自然の清福をほしいままにするとともに，栄養に富む果実，蔬菜を収穫し，嬉々として家路に急ぐ如き状態を本邦において実現することができるとせば，日本における家庭園芸はまさに黄金時代に入ったものとなるであろう」と紹介している．

三木泰治とは，その後も英国などの市民農園について研究を重ね，『家庭園芸』（大正 15 年）を著して市民農園の普及に精力的に取り組んだ人である．この本の中には，「作業小屋を具えた子どものための小家庭園の景」という写真と，「宿根性の草本花卉を主とし，これに蔬菜，果実などを適当に配置して，日当たりのよい庭内の一部に，低い垣根などを取り囲らして構設する子どものための小家庭園こそは，自然を愛し，その中に無条件で遊戯する子ども達に対し最もよい贈り物となるであろう」という解説が付けられている．さらに，「今や都市と云わず，農村と云わず，家庭園芸の大波は勢いよく沸き起こり，世界人類の生活を席巻しつつある．土地を持たない労働者が自然の胸にすがって貧しい家庭的食糧を生産すべき唯一の手段として建設した英国のアロットメントガーデンは，欧州大戦以来その数において既に百数十万を突破し，緊張した精神の苦闘と乱舞に疲れ果てた肉体を清澄空気の中に投げ込んで 1 週間の苦労を洗い流すためのラウベンコロニーはドイツ，オーストリアの都市郊外に争って建設されつつある」と紹介している．さらに，「簡単で清純なコロニーハウス，1 晩泊まりの田園生活，濁り多い都会から簡易と清純とに象徴された田舎への転換は，現代生活者に健康と慰安とをもたらす．家庭園は子ども達を中心として大人にも老人にも惜し気なく土地の福音を伝え，その健康を保障してくれる救世主である」と続けている．

(2) ドイツの市民農園

日本園芸会の第 4 代会長となる久留米藩第 15 代当主・有馬頼寧（よりやす）が，農科大学（現在の東京大学農学部）を卒業した直後の明治 43 年 7 月から明治 44 年 9 月まで，農科大学園芸学講座の原 熙（ひろし）と一緒に，アメリカとヨーロッパ諸国を外遊したときに見聞したドイツのクラインガルテンについて紹介している：「フランクフルトの周囲は市の所有地だそうですが，その郊外にたくさんの小農園が設置されています．小農園といいますのは，1 区画がおよそ 30 坪くらいで，針金を渡した杭で囲まれた菜園ですが，それを市から極めて低廉な地代で個人が借りているのです．借地人は自らそこを耕し，家族総出で野菜を作って自家用に供しています．借地人はどういう種類の人と制限されてはいませんが，その多くは工場労働者です．欧州では，夏は日没が遅くて 8 時頃迄は外で働けますし，工場の退出時間が 3 時か 4 時だとしますと，結構 3，4 時間の時があるのです．工場から帰った労働者は家族とともにこの農園に来て，１坪ほどの小屋の中から農具を引き出して仕事に従います」(『七十年の回想』，昭和 28 年)．そして，「ある日曜日に見に行きましたら，その小農園組合のお祭りのようなものがありまして．どの農園も万国旗が張り廻らされ，１坪くらいの小屋では各家族が卓子を囲んでビールを飲み菓子を食べて１日を楽しく送っているところでした」と紹介している．

有馬頼寧とは，東京帝国大学農科大学で学んだ農政経済学の専門家として農商務省（当時）に勤務し，その後に国会議員となって農林大臣（昭和９～11 年）を勤めた人である．「有馬記念」という呼び名のルーツと説明した方が，競馬関係者でなくてもわかりやすい．そして，この２つの資料からだけでも，市民農園や花壇園芸が幼児教育のみならず家庭や社会生活においていかに重要であるか早い時代から何度も指摘されていたことがわかる．

２）教育機関におけるガーデニング教育

(1) 幼稚園と小学校におけるガーデニング教育

幼稚園と小学校におけるガーデニング教育の必要性…フレーベルのガーデニング教育を学校に導入することの意義が明治 42 年の論文（村上辰午郎著，『日本園芸雑誌』）に著されている：「園芸趣味の必要なるは，ただに大人にのみならず幼者にもこの趣味を与うること大切なり．欧米諸国の家庭には特に子女の花卉栽培のために花園を設けおる人あり．子供は花を見て喜び実を視て楽しみ，あるいは植物の生長に疑問を持つに至っては，遂に自ら進んで之を知らんと勉むれば自然勤勉の精神養生し，また推理力を増進せしむるものである．而して一家の父母も子女と共に花卉培養に妙味を感ずるに至る」．そして，「彼の幼稚園の如きも，幼稚学校または幼稚舎と言わずして園と云う字を附したるは何か依るところなかるべからず．学校においては学校園の設置を見るに至れり．そもそも学校園の必要は，校舎運動場等の必要なるが如く，近来は学校園を最も必要とするに至れり．最初学校園の必要を主張せられたるは，オーストリアの教育者にして遊戯および手工の発達と共にこの必要を認むるに至れり．即ち遊戯にてなし得る秩序正しき運動の奨励と，手工にてなし得る知徳の養成とを併合し，同時に行うことを得る方法を考え出したるものは即ち学校園なり」と，フレーベルのガーデニング教育に由来していることを紹介している．さらに，学校園は男子の学校よりも女子の学校に必要であると述べている．村上辰午郎とは，横井時敬（ときよし）（1860～1927，帝国大学農科大学教授，東京農業大学学長など歴任），井上哲次郎（1856～1944，帝国大学で日本人として初めての哲学教授）などが執筆して，大正2年（1913）頃に発行された『大正婦女社会』という雑誌の主監を行った人である．

小学校の学校園…小学校でのガーデニング教育の必要性については，昭和8年の論文（富澤功著，『日本園芸雑誌』）において次のように述べられている：「都市の児童教育上，学校園の必要なことは，今更ここに述べ立つるまでもなく，世間の，殊に都市小学校教育当事者間の一大懸案である．東京府立女子師範学校（現在の東京学芸大学）附属小学校においては，先に東京文理科大学高等師範学校（現在の筑波大学）附属小学校が板橋区中村町に設置した校外学校園にヒントを得，今年（昭和8年）春に至って，土地の下検分から新設費概算に進み，過日ついに総予算額5,850円を以て全会一致可決せらるるに至ったのである．その後，工事も着々と進み，10月中旬を以て開園の運びになったということは誠に同校児童諸子にとって無上の幸福といわねばなるまい」．そして，「この学校園は，共同農園と個人農園と教材農園とで構成されている10アール余の農園と，3アール余の花園のほかに，一般教材の果樹・樹木園5アール余など，合計40アール余の施設である．ここで，園児40名，児童1学年80名で6年生までと，高等科40名を加えた約550名で，40人ずつ学校園での体験学習を行わせるように設計されている」と紹介されている．この教育手法は，フレーベルのガーデニング教育と同じであることがわかる．

(2) 女子園芸学校におけるガーデニング教育

ヨーロッパの女子園芸学校…有馬頼寧はヨーロッパで見聞した女子園芸学校について，次のように紹介している（『七十年の回想』，昭和28年）：「ここでついでに女子園芸学校のことを述べておきたいと思います．これはフランス，ベルギーで見ましたが，その他の欧州諸国にもあり，多くは都市の附近にあるので，農家の師弟のための農学校ではなくて，都会の若い女子のためのものです．ですから果樹・野菜の栽培，それから養蜂とか養鶏とか養兎とか，大きくて豚までです．したがって重い労働はなく，男の農夫が1人くらいいて，あとは女の手でやれる仕事に限られています」と紹介されている．

(3) 大学におけるガーデニング教育

日本女子大学校におけるガーデニング教育…日本女子大学校における様子が，創立者・成瀬仁蔵（じんぞう）によって次のように解説されている（『日本園芸雑誌』，明治38年）：「女子大学において園芸科を設けましたのは昨年（明治37年）の4月であります．菜園（図5-13）は校舎の隣地で，2千坪のもの1箇所，2千4百坪のが1箇所，これを各寮舎に区画致して，必要なる野菜類を作っております．その栽培は主として寄宿寮に居る大学部の生徒の課業としておきまして，男子の手を借りるのはわずかに園丁が1人あるだけです」．そして，「花園は学校の敷地内に設けてあります（図5-14）．これには四季の花を植え付けてありますが，別に鉢ものを仕立てまして，それを毎朝校舎内に陳列致して教室を飾り，夕方に再びそれを花園に出すようにしております．これは，寄宿寮に居る高等女学校の生徒と通学生の課業と定めてあるのです」．さらに，「植物に関する学理は，福羽氏が来られまして，1週に3時間ずつ講義をして下さる訳になっております．おかげで，生徒は益々よく園芸の趣味多き事を知得するようになりました．したがって，新設以来，日は尚浅う御座いますが，その成績は誠によろしいように見受けられますするから，層一層これを拡張致すつもりであります」と結んでいる．

成瀬仁蔵（1858～1919）とは，日本女子大学校の創立者である．創立委員長は大隈重信で，創立委員には，岩崎弥之助，近衛篤麿，西園寺公望，渋沢栄一ら，

図5-13　日本女子大学校の温室
（写真提供：日本女子大学成瀬記念館）

図5-14　大隈重信から寄贈された日本女子大学校の花園（明治39年頃）
（写真提供：日本女子大学成瀬記念館）

図 5-15　ゲーテの『ファウスト』で有名なライプチッヒのレストラン（Auerbachs Keller）に描かれた森鷗外と井上哲次郎
左から，悪魔メフィストフェレス，留学当時の森鷗外，ファウスト博士，井上哲次郎，壮年期の森鷗外．『ファウスト』の翻訳を終えた森鷗外が，このレストランで井上哲次郎から翻訳を勧められたときのことを思い出している様子．（写真提供：Johannistal Kleingarten e. v.）．

当時の政財界の有名人が多数名を連ねていたことが資料に示されている．園芸学の担当教員が福羽逸人（☞『園芸学』）で，科外講師には，前出の井上哲次郎（図 5-15）の他に，中浜東一郎（医学博士），青山胤通（たねみち）（医学博士）ら，森鷗外と同じ時代にドイツに留学して交流の深かった哲学者，医学者が加わっていた．

福羽逸人の女子大学校教育…日本女子大学校でのガーデニング教育については，園芸学の授業を担当した福羽逸人の『回顧録』でも述べられている：「明治 37 ～ 38 年頃に至り園芸改良もしくはその進展に関し，一般に世人の注意を喚起するに至り，女子教育上にもまた，この趣味を鼓吹するの有要なるを認むるの機運となり，当時西園寺侯爵より日本女子大学校に園芸学講義をなすべき勧誘を受けたり．然れども，予は本務ありて寸閑を有せざるの理由にてこれを謝絶したれども，西園寺侯は強要して止まず．如之（しかのみならず），侯直接に田中宮内大臣にその希望を申し込み，大臣をして予に命令的この任にあたるべきを云わしめたり．ここにおいてやむを得ず，（明治 36 ～ 40 年度の）3 ～ 4 年の間，1 週に 1 回 3 時間，日本女子大学校に至り園芸講義をなしたり」．このような記録を読むと，福羽逸人は女子の園芸教育に熱意がなかったようにも思われるかもしれないが，決してそうではないことが続きの文章でわかる：「女子教育に園芸上の智識を必要とするは勿論なるを以て，庭園築造術の大意，果樹，蔬菜，花卉栽培法，食卓上装花法等より一般園芸品の鑑別法を講演し，多少女子教育上に園芸思想の普及を図りたる事あり」.

福羽逸人の農科大学などにおける園芸学教育…福羽逸人が農科大学において，園芸学の講義を非常勤で担当したことは『園芸学』で紹介した通りである．この他に，福羽逸人の園芸教育に関する考えの一端が，大膳寮という天皇の供御・饗宴などを司った旧宮内省の一部局での講演（大正5年12月）で述べられていて，これについても『園芸学』で紹介してあるので，参照されたい.

このように，明治・大正時代にフレーベルのガーデニング教育が導入され，各教育機関において試行錯誤実施されたが，広く定着することがないまま今日に至っている．しかしながら，わが国においては農業生産額が急激に減少し，米生産に利用されない水田面積が巨大に出現していることと，農業生産者の高齢化と後継者難に伴う巨大な耕作放棄地も出現しているという事態を迎えている．このような状況の中で，都市においては，ウサギ小屋と揶揄（やゆ）されるような小さな住宅に住み，学校教育と放課後教育の荒廃が進んでいる．農村と都市におけるこのような問題を打開する1つの方法として市民農園団地の整備があると考えられる．その場合，市民農園団地においては，大人の余暇活動というよりも，子ども達の情操教育が重視され，その方法論としてシュレーバーのクラインガルテン運動の理念や，フレーベルのガーデニング教育の理念を理解して進めることが大切である．このような時代背景にある今日において，東北大学農学部では農学・園芸学を学ぶ学生にガーデニングの教育効果を体験させることを目的として，2単位の栽培実習を実施している．このときの指導方針として最も重視している点は，その時間に限った「束縛からの解放」である（図5-16）．この点をスタートとすることによって，学生は自ずから自然と対話し，自分との対話が始まって，その後，一連の教育効果が現れる.

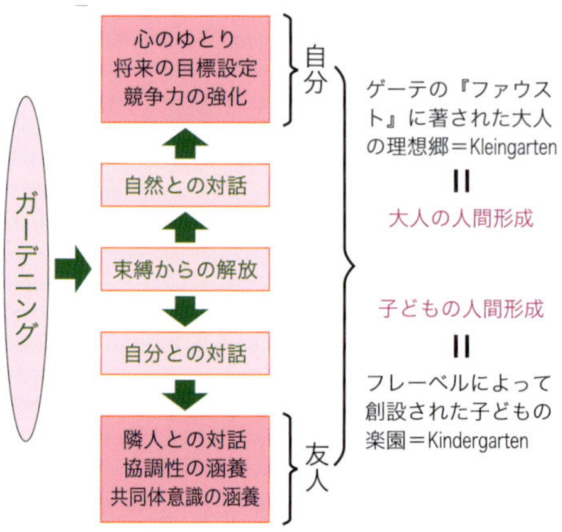

図5-16　ガーデニングの教育効果

3．ガーデニングの活用と園芸療法

1）ガーデニングの活用

(1) 学校におけるガーデニング教育

草花や野菜などの園芸作物は，身近にあり関心を持ちやすいこと，変化を観察しやすいこと，いのちあるものとの双方向的な関わりを実感しやすいことなどから，学校教育の中で取りあげられている．

『小学校学習指導要領』（平成 20 年改訂）では，1，2 年で学ぶ教科「生活科」の目標として，「具体的な活動や体験を通して，自分と身近な人々，社会及び自然とのかかわりに関心をもち，自分自身や自分の生活について考えさせるとともに，その過程において生活上必要な習慣や技能を身に付けさせ，自立への基礎を養う」ことがあげられている．指導内容には，身近な自然やいきものを観察したり，栽培や飼育などの実体験を通して，感覚や感性を育み，気づきの質を高め，自発的行動を誘発しながら，自立の基礎を養うことが含まれている．植物教材としては，アサガオ，ヒマワリ，マリーゴールド，コスモス，チューリップなどの草花や，ミニトマト，ダイズ，サツマイモなどの野菜が用いられている．

『中学校学習指導要領』（平成 20 年改訂）の「技術・家庭」では，改訂前まで選択項目であった「栽培」が，必修項目「生物育成に関する技術」になった．『学習指導要領解説』では，「栽培・飼育など生物育成に関する基礎的・基本的な知識・技術の習得や，こうした技術が社会や環境に果たす役割と影響についての理解を深め，適切に評価し活用する能力と態度の育成」がねらいとしてあげられている．指導に当たっては，実践的，体験的な学習活動を通して，生物の育成や成長および収穫の喜びを体験させるとともに，これらに関連した職業についての理解を深めることに配慮することなどが示されている．栽培に関する具体的事例では，一年生の草花や，果菜類，葉菜類，スプラウトなどの野菜の栽培があげられる．

こうした資料から，全国の小学校，中学校の児童や生徒が，園芸作物との関わりを通して，自然やいきものへの関心を養い，栽培という双方向的な関わりを体験し，成長や収穫の喜びを実感し，感覚や感性を育むとともに自発的活動を行いながら，栽培についての基礎的な知識や技術を学んで職業観を育む機会を得ていることがわかる．

『高等学校学習指導要領農業分野』では，平成11年から科目「生物活用」が新設され，「園芸作物や社会動物の活用に必要な知識と技術を習得させ，それらの生物の特性を活用した活動や療法の特質を理解させるとともに，生活の質の向上を図る能力と態度を育てる」（平成21年改訂）ことが目標となっている．この科目では，農業系の高校で学ぶ生徒が，高齢者や幼児および児童などを含む地域住民と，園芸作物の栽培および利用，ウマやイヌなどの社会動物の飼育などを通した交流を行い，地域住民を理解しながら交流の技法を身に付け，生物を活用した活動が生活の質を向上させることや，健康改善を目指す園芸療法や動物介在療法につながることを学ぶ．

(2) まちづくりにおけるガーデニングの役割

1990年に大阪で開催された「国際花と緑の博覧会」の頃から，ガーデニングは市民に定着していった．その背景には，セルトレイを利用した花壇苗大量生産体制の進展や，1987年から1990年頃まで続いたバブル経済が崩壊したことにより，人々の価値観が心の充実へと向かい，心の癒しをガーデニングに求め始めたことなどが考えられる．また，2004年に「景観法」が制定されたあとは，まちの景観形成への市民や企業および団体の参加も多くなり，みどりを活用したま

図 5-17　農業系の高校における園芸作物を通した高齢者福祉施設利用者との交流
岡山県立高松農業高等学校.

図 5-18　神戸市三宮駅前のフラワーロード花壇

ちづくりのツールとして草花が活用されている．

1995年に起きた阪神淡路大震災の際には，仮設住宅で暮らす人々に対して，空き地やプランターを利用した草花栽培がボランティアらとともに行われ，ガーデニングが被災した人々の気持ちを和らげるとともに，引きこもりや孤独死を防ぎ，コミュニティの形成を促すということを例示し，その後の災害復興支援にもいかされている．今日では，ガーデニングが人々の協調行動を活発化させて，地域社会のコミュニティづくりをうながすということが認識され，草花がソーシャル・キャピタルを豊かにするツールであるとの理解も深まっている（図5-17，5-18）．

2）ガーデニングの特徴と効果

ガーデニングは，収穫物だけが人の生活を満たすのでなく，栽培および利用の過程が人の成長や交流，まちづくりなどに活用される他，健康の回復や改善にも活用されるという理解が深まっている．ガーデニングの特徴を，人の心身機能や活動に与える影響という観点から見ると，次の4つの特徴があげられる．

（1）五感の刺激効果

人が目，鼻，口，耳，皮膚などから得た情報は，大脳に伝わり，過去の経験によって蓄えられた情報と照合され，具体的な意味を持ったものとして把握される．そして，把握された現象にどのように対処するか判断し，対処に必要な運動が企画され，大脳から身体に指令が出されて動作が生じる．

ストレスを感じている人にとって，植物のある環境，植物とふれあう行為，植物がある場での人とのつながりが，心地よい刺激として受け取られたときに，ストレスの軽減につながる．例えば，アメリカのUlrich（1984）は，胆嚢の手術を受けた患者の回復には，病室からの眺めが大きな影響を及ぼしていることを報告している．すなわち，鎮痛剤の服用が多く，入院期間も長かった患者たちが入っていた病室からの眺めはレンガの壁だけであったが，鎮痛剤の服用量が少なく，回復も早かった患者たちが入っていた病室からの眺めは緑の並木であった．

ストレスは，交感神経の活性化や，炭水化物，脂肪，タンパク質の代謝を制御する副腎皮質ホルモンの一種コルチゾールの分泌を促す．コルチゾールは，血

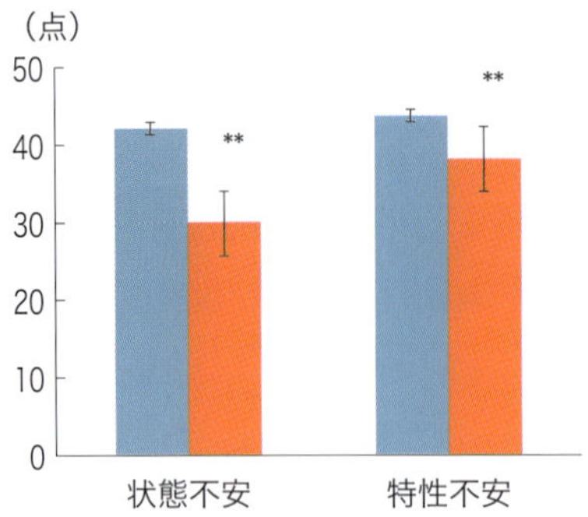

図5-19　フラワーアレンジメント前後の不安評価尺度(STAI)得点の変化
■：前，■：後.（豊田正博・天野玉記 原図）

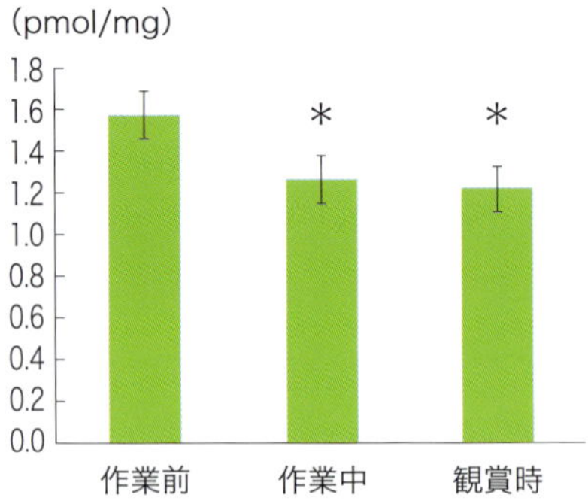

図5-20　フラワーアレンジメント作業前，作業中，観賞時の唾液クロモグラニンA濃度の変化
（豊田正博・天野玉記 原図）

図 5-21　五感の刺激
鎮静を促すラベンダーの香り.

圧や血糖を高め，免疫機能の低下をもたらすが，植物を見たり，ガーデニングをすることによって，この働きが抑制されると考えられている．コルチゾールを含めたいくつかの物質はストレスによって濃度変化することが知られており，植物とストレス軽減についての研究も行われている（図 5-19, 5-20）．ガーデニングによる五感を通

表 5-1　ガーデニングの五感を刺激する要素

	周囲の環境に関するもの	活動に関するもの	人に関するもの
視　覚	光（明るさ），植物の色彩および形	茎葉，花，果実の色彩，形，大きさ，質感	服装，動作，表情
嗅　覚	草木や土のにおい	花，茎葉，果実などの香り	
味　覚		茎葉，果実などの味	
聴　覚	風の音，鳥のさえずり，虫の声，風で葉が擦れる音	食するときの音，作業時の音	会　話
触　覚		茎葉，花，果実の触感，土の触感	協働作業におけるふれあい
その他の体性感覚	光や風の温かさ，涼しさ（温覚，冷覚），肌に当たる風（圧覚）	植物，道具，資材の扱い（位置覚，運動覚，抵抗覚，重量覚）	

じた刺激は（表 5-1），具体的な行動や態度をうながし，次のような健康上の効用を生む（図 5-21）．①ガーデニングはストレスを軽減し，交感神経の働きを鎮めるとともに，免疫機能低下の抑制につながる．②植物や園芸作業への興味および関心は，ガーデニング行為への意欲となって自発的な運動を促し，運動機能の低下抑制や病後の体力回復につながる．③身近な植物を扱うガーデニング行為は，過去の記憶や経験を想起しやすく，エピソード記憶や手続記憶などの長期記憶を刺激する．④ガーデニングによって感情や思いを態度や言葉で表現する，他者と協力するなど，コミュニケーション能力を発揮する機会が生まれる．

(2) ゆるやかに変化するいのちとの対話から生まれる効果

ガーデニングでは，植物という「ゆるやかに変化するいのち」を対象として扱う．対象となる植物は，それぞれに生育に必要な環境条件，生育期間や生育の速さ，管理方法に特徴がある．植物を育てることは，植物の特徴に付き合いながら，生育に適した環境条件を満たそうとしたり，生育を調節しようとする行為である．

また，成長の変化がゆるやかに表れるので，人には，植物や環境を見て，思考，判断，行動する余裕が与えられる．このため，子供から高齢者まで，年齢を問わず，灌水，施肥，花がらや枯葉の除去，除草などの管理をしながら植物の成長と向き合い，双方向的関わりを実感しやすく，植物への愛着やガーデニング作業を行う動機が強まる．この動機から，起床，移動，歩行，手足の運動など，日常生活の基本となる動作を継続的に行う機会が生まれるので，心身機能の廃用防止にもつながる．

また，自らの働きかけにより植物が育つことを実感することで，自己肯定感，有用感，意欲が高まり，植物をしっかりと育てようという責任感や計画的行動などが生まれる．こうしたことは，疾患や心身機能の低下などによって役割や自己肯定感を喪失している人にとって大きな励みとなる（図 5-22）．さらに，植物の

図 5-22　認知症グループホームにおけるガーデニング作業

生育は，植物自体が持つ特性や環境の影響を受けるので，人の意のままにはならないことを受け入れたり，植物はていねいに扱う必要があることなどから，自己の気持ちや力加減を制御する意識を生み出す．

その他，植物の成長を通して時間の経過を実感したり，開花や収穫を待つといった将来への期待感が生まれて，生活に張り合いが生まれることにもつながる．特に，将来に期待が持てることは，過去や現在の状況にとらわれて精神的ストレスをためてしまう人にとって，未来志向の積極的な考え方を行うことにつながる．

(3) 繰返し作業の効果

ガーデニング作業は，歩く，持つ，運ぶ，すくう，つまむ，にぎる，混ぜる，切る，置くなど，平易な動作からなる繰返し作業を組み合わせたものが多い．例えば，花壇苗の定植は，穴を掘る，ポットから苗を出す，苗を置く，土を寄せる，鎮圧する，といった動作の繰返しとなっている．鉢物への灌水も，鉢にウォータースペースまで水を入れる，隣の鉢に移る，の繰返しである．繰返し作業を行う際には，実行機能を担っている大脳皮質の前頭前野が働いていると考えられている（図 5-23）．

また，ガーデニング作業は，畑を耕すような全身を使う行為の他に，手と目の協調性や巧緻性を必要とする播種，間引き，鉢上げ，定植，摘芽，摘心，収穫，灌水などの栽培に関する行為や，装飾や調理などの利用や加工に関する行為など，多様である．このため，体力低下，疾患，身体および知的などの障害があっても

図 5-23　繰返し作業の例
高齢者福祉施設における花壇苗の定植．

図 5-24　高齢者福祉施設で行われるフラワーアレンジメント

できる作業や工程を見つけやすいので，ガーデニングは，誰もが参加しやすい作業であるといえる．このことが，ガーデニングが療法として用いられたり，障害者の就労の場として注目される一因となっている．

(4) 利用および加工の効果

園芸作物は，収穫して調理したり，装飾などに用いることができる．調理や装飾では，栽培の工程よりもさらに複雑な思考，動作を行う機会が生まれ，創造力を養うことにつながる．また，作品を互いに評価し合うことで共感したり，ほめられることや認められることで自己肯定感，有用感も生まれやすい（図 5-24）．

3）園 芸 療 法

(1) 農耕および園芸を健康改善に活用してきた経緯

農耕や園芸は，人に心身機能を刺激する機会を与える．そのため，健康な人々のみならず，疾患や障害のある人へも適用して健康の改善を目指すことは，古代ギリシャの時代から行われてきた．ヨーロッパでは農耕や園芸が精神疾患患者の健康改善に取り入れられた時期もあった．

第二次世界大戦後のアメリカでは作業療法の 1 種目として用いられ，1970 年代には作業療法から発展して Horticultural Therapy 協会が設立され，医療分野に限らず，支援を必要とするさまざまな人を対象とした療法になった．ガーデニング好きな国民性で知られるイギリスでも，アメリカとほぼ同時期に，疾患や障害があっても園芸を続けられるようにとの視点から，園芸療法に関する協会が設立された．

EU 諸国では，心身の健康改善に農場の動植物や森林を活用しており，園芸療法や動物介在療法だけでなく，療法的な園芸の活用（social and therapeutic horticulture），動物介在活動（animal assisted interventions），緑の環境の中での療法的レクリエーション活動などを総称してグリーンケアという概念でとらえている．この概念には，すべての人々を孤独や孤立，排除や摩擦から援護し，健康で文化的な生活の実現につなげるよう，社会の構成員として包み支え合うソーシャルインクルージョンの理念がある．

日本では，1900 年頃から精神科の病院で，あるいは 1960 年代頃まで結核患者の社会復帰前訓練の1つに農耕および園芸が行われていた．1990年代にはアメリカで園芸療法を学んだ人々によって園芸療法が一般に紹介され，ガーデニングブームと相乗して，一般市民の関心を引き起こし，病院，福祉施設などで新たに導入する施設が見られるようになった．その後，今日に至るまで，兵庫県，いくつかの大学および短期大学，NPO法人などが園芸療法士を養成している．介護福祉士，看護師，作業療法士，教員などの社会経験を積んだ人が，プラスアルファのスキルとして園芸療法を身に付け，それまで就業していた分野で活かそうとする事例も多い．

(2) 園芸療法とは

園芸療法（horticultural therapy）とは，植物やガーデニングが心身に与える刺激を通して，対象者の気持ち，心身機能，生活や社会参加の改善を目的とした，専門家による計画的，継続的な支援行為である．医療・福祉分野で行われる場合は，非薬物療法，補完代替医療（complementary and alternative medicine, CAM）の1つに位置付けられる．

園芸療法でいう「植物」とは，主に身近な自然，公園，植物園など，植物がある環境，あるいはガーデニングの対象となる草花，野菜，果樹などの園芸作物を指すことが多い．したがって，園芸療法では，心地よさを感じる緑に囲まれた環境，あるいは植物にふれることができる環境が必要である．そのような環境のもとで，園芸療法士，支援者，仲間などからの相互作用を利用して，植物による視覚，嗅覚，味覚，触覚，聴覚などへの刺激や，ガーデニングを通した心身機能への刺激によって，対象となる人の心身機能や社会的な健康の維持および回復を図るものである（図5-25）．

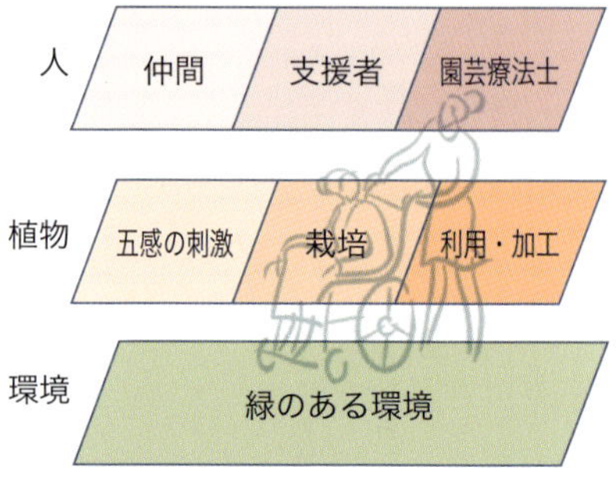

図5-25　園芸療法の構造
園芸療法では，緑の環境，植物，人の3要素を活用して，対象となる人の健康改善を図る．

(3) 園芸療法の手順

園芸療法は，健康上の理由や障害があるために，日常生活に支援が必要な人を対象とする．園芸療法を始めるときは，対象者，家族，施設スタッフなどの承諾や協力のもとで，①対象者の健康状態，②心身の機能の状態，③日常生活における活動状況や社会生活への参加状況，④生育歴，学歴，職歴，病歴，趣味，嗜好，関心事などの個人に関する情報，⑤対象者を取り巻く環境要因（住環境，自然環境，家族や支援者などの人的環境，保険や法制度など），⑥疾患や障害に対する思いや現在の希望などについての情報を得ることを目的として，観察，聞取り，検査，診断結果の収集，試行的なガーデニング作業などを行う．そして，対象者の課題と，生活上プラスと見られる事柄などをとらえ（評価），園芸療法が担うべき目標を定めて，計画的，継続的な園芸療法プログラムを作成して，それに基づいて支援を行い，定期的に現状を見直すとともに目標達成の評価を行う（再評価）（図 5-26，表 5-2）．園芸療法では，課題を直接的に改善するのみではなく，残されているプラスの機能を活用して，できることを増やし，課題を相対的に減らしていくことも重要なアプローチである．

4）園芸療法の実際

日本における園芸療法の実践例としては，専任の園芸療法士がリハビリテーション科や精神科の病院あるいは高齢者福祉施設などで働く例の他に，看護，リハビリ，介護，教育関係の職種と兼務する例や，非常勤で複数の病院や福祉施設で働くなどの例が見られる（図 5-27）．

園芸療法士には，対象者の疾患や障害の理解，心理的ケアの知識，リスク管理

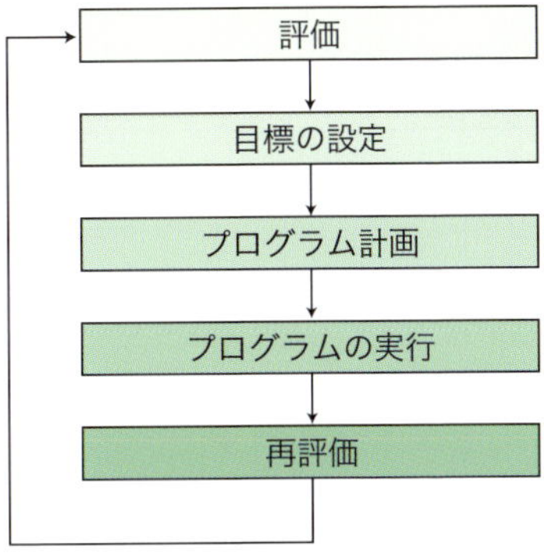

図5-26　園芸療法の手順

図 5-27　リハビリテーション病院で行われる園芸療法

表 5-2　園芸療法が行われている分野と園芸療法の目標例

分野		共通する目標	分野に特化した目標
医療	リハビリテーション	リラックス ストレス緩和 自己肯定感および意欲の回復 自立および自律の促進 生活の質の維持および向上	不安感の緩和 心身機能の廃用防止と残存機能の活用
	精神		現実的対応機会の増大 健康的な生活の習慣化 日常生活の回復 未来志向の生活推進
	慢性期医療		心身機能の廃用防止と残存機能の活用
	緩和ケア		不安感の緩和
福祉	高齢者		認知症の予防および進行抑制 コミュニケーション能力回復 日常生活動作の維持および向上 心身機能の廃用防止と残存機能の活用 対応困難行動の軽減
	知的障害，発達障害		興味および関心の拡大 コミュニケーション能力の向上 できることの増加 就労技能獲得
	精神障害		健康的な生活習慣の維持 就労技能獲得
教育，保育	知的障害，発達障害		興味および関心の拡大 コミュニケーション能力の向上 できることの増加 学習・就労技能獲得
	不登校児童・生徒		興味および関心の拡大 コミュニケーション能力の向上 できることの増加 学習・就労技能獲得
社会全般	高齢者の介護予防		心身機能の活用 コミュニケーション機会の確保
	ひきこもり		興味および関心の拡大 コミュニケーション能力の向上 できることの増加 学習・就労技能獲得
	うつ・PTSD予防		感覚の覚醒 未来を志向した生活推進

についての理解，疾患や障害に応じて無理なく行える園芸プログラムを提供する能力などが必要なことから，専門家が行うことが望ましい．しかし，実際には，園芸療法士以外の職員やボランティアによって，園芸の効用を意識はするが，対象者１人１人の評価や目標設定を明確に行わずに園芸を行う「園芸の療法的活用」が行われる例も多い．

4．近代園芸学の導入と発展の歴史

わが国における近代園芸学の導入は明治維新（1868）期に始まり，この時代において貢献した代表的な人々については『園芸学』の第1章で紹介した通りである．それと並行して，近代的な園芸生産および園芸学の発展に貢献した団体もいくつかあったものの，あまり知られていない．

今日における日本の園芸生産および園芸学に関する学術・研究団体としては園芸学会がある．園芸学会は，大正12年5月20日（1923）に創設されたことが知られている．したがって，平成23年5月（2011）で88周年を迎えたことになる．園芸学会の創設当時の資料を読むと，「大正12年5月20日を期し，東京市麹町区富士見町富士見軒において創立総会を催し，併せて発会式を挙くることとなれり」と記録されている．このときの理事長は原熙（はらひろし）で，理事は折下吉延・平野英一・太田謙吉・森一雄であった．評議員は35名で，構成は，生産園芸，造園，初代理事長・原熙の同僚関係者であった．創立目的は，「果樹，そ菜，観賞植物および庭園，公園，風景修飾等に関する学術技芸の攻究をなし，その発展を図る」とされていた．また，「第1回総会を大正13年11月9日，東京市外中渋谷717，日本園芸会事務所にて開催し，理事・折下吉延君，会務および会計報告をなす」と記録されている．園芸学会の初代理事長（会長）に選出された原熙（1868～1934）は金沢出身で，明治25年東京帝国大学農科大学を卒業し，明治44～昭和4年に園芸学講座教授を務めた人である．園芸学会がどのような経緯で第1回総会を日本園芸会事務所で開催したか，さらには，どのような社会的背景があって園芸学会が大正12年に設立されたかについて不明であるが，引用されている日本園芸会という団体の歴史を見ると，そのヒントが少し見えてくる．なお，本書を読み進めるうえでは，『園芸学』の「第1章2. 日本における園芸の歴史」を読んでおくと理解しやすい．

日本園芸会とは，吉田進が中心となり，平山成信（しげのぶ）と平野師應（しおう）が実務を担う幹事となって，西洋の近代園芸を導入，普及，教育，研究することを目的として明治22年2月に設立された団体である．日本園芸会は明治22年4月に『日本園芸会雑誌』第1号を創刊して明治38年6月までに157号を発行し，続けて『日本園芸雑誌』と改題して明治 38 年 7 月に 17 年 7 号，すなわち『日本園芸会雑誌』発行後 17 年目の 7 月号を発行してから，昭和 20 年 1 月の 57 年 1 号まで発行した団体である．歴代の会長は，初代が明治 22 年から明治 35 年まで就任した花房義質（岡山藩出身，緒方洪庵の適々斎塾の塾生），第 2 代が明治 35 年から大正 11 年まで就任した大隈重信（佐賀藩出身，総理大臣などを歴任），第 3 代が大正 12 年から昭和 16 年まで就任した鍋島直映（佐賀藩第 12 代当主），第 4 代が昭和 16 年から昭和 20 年まで就任した有馬頼寧（久留米藩第 15 代当主，農林大臣などを歴任）である．

1）日本園芸会の設立前夜

日本の園芸生産および園芸学における近代化のルーツは 19 世紀のフランスにあるといわれ，その経緯は明治時代前後の資料を照らし合わせると明瞭になる．

江戸時代の末期に幕府から欧米へ派遣された使節は，万延元年（1860）の遣米使節，文久元年（1862）の遣欧使節，文久 2 ～ 3 年（1863 ～ 1864）の横浜鎖港談判使節，慶応 2 年（1866）の遣露使節，慶応 3 年（1867）のパリ万国博使節の 5 回である．これらのうちで，近代園芸学の導入と深い関わりがあったのはパリ万国博使節（1867）の派遣である．

パリ万国博使節の派遣は，慶応 2 年（1866）にフランス皇帝ナポレオン 3 世から幕府に送られた万国博覧会への出品要請に始まる．幕府が諸藩に対してパリ万国博覧会への参加を呼びかけた結果，これに応じたのが佐賀藩と薩摩藩である．幕府は徳川昭武を団長とする 30 名を慶応 3 年 1 月に横浜からフランスのアルフィー号で派遣した．通訳は，文政 11 年（1828）に起きたシーボルト事件のために日本を追放されたフィリップ・フォン・シーボルトの長男で，英国公使館特別通訳官として雇用されていたアレクサンダー・シーボルトである．幕府の団員の中には，幕府洋書調所に出仕していた博物学者・物産学者・農学者・園芸学者とも呼ばれる田中芳男が含まれていた．田中芳男は信濃国飯田の出身で，安政 4 年に尾張藩医・本草学者・伊藤圭介に入門した人である．

伊藤圭介（1803 ～ 1901）…文政 10 年（1827）に長崎でシーボルトから本草学を学んだのち，名古屋に帰る際にツンベルク（Carl Peter Thunberg，1743 ～ 1828）の『Flora Japonica』を譲り受けて翻訳し，文政 12 年（1829）に『泰西本草名疏』（『日本植物誌』）を刊行した人である．『泰西本草名疏』は，リンネの植物分類法を日本で初めて紹介した本として有名である．文久元年（1861）に幕府に出役を命じられ，江戸に移り住んだ．蕃書調（しらべしょ）所物産学，洋書調所で仕えた後，文久３年（1863）に名古屋に戻った．明治３年（1870）に新政府から大学出仕を命ぜられ，東京に移り住んだ．明治４～７年（1871～1874）に文部省出仕を命ぜられたのち，明治14年（1881）に東京帝国大学教授に任ぜられ，明治21年（1888）に日本初の理学博士の学位を授与された人である．

田中芳男（1838～1916）…伊藤圭介が幕府に登用されて江戸に移り住んだときに同行した．文久元年に伊藤圭介に従って横浜に行ってシーボルトに面会するとともに，文久２年（1862）に蕃書調所物産学出役を命ぜられて物産局に勤務したのち，蕃書調所から名称変更した洋書調所に勤務した．慶応２年（1866）に幕府よりパリ万国博覧会へ出張を命ぜられた．明治元年６月（1868）に開成所御用掛，明治３年（1870）に大学出仕，明治４年（1871）に文部省出仕を命ぜられて文部少教授及編輯権助（へんしゅうごんのすけ）に任ぜられ，再び伊藤圭介と仕事をすることになった．明治６年（1873）に開催されたウイーン万国博覧会のほか，海外で開催された博覧会の参加に何度も関わった．明治13年（1880）に農務局長に就任した．明治14年（1881）に大日本農会の創立に関わり，明治18年（1885）に幹事長に就任して，明治22年（1889）に副会頭となった．大日本農会の初代会頭は北白川宮能久（よしひさ）親王であった．明治35～40年には大日本農会附属の東京高等農学校（のちの東京農業大学）校長となった．

田中芳男の功績の１つが『日本園芸雑誌』（昭和17年）で次のように紹介されている：「上野山内は明治維新後荒廃す．田中氏は之を修理して博物館建設地および公園となすの利あるを感じ，明治８年２月佐野常民ほか数人と共に実地踏査を試みたる後，佐野氏より大久保利通内務卿に建議せられ，次て９月田中氏等は更に上野山内を見分して，博物館建設地および公園地の概要を定む．これ上野公園を開く始まりにして10月より着手す．明治９年12月，田中氏は上野公園内清水谷を見分して池水を落し，開拓伐木のことを指揮す．これ動物園設立の準備にして今の上野動物園の創始なり」．続けて，「明治９年11月，松方正義と共に駒場野に至り，地勢を検点して農学校建設の土地を定む．是れ今の農科大学の前身なり」と紹介されている．

田中芳男の最もよく知られた功績の1つが『日本園芸雑誌』（昭和18年）で次のように紹介されている：「田中枇杷（びわ）の一種を出す．田中氏は明治12年長崎において枇杷を食す．果実大にして最も美味なりその種子を東京に持ち帰り，自邸の庭前に播蒔したり．その樹，次第に成長し，21年に至り結果す．1粒20匁（もんめ）（約75g）に達する巨果を結べり．後，田中枇杷と名づけて広く伝播す」．

佐野常民（1822～1902）…佐賀藩士．パリで2回目となるパリ万国博覧会（1867）に参加するに当たって，佐賀藩第11代藩主・鍋島直大（なおひろ）（1846～1921）は佐野常民を団長とする佐賀藩代表団5名を派遣した．このとき，岡山藩の花房義質（1842～1917）も同行した．佐野常民と花房義質は，大阪で開業していた備中足守藩の医師・蘭学者である緒方洪庵（1810～1863）の適々斎塾（適塾）の塾生であった．慶応3年3月（1867）に長崎から出航して5月にパリに到着したのち，パリ万国博覧会で国際赤十字の組織と活動などを見聞して，慶応4年5月（明治元年）に帰国した．また，明治6年（1873）には，田中芳男，近藤真琴，平山成信，津田仙らを伴ってウイーン万国博覧会に副総裁として参加した（総裁は国内に在留した大隈重信）．佐野常民はその後，博愛社を明治10年（1877）に創設し，明治20年（1887）に日本赤十字社と改称したあとの初代社長に就任した（初代副社長は花房義質と大給恒（おぎゅうゆずる））．第一次松方内閣の一時期（明治25年），農商務大臣を務めた．日本園芸会には，設立総会での賛成者の1人として加わった．

花房義質（1842～1917）…岡山藩士．万延元年（1860）に緒方洪庵の適々斎塾に入門した．元治元年（1864）に佐久間象山に入門し，西郷隆盛や大久保利通らと交流した．慶応2年12月（1866），岡山を出発して長崎に行った．この頃の長崎には後藤象二郎（土佐藩），五代友厚（薩摩藩），坂本龍馬（土佐藩）などが出入りし，副島種臣（そえじまたねおみ）（佐賀藩），大隈重信（佐賀藩）などが滞在していて，外国人との交際もあったといわれている．慶応3年3月（1867），久留米藩士・柘植善吾とともに佐賀藩のパリ万国博覧会行きに同船して長崎を出発し，フランスに行った．パリ万国博覧会を見学したのち，イギリス，アメリカを経由して，明治元年10月（1868）に横浜に帰国した．明治2年4月（1869），外国官（現在の外務省）御用係に採用され，明治5年（1872）に外務卿・副島種臣の書記官を担当し，代理公使としてロシアのサンクトペテルブルクに派遣された．その後，日露国境画定交渉のため派遣された榎本武揚全権公使を補佐した．明治16年（1883）に特命全権公使に任ぜられ，ロシア勤務を命ぜられた．ロシア皇帝の即位式に参列し，明治19年（1886）までロシアに滞在した．明治20～21年（1887～1888）に農商務次官となった．明治44年～大正6年（1911～1917）には，日本赤十字社第3代社長に就任した（『子爵花房義質君事略』）．

2）日本園芸会の設立に貢献した人々

吉田　進（1862頃～1934）…東京府士族出身で，明治10年代に大蔵省に出仕していた人である．明治17年（1884）に外務省にいたフランス人・サラゼンからフランス語を学んでいたときに，欧米における果樹，花卉の生産と利用の先進的実情を知った．明治19年に加藤済（わたる）銀行局長に随行して欧米に派遣され，明治21年に帰国した（佐賀市大隈記念館調べ）．明治22年2月（1889）に日本園芸会を設立し，明治22年4月に『日本園芸会雑誌』第1号を創刊した．明治22年11月に第1回総会を開催して，会長に花房義質，副会長に田中芳男と前田正名を選出した．明治23年8月（1890）に横浜港を出港し，欧米の近代的な園芸事情を視察して，明治24年9月（1891）に帰国した．佐野常民が日本赤十字社の社長であった時期の明治24年9月，日本赤十字社の翻訳係を拝命した．外務省と会計検査院の翻訳も行って得た収入で『日本園芸会雑誌』を経営した．明治28年（1895）に，吉田進・佐藤曲達著『園事歴，西洋園事歴之部』を発行した．明治41年2月（1908）に日本園芸会の幹事を辞任した．その後，昭和9年（1934）までの42年間，日本赤十字社に奉職した人である．

田代安定（1857～1928）…薩摩藩出身．明治2年（1869）にフランス語学者の柴田圭三からフランス語などを学んだ．明治7年（1874）に上京し，田中芳男に植物学を学んだ．その翌年には，内務省の博物局に採用され，明治17年（1884），ロシアのサンクトペテルブルクで開かれた園芸博覧会の事務官として派遣された．博覧会が終わったあともしばらくロシアに残り，マキシモヴィッチなどの植物学者と交流したといわれている．『日本園芸会雑誌』第1号の原稿執筆者の1人である．

モンブラン伯爵（1833～1894）…パリで2回目となったパリ万国博覧会（1867）に薩摩藩から派遣された人の中に日本園芸会の設立に直接関係した人は

いないようであるが，間接的に関係する人が何人かいる．その1人が，安政5年9月（1858）に幕府とフランスとの間で結ばれた日仏通商条約締結のフランス特命全権使節として来日したジャン・バティスト・ルイ・グロ男爵に随行して来日した，ベルギー生まれのフランス人シャルル・ド・モンブラン伯爵である．モンブランは，幕府が外国奉行・池田長発を横浜鎖港談判使節として文久3年（1864）にフランスへ派遣したときに，使節団とフランス政府要人との会談を斡旋した．同じ頃，薩摩藩の密航留学生が五代友厚らに伴われてロンドンに派遣されていたとき，モンブランはイギリスへ渡り，薩摩藩留学生の世話をした．そして，慶応元年8月（1865）にブリュッセルにおいて五代友厚らと貿易商社設立の契約書を結んだ．五代友厚（1836～1885）は，幕府が海外渡航を解禁する前の年（1865），長崎に居たグラバーの仲介で薩摩の藩命によって森有礼（初代の文部大臣）らとともにイギリスに留学した人であるし，大阪経済界の発展に大きく貢献した人として知られている．

1867年（慶応3年）のパリ万国博覧会において，薩摩藩はモンブランを代理人として「日本薩摩琉球国太守政府」と称し，幕府は「大君政府」と表して，ともに日の丸を掲げて別々に参加した．慶応3年（1867）に日本を再訪したモンブランは薩摩藩から軍制改革顧問に招聘され，薩摩藩と密接に関わっていった．明治2年（1869），薩摩藩出身の前田正名らの留学生を伴ってフランスに帰国して，日本人留学生を支援した．モンブランは，普仏戦争（1870～1871）終結のときまで日本のフランス代理公使兼総領事を務めた人である．

前田正名（1850～1921）…薩摩の藩校「開成所」で学び，長崎で活躍していた英語教育者・通訳者の何礼之（がのりゆき）（1840～1923）の「語学塾」に慶応元年（1865）に入門した．慶応2年（1866），長崎に外国掛として赴任してきた薩摩藩英国留学生・五代友厚から，経済活動の重要性を学んだ．明治2年（1868）に『英和対訳袖珍辞書』（堀達之助・堀越亀之介編集の，いわゆる『開成所辞書』）を改訂し，兄の前田献吉，兄の友人高橋新吉，長崎英語伝習所のオランダ人英語教師フルベッキと共同で，通称『薩摩辞書』と呼ばれる『和訳英辞書』を出版した．この業績が大久保利通と大隈重信に認められて，留学することができた．

明治維新後に日本の代理公使兼総領事となったシャルル・ド・モンブランに随行して明治2年（1869）にフランスに渡り，パリの日本公使館書記や，フランス政府のパリ万国博覧会事務局員として働きながら７年間滞在した．明治４～６年に派遣された岩倉具視（ともみ）の米欧回覧時（1871 ～ 1873），パリに立ち寄った大久保利通に会った．1876 年，パリで３回目となる万国博覧会（1878）の開催が計画されたとき，前田正名はフランスの博覧会事務局で運営全般を学んだ．明治９年９月（1876），のちに外務・農商務大臣などを歴任した井上馨（かおる）がパリを訪問したときに会って，パリ万国博覧会への日本の参加を説いた．それによって，前田正名は内務省勧業寮御用掛を命ぜられて帰国した．

明治 10 年３月（1877）の帰国時に，フランスの果樹，野菜，花卉などの種苗を多数収集して持ち帰った．のちに，新宿御苑で福羽逸人（はやと）が育成したイチゴの第１号品種‘福羽’（図 5-28）の親となった品種ジェネラル・シャンジー（図 5-29）もこのときに収集されたものである．これらの種苗は大久保利通の指示で内藤新宿試験場に仮植され，三田四国町の旧薩摩藩邸跡地が内藤新宿試験場の三田培養地として整備されたあとに移植された．三田培養地は大久保利通によって三田育種場と命名され，明治 10 年９月（1877）に開場した．開場式には大久保利通内務卿の他，大隈重信大蔵卿，松方正義大蔵大輔らが参列した．前田正名が初代場長となり，池田謙蔵（☞『園芸学』第１章）が第２代場長としてこれを補佐した．明治 11 年（1878），前田正名は大久保利通からパリで３回目となる万国博覧会への参加準備を一任されて，パリ万国博覧会事務官長を命じられた．明治 11 年（1878）に大久保利通が亡くなったあとの明治 14 年（1881），大久保利通の姪と結婚した．このとき，大隈重信が親代わりとなり，松方正義が媒酌

図 5-28　イチゴ‘福羽’
長さが 7.5 ～ 8.2cm の実物大の果実の写真．（『日本園芸雑誌』，昭和 10 年）

図 5-29　イチゴ‘ゼネラル・シャンジー’
（『日本園芸雑誌』，大正 12 年）

人となった.

明治21年3月（1888）には，神戸阿利襪(オリーブ)園と播州葡萄園が前田正名に払い下げられた．明治22年5月（1889），前田正名は農務局長となり，10月に東京農林学校長（初代校長は前田正名の兄・前田謙吉）を兼務した．このときに福羽逸人が東京農林学校で園芸論を講義することになった（明治23～37年）．明治23年に農商務次官になった.

この頃，ヨーロッパでは，普仏戦争によって1871年にパリが陥落してから，ヨーロッパの勢力図の中心はプロシアに移ったが，日本の園芸および園芸学は，その後もフランスから盛んに導入された.

3）日本園芸会の設立と発展

明治維新直後，北海道と樺太開拓のために設置された開拓使（1869～1882）の初代長官は佐賀藩第10代藩主・鍋島直正（1815～1871）であった．開拓使が廃止される1年前の明治14年（1881）の春，農業の経験や知識の交換を通じて農事の改良発展を図ることを目的として，下総牧羊場にあった東洋農会と，三田育種場で開催していた種子交換会を連合して「大日本農会」が設立された．名誉会員には有栖川宮，三條實美(さねとみ)，大隈重信，佐野常民，福羽美静(よししず)ら33人が加わって，会頭には当時の博覧会総裁であった北白川宮能久親王が就任した．幹事長には農商務太輔（のちの農商務大臣）・品川弥二郎，幹事には田中芳男，池田謙蔵ら6人が選出された．この他に，常置議員として津田仙（☞『園芸学』）ら25人が選出された.

明治19年（1886）に三田育種場が民間に，明治21年（1888）には三田育種場附属の播州葡萄園が前田正名に払い下げになり，森鷗外が4年間のドイツ留学から帰国して，福羽逸人(はやと)が明治22年に3年間のフランス留学から帰国して明治23年（1890）に東京農林学校において園芸学の講義を行ったという節目の時代と照らし合わせるように，明治22年2月（1889）に日本園芸会が設立された．日本園芸会とは，吉田進と田代安定らによって「園芸事業の改良発達を図る」ことを目的として設立された団体である.

(1) 設立趣旨

明治22年4月の創刊号に吉田進の日本園芸会設立趣旨が掲載されている：「今日の日本は昔日の日本と異なりて，正に外を観，而して内を顧むべきの秋なり．吾国園芸の一点に至りては，全く之と異なりて，未だ外を観，而て顧みるの状あらずして，なお依然として孤立閉居空しく熟睡の中にあるものの如く，毫(ごう)もその改良発達の跡を顯(あら)わさざるを覚ゆ．これ吾輩が朝夕痛歎(つうたん)する所にして，ここに本会の企画ある所以(ゆえん)なり」．

(2) 初代会長の選出

日本園芸会は明治22年11月に上野公園内の日本美術協会において臨時総会を開催して日本園芸会規則を定め，初代会長に宮中顧問官・花房義質(はなふさよしもと)，副会長に元老院議官・田中芳男と農務局長・前田正名を選出した．幹事は吉田進の他に，農商務省・外務省・大蔵省などを経て，第一次および第二次松方内閣で内閣書記官長を務めた人で，ウィーン万国博覧会に佐野常民とともに行ったことがあり，日本赤十字社の第5代社長にもなった平山成信(しげのぶ)，および大正6年3月に園芸雑誌『花』（東台園，東京）第1号を編集発行した人で，大日本農会の発足にも貢献した平野師應(しおう)の3人であった．

日本園芸会の臨時総会では，この他の役員として6人の評議員が選出された．また，賛成者として三條實美，徳川義礼(よしあきら)，大隈重信，榎本武揚，土方久元，佐野常民の6名と，3人のフランス人と，1人のドイツ人の他に，田代安定，池田謙蔵，玉利喜造(きぞう)（明治26～36年に東京大学園芸学講座教授となり，農学博士第1号を授与された人），牧野富太郎ら164名が参加していた．

次いで，第1回総集会が明治23年3月に開かれ，花房義質会長の開会に続いて，田中芳男副会長の「園芸の区域を論ず」という演説と，名誉会員・榎本武揚の「会員諸氏に告ぐ」という演説などが行われた．

ところで，臨時総会が開催された日本美術協会とは，明治12年（1879）に佐野常民，川瀬秀治らが日本の伝統美術品の保護と美術製作活動の振興を目的に上野の天龍山生池院に集まって結成した「龍池会」を母体として，明治20年に設立された団体である．佐野常民が明治20年から，亡くなる明治35年（1902）

まで会頭を務めていたことから，日本園芸会の臨時総会が日本美術協会で開催されたのは，日本園芸会の設立に関わった花房義質，田中芳男，平山成信と佐野常民が，パリ万国博覧会やウイーン万国博覧会に一緒に行った旧知の仲であったという背景があったのではないかと推測される（佐野常民記念館（佐賀市）調べ）．さらに，佐野常民，田中芳男，前田正名，平山成信は，日本の近代的な産業振興を目的として始められた内国勧業博覧会の運営にもともに携わっていたという関係にもあったのである．

(3) 歴代の会長と任期および副会長

初 代 会 長：花房義質（明治22年～明治35年）.
副 会 長：田中芳男・前田正名・岩村通俊・福羽逸人.
第2代会長：大隈重信（明治35年～大正11年）.
副 会 長：渡邊千秋・藤波言忠・福羽逸人・牛村一・原熙.
第3代会長：鍋島直映（大正12年～昭和16年）.
副 会 長：藤波言忠・原熙・赤星朝暉・恩田鉄彌.
第4代会長：有馬頼寧（昭和17年～昭和20年）.
副 会 長：菊池秋雄・安藤信昭.

(4) 日本園芸会の発展

『日本園芸会雑誌』は明治32年まで必ずしも毎月発行されていたわけではなかったが，明治33年からは毎月発行されるようになったことと，明治35年11月から大隈重信会長に代わったことから，明治38年7月発行の158号相当号は，日本園芸会発足17年目の7月号という意味で『日本園芸雑誌』17年7号と改題されるとともに，その後は毎月発行されるようになった．日本園芸会は昭和7年5月に社団法人となって理事長制に変わり，副会長兼初代理事長に原熙東大教授が就任した．日本園芸会は昭和13年（1938）に創立50周年を迎えて記念特集号が発行され，記念誌として『日本園芸発達史』が昭和18年に発行された．この2つの資料の中で，機関誌の名称を『日本園芸雑誌』と変えたことについて，次のように説明されている：「大正末年より学術専門誌の発刊を見，園芸学会の誕生と共に学術発表機関誌たる『園芸学会雑誌』の発行せらるるに及んで，本誌は更に大衆性を目標とし，しかも園芸関係の総ての人々の機関誌として，その編輯目標を改めてきた」．

また，大正 12 年に園芸学会の初代理事長（会長）となり，昭和 7 年に（社）日本園芸会初代理事長ともなった原煕が死亡し，『園芸学会雑誌』から造園関係の論文が独立して『造園学会雑誌』が創刊された昭和 9 年以来，「実際的な可成り平易な記事を載せることに注意し，毎号口絵には新品種の果実，蔬菜を原色で現し，これにその品種の育成に直接当たった責任者の解説を附記し，また，記事も生産部門は勿論，販売処理や経営経済，市場状況等，万般の生きた事実を掲げ，空理空論に流れることのない様に注意し，内容の充実に努めている」と説明されている．

（社）日本園芸会は昭和 16 年に（社）日本園芸中央会と名称変更し，4 代目会長に有馬頼寧，副会長に菊池秋雄京大教授と安藤信昭が就任し，理事長には淺見與七東大教授を選出して，昭和 20 年まで活動を継続した．

4）日本園芸会の歴代の会長が選出された経緯

(1) 初代会長に花房義質が選出された経緯

日本園芸会を創設した吉田進は，園芸振興に対する熱意が非常に高かったとしても，当時において事業を興すためには高い身分と財力が必要であったと思われる中で，どのようにして日本園芸会という華麗な団体を設立することができたか詳細は不明であるが，初代会長となった花房義質の日記を読むとその理由が少し分かる：「近世の園芸に志のある吉田進という男と，台湾の植物取調に従事している田代安定らが，ロシアで万国園芸博覧会のある時（明治 17 年，1884）に日本の園芸界の代表者として出て来たので，その道であの人等に交際があり，それ等が日本園芸会という名を付けて会員とては僅かに数人に過ぎぬけれども雑誌を出しおり，それに同意して私が会長ということで，主として果物と花物と野菜の事を研究し始めたので，大分連中も出来て日本国中に及んだけれども，私が元々その道の知識もなく趣味もなきもの故，後に大隈（重信）さんに懇請して会長を引き受けてくれられて，今日では年々春秋に大会でもするといえば大隈伯爵家の庭ですることになったのである」（『子爵花房義質君事略』）．

また，日本園芸会の運営がいかに盛大で華麗であったかは，明治 28 年に開かれた第22回小集会の記録に表れている：「今ここに，明治28年10月27日午後1時より本会名誉会員大隈伯爵の邸において開会せしに，当日花房会長，福羽副会長，その他の会員並に来賓として三條，岩倉の2公，5～6の各県知事，貴婦人等およそ350余名に達したり．園中温室の傍（かたわら）に椅子数百脚を配置して（図5-30，裏表紙の写真），この所を以て講話所となし，まず副会長福羽逸人氏，次ぎに在横浜のドイツ園芸家アンガー氏，終わりに農科大学教授玉利喜造氏の園芸上有益の講話あり．同園の出口においては広き庭園の芝生上にテーブル，椅子等を配置し，折詰弁当並に酒を来賓に供され，一同退出せしは晩鴉（からす）林に帰るの頃なりし」（『日本園芸会雑誌』，明治28年）．

初代会長・花房義質は明治35年11月に辞任するまでの15年間，会務に当たり，総会や小集会にほとんど欠かすことなく出席したといわれている．副会長は当初，田中芳男と前田正名の2名であったが，しばらくして，時の前農商務大臣・岩村通俊を加えて3人になり，岩村通俊が副会長を辞任したあとは後任に福羽逸人が選出されて副会長3人体制が続いたが，明治28年には田中芳男と福羽逸人の2名になった．

（2）第2代会長に大隈重信が選出された経緯

初代から第2代への会長引継ぎは第11回総集会で行われたことが『日本園芸会雑誌』（明治35年）に記録されている．それによると，第11回総集会は明治35年11月23日，大隈重信邸で開かれ，来会者は865名であった．午後2時，花房会長の開会の辞に始まり，吉田幹事から会務報告が行われた．次いで，花房義質は会長を，福羽，田中の両氏は副会長の辞任を申し出た．花房会長は大隈重信を会長に，渡邊千秋を副会長に推挙して承認されたと記録されている．

日本園芸会の活動は第2代会長のときにたいへん活発であったといわれている．その理由は大隈重信の園芸振興に対する熱意とともに，自身も園芸を趣味として取り組んでいたことが背景としてあることが『大隈侯八十五年史』（大正15年）で紹介されている．その要旨を，解説を加えながら列挙すると，次のようにまとめられる．明治25年の暮れに新宿御苑に社交場目的の温室ができたが，それより前の明治20年頃，早稲田邸で初めての温室が作られ，その温室の世話に当たったのが新宿御苑の福羽逸人である．そして，明治22年の事件で右足を失った大隈重信が明治 24 年に約 10 坪の温室を作り，福羽逸人に奨められて洋ランの栽培を始めたところ，たいへんよくできたので，それから世界各地の洋ランを取り寄せるようになった．

明治 26 年の春には，大隈重信が職員を新宿御苑に派遣して，福羽逸人から園芸のことを学ばせた．それから間もなく，明治 30 年にチーク材を使って約 70 坪の書院続きの社交用（迎賓用）温室が作られた（図 5-30，5-31，裏表紙の写真）．それは横浜に居住していた英国人ジンシのものを模して作られた．社交用温室とは，その当時，ヨーロッパの王侯貴族の間で富と権力の象徴として流行していた，大量のガラスと鉄骨で作られた宮殿のような温室である．クリスタルパレス，水晶宮，あるいはウインターガーデン，冬園と呼ばれ，そのルーツは 1851 年にロンドンで開催された第 1 回万国博覧会であるといわれている．文学作品にも取りあげられ，その 1 つには森鷗外の『うたかたの記』がある．明治 25 年（1892）に建設された新宿御苑の温室も同じような目的で建設された温室である．

大隈重信は，明治 28 年頃から菊作りを始め，菊専門の担当者を採用した．明治 29 年から 30 年にかけて，中菊の新品種が多数育成された．早稲田の菊花壇は「大隈式」と呼ばれて，盛大であった．その頃は長さ五間位の菊花壇が精々であったが，大隈重信は 7 ～ 15 間の大物を作った（図 5-32）．菊作りは，明治 29 年から 40 年頃まで，約 10 年間続いた．その間，早稲田の観菊会は 1 つの年中行事に数えられ，皇族方を初め，各国大公使などを招待して，毎年 11 月頃，観菊

図 5-30　大隈重信邸の社交用温室外観
（写真提供：早稲田大学大学史資料センター）

図 5-31　大隈重信邸の鉢物栽培用温室
（『伯爵大隈家写真帖』，明治 45 年頃発行）

図 5-32　大隈重信邸の観菊会
（『A Model Japanese Villa』，1899 年）

図 5-33　大隈重信邸の温室メロン‘ワセダ’
（『日本園芸雑誌』，大正 6 年）

の宴が開かれた．その後で，肥前協会や早稲田大学関係者を招き，それから日本園芸会の人々を呼ぶのが，いつもの順序となっていた．

大隈重信は晩年，メロンの栽培に凝り，大正 9 年頃，自邸にその品評会を開いた．当時，王侯，貴人の食卓を除くと，あまり見られなかったメロンをスイカのように民衆化したいと考え，相当多くの費用をかけて，メロン栽培に熱中した．こうして，‘ワセダ’という新品種が作られた（図 5-33）．

(3)　第 3 代会長に鍋島直映が選出された経緯

鍋島直映（なおみつ）（1872 ～ 1943）は，佐賀藩第 12 代当主である．日本園芸会との

図 5-34　鍋島松濤園の温室
（写真提供：鍋島報效会徴古館）

関係については『鍋島直映公傳』（平成 12 年）に次のように紹介されている：「松濤園とは東京渋谷の高台約 18 万坪の地域で，一般に鍋島邸と呼ばれているのがそれである（図 5-34）．この地一帯は茶園として放置されていたに過ぎなかった．直映公は，農科大学教授の原熙博士，旧藩士の元北海道長官であった中村純九郎に委嘱して，この大地域を借地と住宅地と商店街とに区分し，松濤街として今日の繁栄を招来するに至った．侯は原熙博士の推選による農科大学の某学士に資を給して研究科に入らしめ，この学士は後に博士の称号を獲得するに至った．侯が日本園芸会会長となられたのもその縁故からである」．

図 5-35　鍋島松濤園の鉢植えブドウ
（『日本園芸雑誌』，明治 42 年）

さらに，次のようなことも紹介されている：「大正 12 年の関東大震災後，侯は松濤園に本邸を新築して移住されることとなった．従来の農場は極めて狭くなったが，晩年に至るまでなお，温室のメロ

図 5-36　鍋島松濤園の温室の中の洋ラン類
鍋島直映が撮影し彩色したと思われる写真．（写真提供：鍋島報效会徴古館）

ンや葡萄（図 5-35）などの栽培や，欧米の珍しい花（図 5-36）等に至るまで，親しく園丁を指揮して作っておられた．葡萄類は後に至り，全部農科大学に寄附された」．

東京帝国大学には，原熙が定年退職した直後の昭和 4 年 12 月（1929）に鍋島直映の寄付によって花卉・庭園などに関する園芸第二講座が設立された．それに伴って，従来の園芸学講座は園芸第一講座と名称変更して野菜と果樹が専門の研究室となったという経緯がある（『東京大学百年史』）．

（4）第 4 代会長に有馬頼寧が選出された経緯

有馬頼寧（よりやす）（1884 ～ 1957）は，佐賀藩に隣接した久留米藩の第 15 代当主で，妻・貞子は明治 14 年に創設された大日本農会の初代会頭に就任した北白川宮能久親王の次女である．有馬頼寧が日本園芸会の会長に就任した経緯は有馬頼寧著の『七十年の回想』（昭和 28 年）で見ることができる．それを要約すると，明治 39 年の 7 月，東京帝国大学農科大学に入学したこと，1 年だけ農芸化学科に席をおいて，2 年に農学科に転科したこと，2 年になって原熙教授の園芸学があったこと，3 年のときに農政経済学を専攻して卒業論文で「英国の農業」という論文を書いたことが紹介されている．また，渋谷駅から駒場の農科大学へ行くには，鍋島家の茶畑（松濤（しょうとう）園）の中を通って行ったことなどが記されている．さらにまた，明治 43 年 7 月に卒業して間もなく，原熙に同行してアメリカ経由でヨーロッパ各国へ遊学したこと，1 年 2 ヵ月の外遊から帰ると間もなく，原熙の紹介で農商務省に就職することになったが，6 年後の大正 6 年に辞表を出したこと，原熙の紹介で大正 7 年に農科大学附属農業教員養成所（のちの東京農工大学）の講師に採用され，大正 9 年に助教授に任ぜられたこと，大正 13 年の総選挙に立候補して当選するまでの 6 年間の教師生活は一生の中で最も平穏な時代であったことなどが回想されている．

有馬頼寧と原熙および日本園芸会との関係については，『有馬頼寧日記』（平成 9 ～ 15 年）でもたくさん見られる．例えば，昭和 16 年 10 月 4 日「午前中，安藤さん御来訪．園芸中央会の会長の件につき御話あり」，昭和 16 年 10 月 9 日「農林省に行き，園芸中央会の事につき杉田氏に面会，農相に面会，農村の火災保険の事につき話す」と記述され，昭和 17 年 3 月 17 日の日記では「園芸中央会の主事来て原稿の依頼あり」と記述されている．文中の安藤さんとは，有馬頼寧の弟・安藤信昭（1884～1957）のことと思われる．安藤信昭とは，東京府立園芸学校を卒業し，岩城平藩の第15代当主となって，有馬頼寧が4代目の日本園芸会会長に就任したときに副会長となった人である．

5）園芸学会の発足

(1) 日本園芸会とのつながり

日本園芸会の設立と運営に関わった主な人々の中で，大正時代（1912～1926）頃に亡くなった主な人の生没年を示すと，次のような順になる．

大隈重信：(1838～1922)．田中芳男：(1838～1916)．
花房義質：(1842～1917)．渡邊千秋：(1843～1921)．
牛村　一：(　?　～1921)．池田謙蔵：(1844～1922)．
鍋島直大：(1846～1921)．前田正名：(1850～1921)．
藤波言忠：(1852～1926)．福羽逸人：(1856～1921)．
森　鷗外：(1862～1922)．原　熙　：(1868～1934)．

この資料を園芸学会が創立された大正12年5月20日（1923）と照らし合わせると，園芸学会の創立直前の大正10～11年（1921～1922）に，日本園芸会の設立と運営に大きく貢献した大隈重信，前田正名，福羽逸人，渡邊千秋，池田謙蔵の5人と，その関係者（佐賀藩第11代藩主・鍋島直大（なおひろ）と，津和野藩出身の文豪・森鷗外），牛村一（副会長）が相次いで亡くなったことがわかる．一方，これと対応するように，日本園芸会では園芸学の専門家が多数育って，原熙東大教授が副会長として大正10年10月に就任した他に，明治35年（1902）に静岡県の興津に創設された農商務省農事試験場園芸部が，大正10年（1921）に農林省園芸試験場として独立して，園芸学研究者の活躍の場が大きく広がったという，時代の変わり目にあったと見ることができる．

視点を変えて，日本園芸会の設立に関わった人々の邸や公園を見ると，花房義質は目黒の花房山，大隈重信は早稲田，福羽逸人は新宿御苑と目白の日本女子大学校，鍋島直映は渋谷区松濤町，原熙は目黒区駒場にあったことがわかる（図5-37）．これらの邸や庭園は，今日的にいえばJR山手線の西側沿線にあったので，交通機関のあまり発達していなかった当時としても比較的往来の容易な位置関

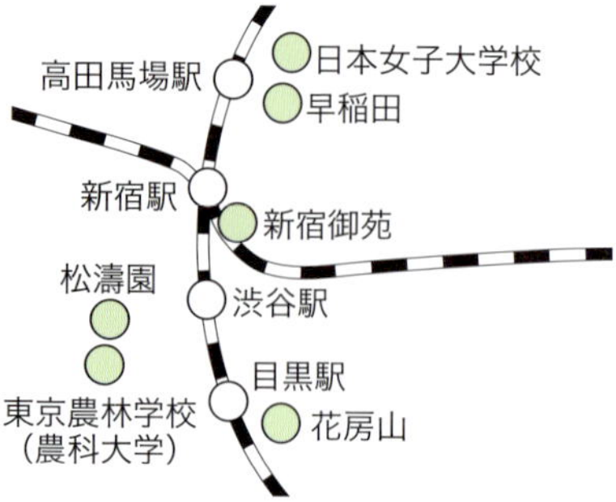

図5-37　有名庭園などの位置

係にあったことになる．このことも，日本園芸会が継続して発展できたことと関係があるかもしれない．特に，鍋島松濤園と駒場にあった東京農林学校（のちの農科大学）は近接した位置関係にあったことと，鍋島松濤園では農科大学の学生が給費生となって博士論文の研究を行ったことなどもあって，鍋島松濤園も園芸学の人材育成に貢献が大きかったといえる．

鍋島家には『鍋島家農園学術報告』という出版物があって（図5-38），鍋島直映の巻頭言が掲載されている．要旨は次の通りである：「明治36年7月，松濤園内に園芸試験地を置き，蔬菜果樹花卉園芸の実験を創始せり．大正7年に至り，研究部を特設し研究員を置き，本邦園芸の学術上に貢献せんことを期せり．然るに時勢は頓(とみ)に東京市の膨張を来し，農園所在地区の如き全然街衢(がいく)に変じ，園圃を存置せしむること能はざるに至れり．これに於いてや，大正11年，園芸実験を廃し並に研究部を廃止せり．さきに研究部においては，本邦固有の果樹中有要なる位置に在りし和林檎及日本油桃がまさに廃滅の境に瀕するにより，これが種類性状並びに分布を闡明(せんめい)するを緊要とし，研究員農学博士淺見與七氏，その研究をなし，業成りここに公表することとせり．もし以て学界に裨補(ひほ)（おぎなうこと）するを得ば，所期の一部を果せるもの幸これに過ぎず．昭和2年1月　侯爵鍋島直映」（(財)鍋島報效会徴古館（佐賀市）提供）．淺見與七とは，昭和7～29年に東京大学農学部園芸学第一講座の教授となった人である．

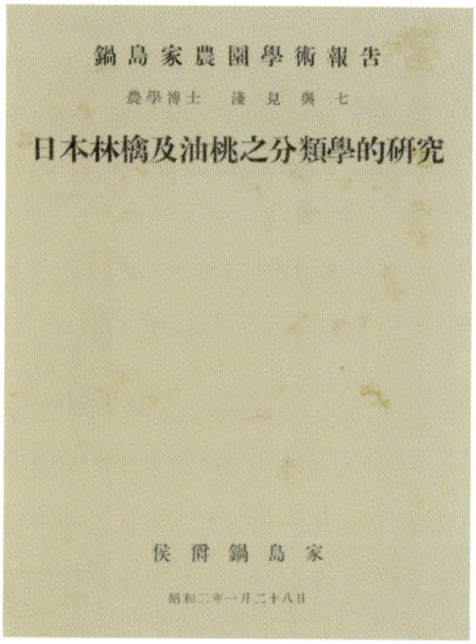
鍋島家農園學術報告
農學博士　淺見與七
日本林檎及油桃之分類學的研究
侯爵鍋島家
昭和二年一月二十八日

図5-38　博士論文「日本林檎及油桃之分類学的研究」
（写真提供：鍋島報效会徴古館）

(2) 日本園芸会の役員と園芸学会の役員との関係

園芸学会が発足した大正 12 年は日本園芸会で第 3 代会長・鍋島直映の体制が始まった年でもある．そのときの日本園芸会の役員（会長と副会長と理事）は 18 名であったが，そのうちで，日本園芸会の副会長（原熙），理事（伊藤悌蔵・石原助熊・林脩巳・折下吉延・恩田鉄彌・加藤内蔵助・熊谷八十三・山本正英・赤星朝暉・佐藤信哉・平野英一・鈴木武太郎）の 13 人が園芸学会の創立に関わっていたのである．このような背景もあって，園芸学会は第 1 回総会を大正 13 年 11 月 9 日，東京市外中渋谷 717，日本園芸会事務所にて開催することができたし，第 2 回例会を大正 13 年 10 月 24 日に．第 3 回例会を大正 13 年 12 月 16 日に日本園芸会事務所で開催することができたものと見られる．すなわち，大正 13 年 5 月に移転した直後の日本園芸会事務所を園芸学会の例会会場として利用していたのである．このことは，昭和 9 年 1 月に原熙が亡くなるまで続き，昭和 9 年 4 月の園芸学会総会で第 2 代会長に星野勇三北大教授を選出するとともに，園芸学会事務所を目黒区駒場の東京帝国大学農学部内に移すまで続いたのである．このように，園芸学会は日本園芸会を母体として生まれたといって過言でないし，両者はたいへん良好な関係を継続していたものと見られる．その表れの 1 つとして，昭和 9 年 4 月に開催された園芸学会総会に集まった人達の集合写真が『日本園芸雑誌』に掲載されていたことからも推測できる．

日本園芸会はその後，（社）日本園芸中央会と組織変更されて，昭和 17 年 1 月から第 4 代有馬頼寧会長の時代に入り，昭和 20 年 1 月発行の『日本園芸雑誌』最終号（57 年 1 号）まで続いたのである．最終号に記載された当時の役員名簿の中で，副会長（菊池秋雄），顧問（折下吉延・田中長三郎・並河　功），理事長（淺見與七），理事（富樫常治・丹羽鼎三・藤巻雪生・松井謙吉）は，昭和 22 年の園芸学会役員を兼ねていた人である．すなわち，この時点においても，（社）日本園芸中央会の 28 名の役員うちで，園芸学会の役員を兼ねていた人は 9 人もいたことになる．このことからも，日本園芸会と園芸学会は役割分担を明確にしながら，良好な関係を保って共存していたことがわかる．

(3) 園芸学会の発展

創立時の園芸学会は日本園芸会との結び付きが強かったことと，生産園芸部門と造園部門の連合体であったという特徴がある．その後，大正 14 年 4 月に（社）日本造園学会が設立され，大正 14 年 7 月に『園芸学会雑誌』第 1 巻第 1 号が発行された直後の，大正 14 年 11 月に『造園学雑誌』第 1 巻第 1 号が発行される過程の中で，園学会は生産園芸に重点化されていった．そのような理由から，日本園芸会で盛んに取りあげられていた項目の 1 つである園芸の学校教育に関する研究については園芸学会で取り扱われることが少なくなったが，近年になって再び注目されるようになっている（☞ 第 5 章 1.）．

平成 25 年（2013）は園芸学会創立 90 年であるし，平成 35 年（2023）は 100 周年記念の年に当たる．このような節目の年を間近に迎えた今日，近代園芸学の歴史を振り返り，園芸生産と園芸学が今日の繁栄に至った要因をもう一度解析することによって，今後 100 年の方向性が見えてくるものと期待される（図 5-39）．

図5-39　近代園芸学の導入と発展に貢献した人々

あとがき

本書の第5章を読むと，日本の近代的な園芸生産と園芸学の導入と発展に貢献した人々は，佐賀藩のパリ万国博派遣団に加わってフランスに渡った岡山藩の花房義質と，佐賀藩の佐野常民と大隈重信と鍋島直映，佐賀藩と隣接する久留米藩の有馬頼寧，および久留米藩と姻戚関係の深い津和野藩出身で新宿御苑において活躍した福羽逸人を中心とした人々であることがわかると思う．このように，佐賀藩周辺の人たちが近代園芸学の振興に積極的であった背景の1つには，江戸時代に海外に開かれた唯一の港町であった長崎の出島に近接していたことや，第10代藩主・鍋島直正が明治2年（1869）に初代の開拓使長官に就任するといった，農業の近代化に格別の熱意があったことのようにも思える．

明治，大正，昭和の時代において，近代園芸学の導入と発展に大きく貢献した日本園芸会の歴代の会長や副会長が選出された経緯については本文中で解説した通りであるが，その他にどのような背景があったかについて知る手掛かりとして，当時の社会制度にあった爵位（公・侯・伯・子・男爵）について見ると，さらによくわかる．例えば，初代会長・花房義質は子爵で，その時代の副会長は薩摩藩出身の前田正名男爵と津和野藩出身の福羽逸人子爵と土佐藩出身の岩村通俊男爵であった．第2代会長・大隈重信は侯爵で，その時代には諏訪高島藩出身の副会長・渡辺千秋伯爵と，公卿藤波教忠の養子・藤波言忠子爵と，福羽美静の養子・福羽逸人子爵が副会長であった．時代が下って，第3代会長・鍋島直映は侯爵で，その時代には，藤波言忠子爵が副会長であった．第4代会長・有馬頼寧は伯爵で，その時代には，有馬頼寧の弟で旧磐城平藩第15代当主となった安藤信昭子爵が副会長であった．このように，日本園芸会の会長と副会長の多くは，旧華族の一員であったのである．

しかし，時代が少しずつ下ると，爵位がなくても園芸学に造詣の深い人材が徐々に現れて，初代会長時代の副会長・田中芳男は尾張藩医・伊藤圭介の門下生であったし，第２代会長時代の副会長・牛村一は駒場農学校の卒業生であり，第３代会長時代の副会長・原熙と赤星朝暉と恩田鉄彌および第４代会長時代の副会長・菊池秋雄は東京帝国大学農科大学の卒業生であったのである．このことは，当時において近代的園芸産業および園芸学はわが国において未発達の状態で，欧米を見聞することができた支配階級がその重要性を一早く認識して導入し，普及する過程で育った専門家が順次加わっていったことの現れと見ることができる．

今日の園芸学においては，園芸作物の生産を基本としながらも，今まで以上に消費者に歓迎される園芸生産でなければならない時代を迎えている．その１つが園芸生産技術や園芸生産施設を活用した園芸療法，園芸福祉であり，ガーデニング教育である．今日では，小・中学校において農作業体験が取りあげられ，地域の課外活動として花壇づくりが行われることもあるが，このような取組みは近年始まったような印象を受けるかもしれないが，すでに100年も前に行われていた（図A）ことは本文で紹介した通りである．当時と同じような指導方針を取り入れて，子ども達の情操教育だけでなく，大学生も含めた大人の人間形成のためのガーデニング教育（図B）が広まるように期待したい．

第５章の第２節では多くの国の多数の人名が登場しているので，その時代的前後がわかりにくいと思われたことから，補足資料（図C）を作成したので，参考になれば幸いである．また，第５章の第２節と第４節は，限られた知識と時間でまとめたものであることから，アウトラインを示すことしかできなかったが，このような課題に興味を持たれた場合は，新しい視点からの，詳細な歴史をまと

図A　日本女子大学校の明治37年頃におけるガーデニング教育
（写真提供：日本女子大学成瀬記念館）

図B　東北大学農学部のガーデニング教育

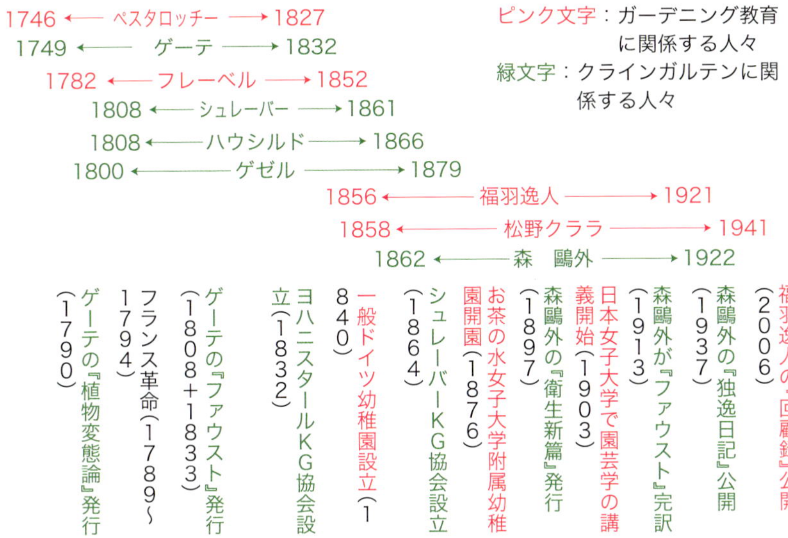

図C　ガーデニング教育の発展に貢献した人々

めていただきたいと願っている．

本書では各種資料の文章を多数，そして少々長く引用させて頂いたが，その理由は，これらを保存している研究機関が少ないとともに，各地に分散していることから，多くの人々にとって直接読める機会が少ないと思われたためである．また，本書で引用した資料は明治・大正時代の資料が多いことから，今日の人々には読解しにくいと思われたので，本書では，原文の意味をできるだけ変えないようにして常用漢字と現代流の送り仮名に変え，句読点を付してある．さらにまた，時代的流れを理解し，比較しやすいように，多くの個所において和暦名に西暦を併記したが，かえって煩雑になった部分もあったかもしれないし，原稿作成の過程で入力間違いもあったかもしれないので，誤りに気付かれた場合にはご一報いただくと幸いである．最後になったが，引用させていただいた資料の関係者，ならびに，貴重な写真などをご提供ならびに転載させて下さいました関係者には，この場をお借りして心より厚く御礼申しあげる．

参考図書

和　書

有馬頼寧：有馬頼寧日記①〜⑤，山川出版社，1997 〜 2003.

有馬頼寧：七十年の回想，創元社，1953.

市橋正一：ファレノプシス，誠文堂新光社，1993.

市橋正一（訳）：アーディティ・ランの生物学Ⅰ，Ⅱ，誠文堂新光社，1991.

市村一雄：切り花の品質保持，筑波書房，2011.

井上成信：原色ランのウイルス病，農山漁村文化協会，2001.

今西英雄（編）：球根類の開花調節，農山漁村文化協会，2005.

今西英雄（編）：ユリをつくりこなす，農山漁村文化協会，2006.

今西英雄ら：花卉園芸，文永堂出版，1995.

上田善弘ら：花卉園芸大百科 10 バラ，農山漁村文化協会，2002.

江尻光一：洋ラン百科，ひかりのくに，1986.

園芸学会（編）：園芸学用語集・作物名編，養賢堂，2005.

大川　清（編）：花専科・育種と栽培・トルコギキョウ，誠文堂新光社，1992.

大川　清：改訂版花卉園芸総論，養賢堂，2009.

大川　清：バラの生産技術と流通，養賢堂，1999.

大隈侯八十五年史編纂会：大隈侯八十五年史，1926.

大場秀章（編著）：植物分類表，アボック社，2009.

小笠原道雄（訳）：ロゼマリーエ・ボルト，ボルフガング・アイヒラー・フレーベルの生涯と活動，玉川大学出版部，2006.

小川一真：A Model Japanese Villa，小川写真製版所，1899.

小原國芳・荘司雅子（訳）：フレーベル・フレーベル全集，第 17 章 幼稚園における子どもたちの庭，玉川大学出版部，1976.

小原國芳・荘司雅子（監修）：フレーベル全集第 4 巻 幼稚園教育学，玉川大学出版部，1981.
勝谷範敏（編）：デルフィニウムをつくりこなす，農山漁村文化協会，2004.
金浜耕基（編）：園芸学，文永堂出版，2009.
黒瀬義門（編）：子爵花房義質君事略，小林武之助発行，1913.
清水基夫（編）：日本のユリ，誠文堂新光社，1987.
塚本洋太郎（監修）：園芸植物大事典，小学館，1989.
妻鹿加年雄：花木100種の剪定，日本放送出版会，1980.
土橋　豊：洋ラン，山と渓谷社，1996.
（財）鍋島報效会：鍋島直映公傳，（財）鍋島報效会，2000.
日本園芸中央会：日本園芸発達史，朝倉書店，1943.
日本花普及センター（監修）：切り花の品質保持マニュアル，流通システム研究センター，2006.
日本花普及センター（編）：2008－2009 フラワーデータブック，日本花普及センター，2009.
農山漁村文化協会（編）：農業技術大系 花卉編，農山漁村文化協会，2010.
浜田栄夫（編）：ペスタロッチー・フレーベルと日本の近代教育，玉川大学出版部，2009.
樋口春三：観賞園芸，全国農業改良普及支援協会，1999.
福田輝明：洋ランの病害虫防除，家の光協会，1997.
福羽逸人：回顧録，（財）国民公園協会新宿御苑，2006.
邑田　仁（監修）：高等植物分類表，北隆館，2009.

洋　書

DeHertogh, A. and LéNand, M. (eds.)：Physiology of Flower Bulbs, Elsevier Science Publishers, 1993.
McDonald, M.B. and Kwong, F. Y. (eds.)：Flower Seeds: Biology and Technology, Cabi Publishing, 2005.

索　　引

お

か

そ

た

ち

つ

て

と

な

に

ね

の

は

ひ

わ

人名索引

観賞園芸学 定価（本体 4,800 円＋税）

2013 年 3 月 1 日 初版第 1 刷発行 <検印省略>

編集者 金 浜 耕 基
発行者 永 井 富 久
印 刷 ㈱ 平 河 工 業 社
製 本 田 中 製 本 印 刷 ㈱

発 行 **文 永 堂 出 版 株 式 会 社**
〒 113-0033 東京都文京区本郷 2-27-18
TEL 03-3814-3321 FAX 03-3814-9407
振替 00100-8-114601 番

ISBN 978-4-8300-4125-9